MSX

Top Secret

3

THE FINAL COMPILATION OF MSX INFORMATION

Apêndice – Parte 2

NOTA DO AUTOR

Depois do lançamento do MSX Top Secret 2, em abril de 2004, imaginei que não haveria mais necessidade de atualizá-lo, visto que o MSX não é mais fabricado comercialmente por grandes empresas. Além disso, a internet evoluiu e uma grande gama de informações passou a estar disponível para todos.

Entretanto, as informações estão esparsas, levando à necessidade de múltiplas e cansativas buscas nem sempre logrando êxito completo. Por isso, julguei conveniente escrever esta terceira – e última – edição do MSX Top Secret, coligindo todas as informações que pude encontrar em um único lugar.

Como a quantidade de informações é muito grande, dividi em dois tomos e, curiosamente, o Apêndice acabou ficando pronto antes do volume principal, que ainda está em andamento. Devido ao tempo envolvido, achei por bem publicar o Apêndice, que é o tomo apresentado aqui.

Boas pesquisas!

Edison Antonio Pires de Moraes (autor)

Leme-SP, 02 de Abril de 2022

P.S. Informações sobre erros são bem-vindas! Podem ser enviadas através do e-mail: "eapmoraes2012@gmail.com".

Índice

7 - VARIÁVEIS DE SISTEMA

7.1 - ÁREA DE SISTEMA PARA O MSXDOS1

F1C1H, 1 - Contador regressivo para os drives. Colocando este contador em 0, os motores dos drives são parados.

F1C2H, 1 - Subcontador do contador regressivo para o drive.

F1C3H, 1 - Subcontador do contador regressivo para o drive.

F1C4H, 1 - Número do drive atualmente ativo.

F1C5H, 1 - Número da trilha onde a cabeça do drive A: está.

F1C6H, 1 - Número da trilha onde a cabeça do drive B: está.

F1C7H, 1 - Drive lógico ativo.

F1C8H, 1 - Número de drives físicos presentes.

F1C9H, 24 - Rotina para impressão na tela de uma string terminada por "$". DE - Endereço inicial da string.

F1CAH~F1E1H - ?

F1E2H, 6 - Rotina para abortar o programa em caso de erro.

F1E8H, 12 - Chama o endereço apontado por (HL) na RAM e retorna com a página do DOS Kernel (BDOS) ativa.

F1F4H, 3 - Jump para a rotina de checagem do nome de arquivo. HL - Endereço do primeiro caractere do nome de arquivo.

F1F7H, 4 - Nome de dispositivo "PRN".

F1FBH, 4 - Nome de dispositivo "LST".

F1FFH, 4 - Nome de dispositivo "NUL".

F203H, 4 - Nome de dispositivo "AUX".

F207H, 4 - Nome de dispositivo "CON".

F20BH, 11 - Reservado para novos nomes de dispositivos ou arquivos.

F216H, 1 - Número do dispositivo atual:
-5 → PRN; -4 → LST; -3 → NUL; -2 → AUX; -1 → CON.

F217H~F220H – ?

F221H, 2 – Data do FCB do arquivo atual.

F223H, 2 – Hora do FCB do arquivo atual.

F22BH, 12 – Tabela contendo o número de dias dos meses do ano.

F22BH [31] Janeiro	F231H [31] Julho
F22CH [28] Fevereiro	F232H [31] Agosto
F22DH [31] Março	F233H [30] Setembro
F22EH [30] Abril	F234H [31] Outubro
F22FH [31] Maio	F235H [30] Novembro
F230H [30] Junho	F236H [31] Dezembro

F237H, 4 – Usada internamente pela função 10 do BDOS.

F23BH, 1 – Flag para indicar se os caracteres devem ir para a impressora. (0=não; outro valor, sim)

F23CH, 2 – Endereço atual da DTA.

F23EH, 1 – ?

F23FH, 4 – Número do setor atual do disco.

F243H, 2 – Apontador para o endereço do DPB do drive atual.

F245H, 1 – Setor atual relativo do diretório a partir do primeiro (0).

F246H, 1 – Drive que contém o setor atual do diretório (0=A:, 1=B:, etc.)

F247H, 1 – Drive corrente (0=A:, 1=B:, etc)

F248H, 1 – Dia

F249H, 1 – Mês

F24AH, 1 – Ano-1980 (somar 1980 para obter o ano correto)

F24BH, 1 – ?

F24CH, 2 – Hora e minutos

F24EH, 1 – Dia da semana (0=domingo, 1=segunda, etc.)

7.1.1 – Hooks chamados pelas rotinas de disco

F24FH, 3 – Rotina que apresenta a mensagem "Insert disk for drive".
A – Número do drive (41H=A:, 42H=B:, etc)

F252H, 3 – Obtém o conteúdo da FAT.

F255H, 3 – Rotina de reparação do nome de arquivo.

F258H, 3 – Rotina de procura de diretório.

F25BH, 3 – Incrementa a entrada do diretório (última entrada em A).

F25EH, 3 – Rotina que calcula o próximo setor do diretório.

F261H, 3 – Rotina de reparação do nome de arquivo.

F264H, 3 – Rotina da função ´OPEN´.

F267H, 3 – Retorna a última FAT.

F26AH, 3 – Rotina ´GETDPB´ da interface de disco (SFIRST).

F26DH, 3 – Rotina da função ´CLOSE´ (escreve FAT).

F270H, 3 – Rotina da função ´RDABS – 2FH´ (HL=DMA, DE=setor, B=nº setores). H.DISKREAD.

F273H, 3 – Rotina de manipulação de erro no acesso ao disco.

F276H, 3 – Rotina da função ´WRABS´ (grava setor).

F279H, 3 – Rotina da função ´WRABS´ (HL=DMA, DE=setor, B=nº setores).

F27CH, 3 – Rotina de multiplicação (HL = DE * BC).

F27FH, 3 – Rotina de divisão (BC = BC / DE; HL = resto).

F282H, 3 – Retorna o cluster absoluto.

F285H, 3 – Retorna o próximo cluster absoluto.

F288H, 3 – Leitura de setor do disco.

F28BH, 3 – Escrita de setor no disco.

F28EH, 3 – Inicia a operação de leitura de blocos (records) do disco.

F291H, 3 – Finaliza a opeação de leitura de blocos (records) do disco.

F294H, 3 – Fim da operação de leitura de blocos (records) do disco.

F297H, 3 – Erro na operação com blocos (records).

F29AH, 3 – Inicia a operação de escrita de blocos (records) do disco.

F29DH, 3 – Finaliza a opeação de escrita de blocos (records) do disco.

F2A0H, 3 – Calcula setores sequenciais.

F2A3H, 3 – Obtém o número de setores de um cluster.

F2A6H, 3 – Aloca uma sequência de FAT´s.

F2A9H, 3 – Libera uma sequência de FAT´s.

F2ACH, 3 – Função ´BUFIN´ (adiciona dados no buffer).

F2AFH, 3 – Função ´CONOUT´ (BDOS 02H).

F2B2H, 3 – Obtém a hora e a data do arquivo.

F2B5H, 3 – Rotina de identificação do mês de fevereiro (28/29 dias).

7.1.2 – Outros dados do DOS

F2B8H, 1 – Número da entrada atual do diretório.

F2B9H, 11 – Nome de arquivo/extensão do arquivo atual.

F2C4H, 1 – Byte de atributos do arquivo da última entrada do diretório lida. Se o bit 7 estiver setado, os arquivos com um atributo NOT para 0 podem ser abertos. Isso pode ser feito setando o bit 7 do byte do FCB-drive, ao chamar a rotina BDOS OPEN. (FCB+0).

F2C5H~F2CEH – ?

F2CFH, 2 – Hora do arquivo atual.

F2D1H, 2 – Data do arquivo atual.

F2D3H, 2 – Cluster inicial do arquivo atual.

F2D5H, 4 – Tamanho do arquivo atual.

F2D9H~F2DBH – ?

F2DCH, 1 – Arquivos com atributos diferentes de F2DCH também são aceitos (O bit-7 de F2C4H tem prioridade).

F2DDH~F2E0H – ?

F2E1H, 1 – Drive atual para escrita e leitura absoluta de setores.

F2E2H~F2FDH – ?

F2FEH, 2 – Subcontador do contador regressivo para o drive.

F301H, 1 – ?

F302H, 2 - Apontador para o manipulador da rotina de abortagem para o MSXDOS.

F304H, 2 - Armazena o valor do registrador SP (Stack Pointer).

F306H, 1 - Drive corrente para o MSXDOS (0=A:, 1=B:, etc).

F307H, 2 - Armazena o valor do registrador DE (Endereço do FCB).

F309H, 2 - Usado pelo DPB para procura (primeiro/próximo).

F30BH, 2 - Setor atual do diretório.

F30DH, 1 - Flag de verificação (0=desligada; outro valor, ligada).

F30EH, 1 - Formato da data (0- aammdd; 1- mmddaa; 2- ddmmaa).

F30FH, 4 - Área usada pelo modo Kanji.

F313H, 1 - Versão do MSXDOS:
0 = MSXDOS 1.x; 20H = MSXDOS 2.0; 21H = MSXDOS 2.1; etc.
Obs.: o NEXTOR retorna 99H.

F314H~F322H - ?

F323H, 2 - Endereço do manipulador de erro de disco.

F325H, 2 - Endereço do manipulador das teclas CTRL+C.

7.1.3 - Hooks para a porta'COM:'

F327H, 5 - Rotina 'AUXINP' (A=byte lido do dispositivo AUX).

F32CH, 5 - Rotina 'AUXOUT' (A=byte a ser enviado ao disp. AUX).

F331H, 5 - Rotina de manipulação das funções do BDOS.

7.1.4 - Teclado

F336H, 1 - Sinalizador de tecla pressionada. Contém FFH se alguma tecla estiver pressionada e 03H para CTRL+STOP.

F337H, 5 - Contém o código ASCII da tecla pressionada e 03H para CTRL+STOP pressionadas juntas.

7.1.5 - Variáveis do MSXDOS

F338H, 1 - Flag para indicar a presença de relógio interno (0=não; outro valor, sim).

F339H, 7 – Rotina usada pelo relógio interno.

F340H, 1 – REBOOT
Se for 0, o DOS reinicializará todas as variáveis novamente.

F341H, 1 – RAMAD0
Slot da página 0 da RAM (formato igual a RDSLT – 000CH/BIOS).

F342H, 1 – RAMAD1
Slot da página 1 da RAM (formato igual a RDSLT – 000CH/BIOS).

F343H, 1 – RAMAD2
Slot da página 2 da RAM (formato igual a RDSLT – 000CH/BIOS).

F344H, 1 – RAMAD3
Slot da página 3 da RAM (formato igual a RDSLT – 000CH/BIOS).

F345H, 1 – Número de buffers livres (025H).

F346H, 1 – Flag para indicar se o sistema foi inicializado a partir do MSXDOS em disquete. (0=não; outro valor, sim)

F347H, 1 – NMBDRV
Número total de drives lógicos no sistema.

F348H, 1 – MASTER
ID do slot do DOS Kernel (formato igual a RDSLT – 000CH/BIOS).

F349H, 2 – HIMSAV
Apontador para uma cópia da FAT do último drive lógico conectado (1,5 Kbytes) seguida de uma cópia da FAT do penúltimo drive lógico conectado (1,5 Kbytes) e assim sucessivamente, até o drive A:. Também indica a área mais alta de memória disponível para o DOS.

F34BH, 2 – Endereço final do Kernel do MSXDOS (início para o COMMAND.COM). O endereço inicial do Kernel do MSXDOS é armazenado em 0006H/0007H.

F34DH, 2 – SECBUF
Apontador para uma cópia da FAT do drive corrente (1,5K).

F34FH, 2 – BUFFER
Apontador do buffer de 512 bytes usado como DTA do Disk-BASIC.

F351H, 2 – DIRBUF
Apontador para um buffer de 512 bytes usado para transferência de setores do disco (usado por DSKI$ e DSKO$ do BASIC).

7.1.6 - Endereços do DPB

F353H, 2 - DPBBASE
Apontador para o DPB do arquivo atual.

F355H, 16 - DPBLIST
F355H, 2 - Endereço do DPB do drive A:.
F357H, 2 - Endereço do DPB do drive B:.
F359H, 2 - Endereço do DPB do drive C:.
F35BH, 2 - Endereço do DPB do drive D:.
F35DH, 2 - Endereço do DPB do drive E:.
F35FH, 2 - Endereço do DPB do drive F:.
F361H, 2 - Endereço do DPB do drive G:.
F363H, 2 - Endereço do DPB do drive H:.

7.1.7 - Rotinas usadas pelo MSXDOS

F365H, 3 - Jump da rotina de leitura de slots primários.
(A ← estado do slot primário)

F368H, 3 - SETROM
Jump para a rotina de troca do DOS Kernel (BDOS) na página 1 (não disponível a partir do Disk BASIC)

F36BH, 3 - SETRAM
Jump para a rotina de troca da RAM na página 1 (não disponível a partir do Disk BASIC).

7.1.8 - Rotinas de movimento inter-slot

F36EH, 3 - SLTMOV
Jump para LDIR da RAM na página 1 (não disponível a partir do Disk BASIC).

F371H, 3 - AUXINP
Jump para a rotina de entrada do dispositivo auxiliar.
Saída: A ← valor lido (1AH quando CTRL+Z).

F374H, 3 - AUXOUT
Jump para a rotina de saída do dispositivo auxiliar.
Entrada: A ← valor a enviar.

F377H, 3 - BLDCHK

Jump para a rotina do comando 'BLOAD'. O endereço apontado por F378H/F379H é o endereço mais alto de RAM disponível para o Disk BASIC. Contém JP 0000H sob MSXDOS.

F37AH, 3 - BSVCHK

Jump para a rotina do comando 'BSAVE' (Contém JP 0000H sob MSXDOS). Entrada: c ← número da rotina a chamar.

F37DH, 3 - ROMBDOS

Jump para manipulador dos comandos do BDOS.

*** Consulte também os endereços F85FH a F87EH e FB20H a FB34H.

7.2 - ÁREA DE SISTEMA PARA O MSXDOS2

7.2.1 - Informações físicas dos discos

F1C1H, 1 - Contador regressivo para os drives. Setando esse contador em 0, os motores dos drives são parados.

F1C2H, 1 - Subcontador do contador regressivo para o drive.

F1C3H, 1 - Subcontador do contador regressivo para o drive.

F1C4H, 1 - Número do drive atualmente ativo.

F1C5H, 1 - Número da trilha onde a cabeça do drive A: está.

F1C6H, 1 - Número da trilha onde a cabeça do drive B: está.

F1C7H, 1 - Drive lógico ativo.

F1C8H, 1 - Número de drives físicos presentes.

7.2.2 - Hooks chamados pelas rotinas de disco (1)

F1C9H, 24 - Rotina para impressão na tela de uma string terminada por "$". DE ← endereço inicial da string.

F1E2H~F1E4H - ?

F1E5H, 3 - Jump para o manipulador de interrupção (somente durante o processamento das funções do BDOS).

F1E8H, 3 - Jump para a rotina do BIOS 'RDSLT-000CH' (somente durante o processamento das funções do BDOS).

F1EBH, 3 – Jump para a rotina do BIOS 'WRSLT-0014H' (somente durante o processamento das funções do BDOS).

F1EEH, 3 – Jump para a rotina do BIOS 'CALSLT-001CH' (somente durante o processamento das funções do BDOS).

F1F1H, 3 – Jump para a rotina do BIOS 'ENASLT-0024H' (somente durante o processamento das funções do BDOS).

F1F4H, 3 – Jump para a rotina do BIOS 'CALLF-0030H' (somente durante o processamento das funções do BDOS).

F1F7H, 3 – Jump para a rotina de troca para o "Modo DOS" (páginas 0 e 2 para os segmentos do sistema).

F1FAH, 3 – Jump para a rotina de troca para o "Modo Usuário".

F1FDH, 3 – Jump para a rotina que seleciona os segmentos do DOS Kernel na página 1.

F200H, 3 – Jump para a rotina que aloca um segmento de 16 Kbytes de RAM.

F203H, 3 – Jump para a rotina que libera um segmento de 16 Kbytes de RAM.

F206H, 3 – Jump para a rotina do BIOS 'RDSLT-000CH'.

F209H, 3 – Jump para a rotina do BIOS 'WRSLT-0014H'.

F20CH, 3 – Jump para a rotina do BIOS 'CALSLT-001CH '.

F20FH, 3 – Jump para a rotina do BIOS 'CALLF-0030H '.

F212H, 3 – Jump para a rotina que coloca segmento de 16 Kbytes na página indicada por HL.

F215H, 3 – Jump para a rotina que lê página do segmento de 16 Kbytes atual. HL ← página lida.

F218H, 3 – Jump para a rotina que habilita segmento de 16 Kbytes da memória mapeada na página 0.

F21BH, 3 – Jump para a rotina que lê segmento atual de 16 Kbytes da memória mapeada na página 0.

F21EH, 3 – Jump para a rotina que habilita segmento de 16 Kbytes da memória mapeada na página 1.

F221H, 3 – Jump para a rotina que lê segmento atual de 16 Kbytes da memória mapeada na página 1.

F224H, 3 – Jump para a rotina que habilita segmento de 16 Kbytes da memória mapeada na página 2.

F227H, 3 – Jump para a rotina que lê segmento atual de 16 Kbytes da memória mapeada na página 2.

F22AH, 3 – A página 3 não suporta mudança de segmento.

F22DH, 3 – Jump para a rotina que lê segmento atual de 16 Kbytes da memória mapeada na página 3.

F230H~F23BH – ?

7.2.3 – Informações lógicas dos discos

F23CH, 1 – Drive lógico atual (0=A:, 1=B:, etc.).

F23DH, 2 – Endereço atual da DTA.

F23FH, 4 – Número do setor atual para acesso.

F243H, 2 – Endereço do DPB do drive atual.

F245H, 1 – Número relativo do setor atual da área do diretório.

F246H, 1 – Número do drive do diretório atual (0=A:, 1=B:, etc.).

F247H, 1 – Número do drive corrente (0=A:, 1=B:, etc.).

F248H, 3 – Dia / F248H+1 = Mês / F248H+2 = Ano-1980 (Somar 1980 para obter o ano correto)

F24BH, 1 – ?

F24CH, 2 – Hora

F24EH, 1 – Dia da semana

7.2.4 – Hooks chamados pelas rotinas de disco (2)

F24FH, 3 – H.PROM
Jump para a rotina que apresenta a mensagem "Insert disk for drive". A ← número dor drive (41H=A:, 42H=B:, etc)

F252H, 3 – Hook chamado antes da execução de uma função do BDOS. Página 0 ← mapa do bloco (F2D0H). Página 2 ← mapa do bloco (F2CFH).

F255H, 3 – Hook da rotina de reparação de nome de arquivo.

F258H, 3 – Hook da rotina de manipulação de subdiretórios do Disk BASIC. Usado por várias outras rotinas.

F25BH, 3 – Hook da rotina que incrementa a entrada de diretório. A nova entrada é armazenada em AF.

F25EH, 3 – Hook da rotina que carrega o próximo setor do diretório.

F261H, 3 – Hook da função 02H do BDOS.

F264H, 3 – Rotina OPEN

F267H, 3 – Retorna a última FAT

F26AH, 3 – Procuroa pelo primeiro FCB (SFIRST)

F26DH, 3 – Escreve a FAT.

F270H, 3 – Hook da rotina de leitura direta de setores (função 2FH do BDOS). HL ← DMA, DE ← setor inicial, B ← nº de setores.

F273H, 3 – Erro de disco.

F276H, 3 – Hook de escrita no setor de subdiretório (pasta)

F279H, 3 – Hook da rotina de escrita direta de setores (função 30H do BDOS). HL ← DMA, DE ← setor inicial, B ← nº de setores.

F27CH, 3 – Hook da rotina de multiplicação (HL = DE * BC).

F27FH, 3 – Hook da rotina de divisão (BC = BC / DE; HL = resto).

F282H~F282H – ?

7.2.5 – Variáveis do MSXDOS2

F2B3H, 2 – Endereço da TPA definido pelo usuário. Os 32 bytes iniciais da TPA são usados para funções especiais:

Off set	*Descrição*
00H~02H	Reservados
03H	Usado pelo VDP speed (bit 3 de F2B6H)
04H~1FH	Reservados
20H	Expansão do BDOS e rotinas de interrupção

F2B5H, 1 – ?

F2B6H, 1 – Byte de flags:

b0~b2 – Reservados
b3 – VDP rápido (0=sim; 1=não)
b4 – Endereço TPA usuário (0=sim; 1=não)
b5 – Reset (0=não; 1=sim)
b6 – BusReset (0=sim; 1=não)
b7 – Reboot (0=não; 1=sim)

F2B7H, 1 – Número da versão (normalmente 10H = v1.0).

F2B8H, 1 – Número da entrada atual do diretório.

F2B9H~F2BFH – ?

F2C0H, 5 – Segundo hook da rotina de interrupção (usado pela Disk-ROM).

F2C5H, 2 – Endereço da tabela de mapeamento.

F2C7H, 1 – Página lógica atual da mapper na página física 0.

F2C8H, 1 – Página lógica atual da mapper na página física 1.

F2C9H, 1 – Página lógica atual da mapper na página física 2.

F2CAH, 1 – Página lógica atual da mapper na página física 3 (não pode ser alterado).

F2CBH, 1 – Cópia de F2C7H durante a execução das rotinas do BDOS.

F2CCH, 1 – Cópia de F2C8H durante a execução das rotinas do BDOS.

F2CDH, 1 – Cópia de F2C9H durante a execução das rotinas do BDOS.

F2CEH, 1 – Cópia de F2CAH durante a execução das rotinas do BDOS.

F2CFH, 1 – Número do último bloco de 16K disponível da memória mapeada. Durante a execução das rotinas do BDOS, os blocos são trocados na página 2 (segmento de buffer).

F2D0H, 1 – Número do último bloco de 16K disponível da memória mapeada. Durante a execução das rotinas do BDOS, os blocos são trocados na página 0 (segmento de código).

F2D1H~F2D4H – ?

F2D5H, 5 – Segundo hook EXTBIO (rotina do hook FCALL [FFCAH]).

F2DAH, 4 – Endereço da segunda ROM do BDOS para manipulação de funções.

F2DEH, 4 – Endereço da ROM do BDOS para manipulação de funções.

F2E2H~F2E5H – ?

F2E6H, 2 – **B**uffer usado para armazenamento temporário do registrador IX.

F2E8H, 2 – **B**uffer usado para armazenamento temporário do registrador SP.

F2EAH, 1 – Estado dos slots primários após a execução de uma função do BDOS.

F2EBH, 1 – Mesmo que F2EAH, mas para slots secundários

F2ECH, 1 – Flag para checagem do status do disco. (00H=off, FFH=on).

F2EDH~F2FAH – ?

F2FBH, 2 – Apontador para um buffer temporário durante a interpretação de um código de erro.

F2FDH, 1 – Drive do qual o MSXDOS2.SYS deverá ser carregado. (01H=A:, 02H=B:, etc).

F2FEH, 2 – Endereço do topo da pilha do buffer do DOS.

F300H, 1 – Flag de verificação (00H=off, FFH=on).

F301H~F30CH – ?

F30DH, 1 – Flag de verificação do disco (00H=off, FFH=on).

F30EH~F312H – ?

F313H, 1 – **V**ersão do DOS2 (ex.: 22H = v2.2). O NEXTOR retorna 99H.

F314H~F322H – ?

F323H, 2 – DISKVE
Endereço do manipulador de erro de disco.

F325H, 2 – BREAKV
Endereço do manipulador das teclas CTRL+C.

F327H~F33CH – ?

F33DH, 3 – Jump para o comando BASIC 'LEN' (acesso aleatório a arquivos).

F341H, 1 – RAMAD0
Slot da página 0 da RAM (formato igual a 'RDSLT' - 000CH/Main).

F342H, 1 - RAMAD1

Slot da página 1 da RAM (formato igual a ´RDSLT´ - 000CH/Main).

F343H, 1 - RAMAD2

Slot da página 2 da RAM (formato igual a ´RDSLT´ – 000CH/Main).

F344H, 1 - RAMAD3

Slot da página 3 da RAM (formato igual a ´RDSLT´ - 000CH/Main).

F345H, 1 - ?

F346H, 1 - MSXDOS

Flag para indicar se o sistema foi inicializado a partir do MSXDOS em disquete. (0=não; outro valor, sim)

F347H, 1 - ?

F348H, 1 - MASTER

ID do slot do DOS Kernel primário (master). No caso do DOS2 é a interface primária que contenha a ROM do DOS2. O formato é igual a RDSLT – 000CH/BIOS).

7.2.6 – Apontadores e buffers (FAT, DTA, FCB, DPB)

F349H, 2 - HIMSAV

Apontador para uma cópia da FAT do último drive lógico conectado (1,5 Kbytes) seguida de uma cópia da FAT do penúltimo drive lógico conectado (1,5 Kbytes) e assim sucessivamente, até o drive A:. Também indica a área mais alta de memória disponível para o usuário.

F34BH~F34CH – ?

F34DH, 2 - SECBUF

Apontador para uma cópia da FAT do drive corrente (1,5 Kbytes).

F34FH, 2 - BUFFER

Apontador para uma área de 512 bytes usada como DTA do Disk-BASIC.

F351H, 2 - DIRBUF

Apontador para um buffer de 512 bytes usado para transferência de setores do disco.

F353H, 2 - FCBBASE

Apontador para o FCB do arquivo atual.

F355H, 16 - DPBLIST

Lista de apontadores para os DPB´s de todos os oito drives possíveis, reservando dois bytes para cada um.

F355H, 2 ← drive A: F35DH, 2 ← drive E:
F357H, 2 ← drive B F35FH, 2 ← drive F:
F359H, 2 ← drive C: F361H, 2 ← drive G:
F35BH, 2 ← drive D: F363H, 2 ← drive H:

F364H~F377H - ?

7.2.7 - Jumps do sistema

F378H - BLDCHK+1

Endereço da rotina do manipulador do comando ´BLOAD´.

F37AH, 3 - Jump secundário para o segmento de sistema na pág. 0.

F37DH - BDOS

Jump para o manipulador de funções do BDOS.

*** Consulte também os endereços F85FH a F87EH e FB20H a FB34H.

7.3 - SUBROTINAS INTER-SLOT

RDPRIM (F380H)

Função: Lê um byte de qualquer endereço de qualquer slot.
Entrada: A - Slot primário a ser lido.
D - Slot atual para retorno.
Saída: E - Byte lido.
Código:

```
F380H  RDPRIM: OUT  (0A8H),A
F382H          LD   E,(HL)
F383H          JR   WRPRM1
```

WRPRIM (F385H)

Função: Escreve um byte em qualquer endereço de qualquer slot.
Entrada: A - Slot primário a ser lido.
D - Slot atual para retorno.
E - Byte a ser escrito.
Saída: Nenhuma
Código:

```
F385H  WRPRIM: OUT  (0A8H),A
F387H          LD   (HL),E
F388H  WRPRM1: LD   A,D
F389H          OUT  (0A8H),A
```

CLPRIM (F38CH)

Função: Chama um endereço em qualquer slot.
Entrada: A – Slot primário que contém a rotina.
IX – Endereço a ser chamados.
PUSH AF – Slot atual para retorno (em A).
Saída: Depende da rotina chamada.
Código:

```
F38CH  CLPRIM: OUT  (0A8H),A
F38EH          EX   AF,AF'
F38FH          CALL CLPRM1
F392H          EX   AF,AF'
F393H          POP  AF
F394H          OUT  (0A8H),A
F396H          EX   AF,AF'
F397H          RET
F398H  CLPRM1: JP   (IX)
```

7.4 – FUNÇÃO USR E MODOS TEXTO

USRTAB (F39AH, 20)

Valor inicial: FCERR
Conteúdo: São dez variáveis de sistema de dois bytes cada que apontam para o endereço de execução de uma rotina assembly a ser chamada pela função USR. A primeira posição aponta para USR0, a segunda para USR1 e assim por diante. O valor inicial aponta para a rotina do gerador de erro.

7.5 – ÁREA USADA PELA TELA

LINL40 (F3AEH, 1)

Valor inicial: 39
Conteúdo: Largura da tela no modo texto Screen 0.

LINL32 (F3AFH, 1)

Valor inicial: 29
Conteúdo: Largura da tela no modo texto Screen 1.

LINLEN (F3B0H, 1)

Valor inicial: 39
Conteúdo: Largura atual da tela de texto.

CRTCNT (F3B1H, 1)
Valor inicial: 24
Conteúdo: Número de linhas nos modos de texto.

CLMSLT (F3B2H , 1)
Valor inicial: 14
Conteúdo: Localização horizontal no caso de itens divididos por vírgula no comando PRINT.

7.5.1 – Screen 0

TXTNAM (F3B3H, 2)
Valor inicial: 0000H
Conteúdo: Endereço na VRAM da tabela de nomes dos padrões.

TXTCOL (F3B5H, 2)
Valor inicial: 0000H
Conteúdo: Variável não usada

TXTCGP (F3B7H, 2)
Valor inicial: 0800H
Conteúdo: Endereço na VRAM da tabela de padrões dos caracteres.
Observação: Nessa variável reside o único bug, ou erro, encontrado nos micros MSX2. Quando na Screen 0 for dado o comando WIDTH até 40, o valor estará correto. Porém, se o comando WIDTH for de 41 até 80, o valor correto será de 1000H, mas essa variável continuará marcando 0800H. Nesse caso, ao trabalhar com um programa assembly a partir do BASIC, deve ser usada uma instrução ADD HL,HL para corrigir o valor. Nos modelos MSX2+ e MSX turbo R, o valor correto desta variável é 0000H, de modo que a instrução mostrada não afeta a compatibilidade, a despeito desse bug não existir nesses modelos.

TXTATR (F3B9H, 2)
Valor inicial: 0000H
Conteúdo: Variável não usada

TXTPAT (F3BBH, 2)
Valor inicial: 0000H
Conteúdo: Variável não usada

7.5.2 - Screen 1

T32NAM (F3BDH, 2)
Valor inicial: 1800H
Conteúdo: Endereço da tabela de nomes dos padrões.

T32COL (F3BFH, 2)
Valor inicial: 2000H
Conteúdo: Endereço na VRAM da tabela de cores.

T32CGP (F3C1H, 2)
Valor inicial: 0000H
Conteúdo: Endereço na VRAM da tabela de padrões.

T32ATR (F3C3H, 2)
Valor inicial: 1B00H
Conteúdo: Endereço na VRAM da tabela de atributos dos sprites.

T32PAT (F3C5H, 2)
Valor inicial: 3800H
Conteúdo: Endereço na VRAM da tabela de padrões dos sprites.

7.5.3 - Screen 2

GRPNAM (F3C7H, 2)
Valor inicial: 1800H
Conteúdo: Endereço na VRAM da tabela de nomes dos padrões.

GRPCOL (F3C9H, 2)
Valor inicial: 2000H
Conteúdo: Endereço na VRAM da tabela de cores.

GRPCGP (F3CBH, 2)
Valor inicial: 0000H
Conteúdo: Endereço na VRAM da tabela de padrões.

GRPATR (F3CDH, 2)
Valor inicial: 1B00H
Conteúdo: Endereço na VRAM da tabela de atributos dos sprites.

GRPPAT (F3CFH, 2)
Valor inicial: 3800H
Conteúdo: Endereço na VRAM da tabela de padrões dos sprites.

7.5.3 – Screen 3

MLTNAM (F3D1H, 2)
Valor inicial: 0800H
Conteúdo: Endereço da tabela de nomes dos padrões.

MLTCOL (F3D3H, 2) – Variável não usada.

MLTCGP (F3D5H, 2)
Valor inicial: 0000H
Conteúdo: Endereço na VRAM da tabela de padrões.

MLTATR (F3D7H, 2)
Valor inicial: 1B00H
Conteúdo: Endereço na VRAM da tabela de atributos dos sprites.

MLTPAT (F3D9H, 2)
Valor inicial: 3800H
Conteúdo: Endereço na VRAM da tabela de padrões dos sprites.

7.5.4 – Outros valores para a tela

CLIKSW (F3DBH, 1)
Valor inicial: 1
Conteúdo: Liga/desliga click das teclas (0=desliga; outro valor, liga). Pode ser alterada pelo comando SCREEN.

CSRY (F3DCH , 1)
Valor inicial: 1
Conteúdo: Coordenada Y (vertical) do cursor nos modos texto.

CSRX (F3DDH, 1)
Valor inicial: 1
Conteúdo: Coordenada X (horizontal) do cursor nos modos texto.

CNSDFG (F3DEH, 1)
Valor inicial: 0
Conteúdo: Liga/desliga a apresentação das teclas de função (0=liga, outro valor, desliga). Pode ser alterada pelo comando KEY ON/OFF.

7.6 – ÁREA DOS REGISTRADORES DO VDP

RG0SAV (F3DFH, 1)
Conteúdo: Cópia do registrador R#0 do VDP.

RG1SAV (F3E0H, 1)
Conteúdo: Cópia do registrador R#1 do VDP.

RG2SAV (F3E1H, 1)
Conteúdo: Cópia do registrador R#2 do VDP.

RG3SAV (F3E2H, 1)
Conteúdo: Cópia do registrador R#3 do VDP.

RG4SAV (F3E3H, 1)
Conteúdo: Cópia do registrador R#4 do VDP.

RG5SAV (F3E4H, 1)
Conteúdo: Cópia do registrador R#5 do VDP.

RG6SAV (F3E5H, 1)
Conteúdo: Cópia do registrador R#6 do VDP.

RG7SAV (F3E6H, 1)
Conteúdo: Cópia do registrador R#7 do VDP.

STATFL (F3E7H, 1)
Valor inicial: 00H
Conteúdo: Cópia do registrador de status do VDP. No MSX2 ou superior, armazena o conteúdo do registrador S#0.

7.6.1 – Área para o VDP V9938

RG8SAV (FFE7H, 1)
Conteúdo: Cópia do registrador 8 do VDP.

RG9SAV (FFE8H, 1)
Conteúdo: Cópia do registrador 9 do VDP.

R10SAV (FFE9H, 1)
Conteúdo: Cópia do registrador 10 do VDP.

R11SAV (FFEAH, 1)
Valor inicial: 00H
Conteúdo: Cópia do registrador 11 do VDP.

R12SAV (FFEBH, 1)
Conteúdo: Cópia do registrador R#12 do VDP.

R13SAV (FFECH, 1)
Conteúdo: Cópia do registrador R#13 do VDP.

R14SAV (FFEDH, 1)
Conteúdo: Cópia do registrador R#14 do VDP.

R15SAV (FFEEH, 1)
Conteúdo: Cópia do registrador R#15 do VDP.

R16SAV (FFEFH, 1)
Conteúdo: Cópia do registrador R#16 do VDP.

R17SAV (FFF0H, 1)
Conteúdo: Cópia do registrador R#17 do VDP.

R18SAV (FFF1H, 1)
Conteúdo: Cópia do registrador R#18 do VDP.

R19SAV (FFF2H, 1)
Conteúdo: Cópia do registrador R#19 do VDP.

R20SAV (FFF3H, 1)
Conteúdo: Cópia do registrador R#20 do VDP.

R21SAV (FFF4H, 1)
Conteúdo: Cópia do registrador R#21 do VDP.

R22SAV (FFF5H, 1)
Conteúdo: Cópia do registrador R#22 do VDP.

R23SAV (FFF6H, 1)
Conteúdo: Cópia do registrador R#23 do VDP.

7.6.2 – Área para o VDP V9958

R25SAV (FFFAH, 1)
Conteúdo: Cópia do registrador R#25 do VDP (V9958).

R26SAV (FFFBH, 1)
Conteúdo: Cópia do registrador R#26 do VDP (V9958).

R27SAV (FFFCH, 1)
Conteúdo: Cópia do registrador R#27 do VDP (V9958).

7.7 – MISCELÂNEA

TRGFLG (F3E8H, 1)
Valor inicial: 11110001B
Conteúdo: Estado dos botões do joystick. (0=pressionado, 1=não pressionado). Essa variável é constantemente atualizada pelo manipulador de interrupção.

b7	b6	b5	b4	b3	b2	b1	b0
1	1	1	1	0	0	0	1

- b0 — barra de espaço
- b1–b3 — sem significado
- b4 — porta 1, botão A
- b5 — porta 1, botão B
- b6 — porta 2, botão A
- b7 — porta 2, botão B

FORCLR (F3E9H, 1)
Valor inicial: 15
Conteúdo: Cor de frente e dos caracteres. Pode ser alterada pelo comando COLOR.

BAKCLR (F3EAH, 1)
Valor inicial: 4
Conteúdo: Cor de fundo. Pode ser alterada pelo comando COLOR.

BDRCLR (F3EBH, 1)
Valor inicial: 7
Conteúdo: Cor da borda. Pode ser alterada pelo comando COLOR.

MAXUPD (F3ECH, 3)
Valor inicial: JP 0000H (C3H, 00H, 00H)
Conteúdo: Usada internamente pelo comando CIRCLE.

MINUPD (F3EFH, 3)
Valor inicial: JP 0000H (C3H, 00H, 00H)
Conteúdo: Usada internamente pelo comando CIRCLE.

ATRBYT (F3F2H, 1)
Valor inicial: 15
Conteúdo: Código de cor usada para gráficos.

7.8 - ÁREA USADA PELO COMANDO PLAY

QUEUES (F3F3H, 2)
Valor inicial: QUETAB (F959H)
Conteúdo: Apontador para a fila de execução do comando PLAY.

FRCNEW (F3F5H, 1)
Valor inicial: 255
Conteúdo: Usada internamente pelo interpretador BASIC.

MCLTAB (F956H, 2)
Conteúdo: Endereço da tabela de comando a ser usada pelos macro-comandos PLAY e DRAW.

MCLFLG (F958H, 1)
Conteúdo: Flag para indicar qual comando está sendo processado (0=DRAW; não zero, PLAY).

QUETAB (F959H, 24)
Conteúdo: Esta tabela contém os dados para as três filas musicais e para a fila RS232C, resevando seis bytes para cada uma, como ilustrado abaixo:

+0: posição para colocar.
+1: posição para pegar.
+2: indicação de devolução.
+3: tamanho do buffer na fila.
+4: endereço do buffer na fila (high).
+5: endereço do buffer na fila (low).
F959H = voz A.
F95FH = voz B.
F965H = voz C.
F96AH = RS232C.

QUEBAK (F971H, 4)
Conteúdo: Usada para substituição de caracteres nas filas.
F971H +0 – Voz A
+1 – Voz B
+2 – Voz C
+3 – RS232C (apenas MSX1)

VOICAQ (F975H, 128)
Valor inicial: DEFS 128 (00H ..... 00H)
Conteúdo: Fila para a voz A.

VOICBQ (F9F5H, 128)
Valor inicial: DEFS 128 (00H ..... 00H)
Conteúdo: Fila para a voz B.

VOICCQ (FA75H, 128)
Valor inicial: DEFS 128 (00H ..... 00H)
Conteúdo: Fila para a voz C.

PRSCNT (FB35H, 1)
Conteúdo: Usada internamente pelo comando PLAY para contar o número de operandos completados. O bit 7 será ligado após cada um dos três operandos serem analizados.

SAVSP (FB36H, 2)
Conteúdo: Salva o valor do registrador SP antes da execução do comando PLAY.

VOICEN (FB38H, 1)
Conteúdo: Número da voz que está sendo atualmente processada (0, 1 ou 2).

SAVVOL (FB39H, 2)
Valor inicial: 00H
Conteúdo: Salva o volume durante a geração de uma pausa.

MCLLEN (FB3BH, 1)
Valor inicial: 00H
Conteúdo: Comprimento da string que está sendo analisada.

MCLPTR (FB3CH, 2)
Valor inicial: 0000H
Conteúdo: Endereço do operando que está sendo analisado.

QUEUEN (FB3EH, 1)
Conteúdo: Utilizada pelo manipulador de interrupção para conter o número da fila musical que está sendo atualmente processada.

MUSICF (FB3FH, 1)
Conteúdo: Flag para indicar quais filas musicais serão utilizadas.

PLYCNT (FB40H, 1)
Conteúdo: Número de sequências do comando PLAY armazenados na fila.

7.8.1 - Offset para o buffer de parâmetros do comando PLAY

METREX	(+00, 2)	Contador de duração
VCXLEN	(+02, 1)	Comprimento da string
VCXPTR	(+03, 2)	Endereço da string
VCXSTP	(+05, 2)	Endereço dos dados na pilha
QLENGX	(+07, 1)	Tamanho do pacote musical em bytes
NTICSX	(+08, 2)	Pacote musical
TONPRX	(+10, 2)	Período do tom
AMPRX	(+12, 1)	Volume e envelope
ENVPRX	(+13, 2)	Período do envelope
OCTAVX	(+15, 1)	Oitava

NOTELX (+16, 1) Comprimento do tom
TEMPOX (+17, 1) Tempo
VOLUMX (+18, 1) Volume
ENVLPX (+19, 14) Forma de onda do envelope
MCLSTX (+33, 3) Reservado para a pilha
MCLSEX (+36, 1) Inicialização da pilha
VCBSIZ (+37, 1) Tamanho do buffer de parâmetros

7.8.2 – Área de dados para o buffer de parâmetros

VCBA (FB41H, 37)
Conteúdo: Parâmetros para a voz A.
+00, 2 – Contador de duração
+02, 1 – Comprimento da string
+03, 2 – Endereço da string
+05, 2 – Endereço de dados na pilha
+07, 1 – Tamanho do pacote musical
+08, 7 – Pacote musical
+15, 1 – Oitava
+16, 1 – Comprimento
+17, 1 – Tempo
+18, 1 – Volume
+19, 2 – Período da envoltória
+21,16 – Espaço para dados da pilha

VCBB (FB66H, 37)
Conteúdo: Parâmetros para a voz B.
(Estrutura idêntica à da voz A).

VCBC (FB8BH, 37)
Conteúdo: Parâmetros para a voz C.
(Estrutura idêntica à da voz A).

7.9 – ÁREA PARA O TECLADO

SCNCNT (F3F6H, 1)
Valor inicial: 1
Conteúdo: Intervalo para a varredura das teclas.

REPCNT (F3F7H, 1)
Valor inicial: 50
Conteúdo: Tempo de atraso para o início da autorrepetição das teclas.

PUTPNT (F3F8H, 2)
Valor inicial: KEYBUF (FBF0H)
Conteúdo: Aponta para o endereço de escrita do buffer de teclado.

GETPNT (F3FAH, 2)
Valor inicial: KEYBUF (FBF0H)
Conteúdo: Aponta para o endereço de leitura do buffer de teclado.

OLDKEY (FBDAH, 11)
Conteúdo: Estado anterior da matriz do teclado.

NEWKEY (FBE5H, 11)
Conteúdo: Novo estado da matriz do teclado.

KEYBUF (FBF0H, 40)
Conteúdo: Buffer circular que contém os caracteres lidos do teclado.

7.10 - ÁREA USADA PELO CASSETE

CS1200 (F3FCH, 5)
Valor inicial: +0 → 53H - primeira metade para o bit 0
+1 → 5CH - Segunda metade para o bit 0
+2 → 26H - primeira metade para o bit 1
+3 → 2DH - Segunda metade para o bit 1
+4 → 0FH - Contagem dos ciclos para cabeçalho breve [ciclos = (0F400H) * 2 / 256]
Conteúdo: Parâmetros para o cassete para 1200 bauds.

CS2400 (F401H, 5)
Valor inicial: +0 → 25H - primeira metade para o bit 0
+1 → 2DH - Segunda metade para o bit 0
+2 → 0EH - primeira metade para o bit 1
+3 → 16H - Segunda metade para o bit 1
+4 → 1FH - Contagem dos ciclos para cabeçalho breve [ciclos = (0F405H) * 4 / 256]
Conteúdo: Parâmetros para o cassete para 2400 bauds.

LOW (F406H, 2)
Valor inicial: +0 → 53H – primeira metade para o bit 0
+1 → 5CH – Segunda metade para o bit 0
Conteúdo: Largura para o bit 0 do baud rate atual.

HIGH (F408H, 2)
Valor inicial: +0 → 26H – primeira metade para o bit 1
+1 → 2DH – Segunda metade para o bit 1
Conteúdo: Largura para o bit 1 do baud rate atual.

HEADER (F40AH, 1)
Valor inicial: 0FH
Conteúdo: Contagem dos ciclos para cabeçalho breve atual.

7.11 – ÁREA USADA PELO COMANDO CIRCLE

ASPCT1 (F40BH, 2)
Conteúdo: 256/relação de aspecto. Pode ser alterada pelo comando SCREEN para uso do comando CIRCLE.

ASPCT2 (F40DH, 2)
Conteúdo: 256*relação de aspecto. Pode ser alterada pelo comando SCREEN para uso do comando CIRCLE.

ASPECT (F931H, 2)
Valor inicial: 0
Conteúdo: Relação de aspecto.

CENCNT (F933H, 2)
Valor inicial: 0
Conteúdo: Contagem de pontos do ângulo final.

CLINEF (F935H, 1)
Valor inicial: 0
Conteúdo: Flag usada para indicar o desenho de uma linha a partir do centro da circunferência. O bit 0 será ligado de uma linha for requerida a partir do ângulo inicial e o bit 7 será ligado se a linha for requerida a partir do ângulo final.

CNPNTS (F936H, 2)
Valor inicial: 0
Conteúdo: Número de pontos dentro de um segmento de 45 graus da circunferência.

CPLOTF (F938H, 1)
Conteúdo: Usada internamente pelo comando CIRCLE.

CPCNT (F939H, 2)
Conteúdo: Coordenada Y dentro do segmento atual de 45 graus da circunferência.

CPCNT8 (F93BH, 2)
Valor inicial: 0
Conteúdo: Contagem total de pontos da posição atual.

CPCSUM (F93DH, 2)
Valor inicial: 0
Conteúdo: Contador da computação de pontos.

CSTCNT (F93FH, 2)
Valor inicial: 0
Conteúdo: Contagem de pontos do ângulo inicial da circunferência.

CSCLXY (F941H, 1)
Valor inicial: 0
Conteúdo: Escala entre X e Y. Usada pela instrução CIRCLE.

CSAVEA (F942H, 2)
Conteúdo: Área reservada para ADVGRP.

CSAVEM (F944H, 1)
Conteúdo: Área reservada para ADVGRP.

CXOFF (F945H, 2)
Conteúdo: Coordenada X a partir do centro da circunferência.

CYOFF (F947H, 2)
Conteúdo: Coordenada Y a partir do centro da circunferência.

7.12 - ÁREA USADA INTERNAMENTE PELO BASIC

ENDPRG (F40FH, 5)
Valor inicial: ":"; 00H; 00H; 00H; 00H.
Conteúdo: Falso fim de linha de programa para os comandos RESUME e NEXT.

ERRFLG (F414H, 1)
Valor inicial: 00H
Conteúdo: Área para salvar o número de erro.

LPTPOS (F415H, 1)
Valor inicial: 00H
Conteúdo: Armazena posição atual da cabeça da impressora.

PRTFLG (F416H, 1)
Valor inicial: 00H
Conteúdo: Flag para selecionar saída para tela ou impressora (0=tela; outro valor, impressora).

NTMSXP (F417H, 1)
Valor inicial: 00H
Conteúdo: Flag para selecionar o tipo de impressora. (0=impressora padrão MSX; outro valor, impressora não MSX). Pode ser alterada pelo comando SCREEN.

RAWPRT (F418H, 1)
Valor inicial: 00H
Conteúdo: Flag para determinar se os caracteres gráficos de controle serão modificados ao serem enviados para a impressora (0=modifica; outro valor, não modifica).

VLZADR (F419H, 2)
Valor inicial: 0000H
Conteúdo: Endereço do caractere para a função VAL.

VLZDAT (F41BH, 1)
Valor inicial: 00H
Conteúdo: Caractere que deve ser substituído por 0 pela função VAL.

CURLIN (F41CH, 2)
Valor inicial: FFFFH
Conteúdo: Número de linha atual do interpretador BASIC. O valor FFFFH indica modo direto.

7.12.1 - Buffers de texto BASIC

KBFMIN (F41EH, 1)
Valor inicial: ":"
Conteúdo: Esse byte é um prefixo fictício para o texto atomizado contido em KBUF.

KBUF (F41FH, 318)
Valor inicial: 00H, 00H, ... 00H
Conteúdo: Esse buffer guarda a linha BASIC atomizada coletada pelo interpretador.

BUFMIN (F55DH, 1)
Valor inicial: ":"
Conteúdo: Prefixo fictício para o texto contido em BUF. É usado para sincronizar o manipulador da instrução INPUT quando este começa a analisar o texto coletado.

BUF (F55EH, 258)
Valor inicial: 00H, 00H, ... 00H
Conteúdo: Esse buffer guarda, no formato ASCII, os caracteres coletados do teclado pela rotina padrão INLIN.

ENDBUF (F660H, 1)
Valor inicial: 00H
Conteúdo: Byte para prevenir overflow em BUF (F55EH).

7.12.2 - Dados Gerais

TTYPOS (F661H, 1)
Conteúdo: Usada pelo comando PRINT para guardar a posição virtual do cursor.

DIMFLG (F662H, 1)
Conteúdo: Usada internamente pelo comando DIM.

VALTYP (F663H, 1)
Conteúdo: Guarda o tipo de variável contida em DAC (F3F6H): 2=inteira; 3=string; 4=precisão simples; 8=precisão dupla.

DORES (F664H, 1)
Conteúdo: Usada internamente pelo comando DATA para manter o texto no formato ASCII.

DONUM (F665H, 1)
Conteúdo: Flag usada internamente pelo BASIC.

CONTXT (F666H, 2)
Conteúdo: Armazena o endereço do texto usado pela rotina CHRGTR.

CONSAV (F668H, 1)
Conteúdo: Armazena a token de uma constante numérica; usada pela rotina GHRGTR.

CONTYP (F669H, 1)
Conteúdo: Armazena o tipo de uma constante numérica encontrada no texto de programa BASIC. É usada pela rotina pradão CHRGTR.

CONLO (F66AH, 8)
Conteúdo: Armazena uma constante numérica usada pela rotina padrão CHRGTR.

MEMSIZ (F672H, 2)
Conteúdo: Endereço mais alto de memória que pode ser usado pelo BASIC.

STKTOP (F674H, 2)
Conteúdo: Endereço do topo da pilha do Z80. Usada internamente pelo BASIC.

TXTTAB (F676H, 2)
Valor inicial: 8000H
Conteúdo: Endereço inicial da área de texto BASIC.

TEMPPT (F678H, 2)
Valor inicial: TEMPST (F67AH)
Conteúdo: Endereço da próxima posição livre em TEMPST.

TEMPST (F67AH, 30)
Valor inicial: DEFS 30 (00H, ... 00H)
Conteúdo: Buffer usado para armazenar descritores de strings.

DSCTMP (F698H, 3)
Valor inicial: 00H, 00H, 00H
Conteúdo: Salva o descritor de uma string durante o processamento.

FRETOP (F69BH, 2)
Valor inicial: F168H
Conteúdo: Endereço da próxima posição livre na área de strings.

TEMP3 (F69DH, 2)
Valor inicial: 0000H
Conteúdo: Usada internamente pelo interpretador para armazenamento temporário de várias rotinas.

ENDFOR (F6A1H, 2)
Valor inicial: 0000H
Conteúdo: Endereço para o comando FOR.

DATLIN (F6A3H, 2)
Valor inicial: 00H
Conteúdo: Número de linha do comando DATA para uso do comando READ.

SUBFLG (F6A5H, 1)
Valor inicial: 00H
Conteúdo: Flag usada para controlar o processamento de índices na busca de variáveis tipo matriz.

FLGINP (F6A6H, 1)
Valor inicial: 00H
Conteúdo: Flag usada pelos comandos INPUT e READ (0=INPUT; outro valor, READ).

TEMP (F6A7H, 2)
Conteúdo: Usada internamente pelo interpretador.

7.12.3 - Controle de linhas BASIC em tempo de execução

PTRFLG (F6A9H, 1)
Conteúdo: Usada internamente pelo interpretador para conversão dos números de linha em apontadores (0=operando não convertido; outro valor, operando convertido).

AUTFLG (F6AAH, 1)
Conteúdo: Flag para o comando AUTO (0=comando AUTO inativo; outro valor, comando AUTO ativo).

AUTLIN (F6ABH, 2)
Conteúdo: Número da última linha BASIC entrada.

AUTINC (F6ADH, 2)
Valor inicial: 10
Conteúdo: Valor de incremento para a função AUTO.

SAVTXT (F6AFH, 2)
Conteúdo: Armazena o endereço atual do texto BASIC durante a execução.

SAVSTK (F6B1H, 2)
Conteúdo: Armazena o endereço atual da pilha do Z80. Usada pelo manipulador de erro e pela instrução RESUME.

ERRLIN (F6B3H, 2)
Conteúdo: Número de linha BASIC onde ocorreu algum erro.

DOT (F6B5H, 2)
Conteúdo: Último número de linha durante o processamento. Usada internamente pelo interpretador e pelo manipulador de erro.

ERRTXT (F6B7H, 2)
Conteúdo: Endereço do texto BASIC onde ocorreu algum erro. Usada pelo comando RESUME.

ONELIN (F6B9H, 2)
Conteúdo: Endereço da linha de programa que deve ser executada ao ocorrer algum erro. Setada por ON ERROR GOTO.

ONEFLG (F6BBH, 1)
Conteúdo: Flag para indicar execução de rotina de erro (0=não executando; outro valor, rotina em execução).

TEMP2 (F6BCH, 2)
Conteúdo: Usada internamente pelo interpretador.

OLDLIN (F6BEH, 2)
Conteúdo: Armazena a última linha executada pelo programa. É atualizada pelos comandos END e STOP para ser usada pelo comando CONT.

7.12.4 – Endereços de armazenamento do texto BASIC

OLDTXT (F6C0H, 2)
Conteúdo: Armazena o endereço da última instrução do texto BASIC.

VARTAB (F6C2H, 2)
Conteúdo: Endereço do primeiro byte da área de armazenamento das variáveis do BASIC.

ARYTAB (F6C4H, 2)
Conteúdo: Endereço do primeiro byte da área de armazenamento das matrizes do BASIC.

STREND (F6C6H, 2)
Conteúdo: Endereço do primeiro byte após a área de armazenamento das matrizes, variáveis ou texto BASIC.

DATPTR (F6C8H, 2)
Conteúdo: Endereço do comando DATA atual para uso do comando READ.

DEFTBL (F6CAH, 26)
Conteúdo: Área de armazenamento do tipo de variável por nomes em ordem alfabética. Podem ser alteradas pelo grupo de comandos "DEF xxx".

7.12.5 – Área para as funções do usuário

PRMSTK (F6E4H, 2)
Conteúdo: Definição prévia do bloco na pilha do Z80.

PRMLEN (F6E6H, 2)
Conteúdo: Comprimento do bloco de parâmetro "FN" atual em PARM1.

PARM1 (F6E8H, 100)
Conteúdo: Buffer para armazenamento das variáveis da função "FN" que está sendo avaliada.

PRMPRV (F74CH, 2)
Valor inicial: PRMSTK (F6E4H)
Conteúdo: Endereço do bloco de parâmetro "FN" anterior.

PRMLN2 (F74EH, 2)
Conteúdo: Comprimento do bloco de parâmetros "FN" que está sendo montado em PARM2.

PARM2 (F750H, 100)
Conteúdo: Buffer usado para as variáveis da função "FN" atual.

PRMFLG (F7B4H, 1)
Conteúdo: Flag para indicar quando PARM1 está sendo procurada.

ARYTA2 (F7B5H, 2)
Conteúdo: Último endereço para procura de variável.

NOFUNS (F7B7H, 1)
Conteúdo: Flag para indicar à função "FN" a existência de variáveis locais (0=não há variáveis; outro valor, há variáveis).

TEMP9 (F7B8H, 2)
Conteúdo: Usada internamente pelo interpretador.

FUNACT (F7BAH, 2)
Conteúdo: Número de funções "FN" atualmente ativas.

SWPTMP (F7BCH, 8)
Conteúdo: Buffer utilizado para conter o primeiro operando de um comando SWAP.

TRCFLG (F7C4H, 1)
Conteúdo: Flag para o comando TRACE (0=TRACE OFF, outro valor, TRACE ON).

7.12.6 – Área de dados do interpretador

FNKSTR (F87FH, 160)
Conteúdo: Área reservada para armazenar o conteúdo das teclas de função (16 caracteres x 10 posições).

CGPNT (F91FH, 3)
Conteúdo: Endereço da fonte de caracteres. O primeiro byte é o ID do slot e os outros dois o endereço.

NAMBAS (F922H, 2)
Conteúdo: Endereço da tabela de nomes no modo texto atual.

CGPBAS (F924H, 2)
Conteúdo: Endereço da tabela geradora de padrões no modo texto atual.

PATBAS (F926H, 2)
Conteúdo: Endereço atual da tabela geradora de sprites.

ATRBAS (F928H, 2)
Conteúdo: Endereço atual da tabela de atributos dos sprites.

CLOC (F92AH, 2)
Conteúdo: Usada internamente pelas rotinas gráficas.

CMASK (F92CH, 1)
Conteúdo: Usada internamente pelas rotinas gráficas.

MINDEL (F92DH, 2)
Conteúdo: Usada internamente pelo comando LINE.

MAXDEL (F92FH, 2)
Conteúdo: Usada internamente pelo comando LINE.

7.13 - ÁREA PARA O MATH-PACK

FBUFFR (F7C5H, 43)
Conteúdo: Usado internamente pelo MATH-PACK.

DECTMP (F7F0H, 2)
Conteúdo: Usado para transformar um número inteiro em um número de ponto flutuante.

DECTM2 (F7F2H, 2)
Conteúdo: Usada internamente pela rotina de divisão.

DECCNT (F7F4H, 1)
Conteúdo: Usada internamente pela rotina de divisão.

DAC (F7F6H, 16)
Conteúdo: Acumulador primário que contém um número durante uma operação matemática.

HOLD8 (F806H, 48)
Valor inicial: 00H, 00H ... 00H
Conteúdo: Área de armazenamento para a multiplicação decimal.

HOLD2 (F836H, 8)
Valor inicial: 00H, 00H ... 00H
Conteúdo: Usada internamente pelo MATH-PACK.

HOLD (F83EH, 8)
Valor inicial: 00H, 00H ... 00H
Conteúdo: Usada internamente pelo MATH-PACK.

ARG (F847H, 16)
Conteúdo: Acumulador secundário que contém o número a ser calculado com DAC (F7F6H).

RNDX (F857H, 8)
Conteúdo: Armazena o último número aleatório de dupla precisão. Usada pela função RND.

7.14 - ÁREA DE DADOS DO SISTEMA DE DISCO

MAXFIL (F85FH, 1)
Conteúdo: Número de buffers de I/O existentes. Pode ser alterada pela instrução MAXFILES.

FILTAB (F860H, 2)
Conteúdo: Endereço inicial da área de dados dos arquivos.

NULBUF (F862H, 2)
Conteúdo: Aponta para o buffer usado pelos comandos SAVE e LOAD.

PTRFIL (F864H, 2)
Conteúdo: Endereço dos dados do arquivo atualmente ativo.

RUNFLG (F866H,0)
Conteúdo: Não-zero, se algum programa foi carregado e executado. Usada pelo operando ",R" do comando LOAD.

FILNAM (F866H, 11)
Conteúdo: Área para armazenamento de um nome de arquivo.

FILNM2 (F871H, 11)
Conteúdo: Área para armazenamento de um nome de arquivo para ser comparado com FILNAM.

NLONLY (F87CH, 1)
Conteúdo: Flag para indicar se um programa está sendo carregado ou não (0=programa não está sendo carregado; outro valor, programa está sendo carregado).

SAVEND (F87DH, 2)
Conteúdo: Usada pelo comando BSAVE para conter o endereço final do programa assembly que deve ser salvo.

HOKVLD (FB20H, 1)
Valor inicial: 01H
Conteúdo: O bit 0 deste byte indica a presença de uma BIOS estendida. 0 = Sem BIOS, 1 = Há pelo menos uma BIOS que pode ser chamada no endereço 0FFCAH (EXTBIO).

DRVINV (FB21H, 9)

Valor inicial: variável

Conteúdo: ID do slot e número de unidades conectadas às interfaces de disco.

DRVINV +0 = Número de drives conectados na interface de disco primária.
+1 = ID do slot da interface do disco mestre.
+2 = Número de unidades conectadas à interface do disco mestre.
+3 = ID do slot da 2ª interface de disco
+4 = Número de unidades conectadas à 2ª interface de disco
+5 = ID do slot da 3ª interface de disco
+6 = Número de unidades conectadas à 3ª interface de disco
+7 = ID do slot da 4ª interface do disco
+8 = Número de unidades conectadas à 4ª interface do disco

DRVINT (FB29H, 12)

Valor inicial: variável

Conteúdo: ID do slot e endereço de cada manipulador de interrupção das interfaces de disco. (3 * 4 bytes)

DRVINT+0 = ID do slot de cada manipulador de interrupções da interface principal.
+1 = Endereço do manipulador de interrupções da interface principal.
+3 = ID do slot de cada manipulador de interrupções da 2ª interface
+4 = Endereço do manipulador de interrupções da 2ª interface
+6 = ID do slot de cada manipulador de interrupções da 3ª interface
+7 = Endereço do manipulador de interrupções da 3ª interface
+9 = ID do slot de cada manipulador de interrupções da 4ª interface
+10 – Endereço do manipulador de interrupções da 4ª interface

7.15 - ÁREA USADA PELO COMANDO PAINT

LOHMSK (F949H, 1)
Valor inicial: 0
Conteúdo: Posição mais à esquerda da excursão LH.

LOHDIR (F94AH, 1)
Valor inicial: 0
Conteúdo: Direção de pintura requerida pela excursão LH.

LOHADR (F94BH, 2)
Valor inicial: 0000H
Conteúdo: Posição mais à esquerda da excursão LH.

LOHCNT (F94DH, 2)
Valor inicial: 0
Conteúdo: Tamanho da excursão LH.

SKPCNT (F94FH, 2)
Valor inicial: 0
Conteúdo: Contador de salto devolvido por SCANR (012CH).

MOVCNT (F951H, 2)
Valor inicial: 0
Conteúdo: Contador de movimento devolvido por SCANR (012CH).

PDIREC (F953H, 1)
Conteúdo: Direção de pintura: 40H, para baixo; C0H, para cima; 00H, terminar.

LFPROG (F954H, 1)
Conteúdo: Flag usada pelo comando PAINT para indicar se houve progresso à esquerda (0=não houve progresso; outro valor, houve progresso).

RTPROG (F955H, 1)
Conteúdo: Flag usada pelo comando PAINT para indicar se houve progresso à direita (0=não houve progresso; outro valor, houve progresso).

7.16 – ÁREA ADICIONADA PARA O MSX2

DPPAGE (FAF5H, 1)
Valor inicial: 0
Conteúdo: Página de vídeo que está atualmente sendo apresentada.

ACPAGE (FAF6H, 1)
Valor inicial: 0
Conteúdo: Página de vídeo ativa para receber comandos.

AVCSAV (FAF7H, 1)
Valor inicial: 0
Conteúdo: Usada pela porta de controle AV.

EXBRSA (FAF8H, 1)
Valor inicial: 10000111B
Conteúdo: Slot da Sub-ROM, no formato abaixo:

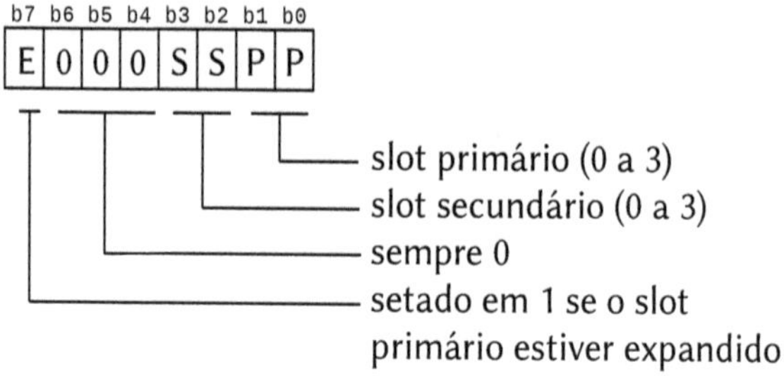

b7	b6	b5	b4	b3	b2	b1	b0
E	0	0	0	S	S	P	P

- P P (b1-b0): slot primário (0 a 3)
- S S (b3-b2): slot secundário (0 a 3)
- 0 0 0 (b6-b4): sempre 0
- E (b7): setado em 1 se o slot primário estiver expandido

CHRCNT (FAF9H, 1)
Valor inicial: 0
Conteúdo: Contador de caracteres no buffer. Usada para transição Roman-Kana (0, 1 ou 2).

ROMA (FAFAH, 2)
Valor inicial: 0
Conteúdo: Armazena o caractere do buffer para a transição Roman-Kana (somente na versão japonesa).

MODE (FAFCH, 1)
Valor inicial: 10001001B

Conteúdo: Flag de modo e tamanho da VRAM (os bits 4, 5, 6 e 7 só têm significado para MSX2+ ou superior)

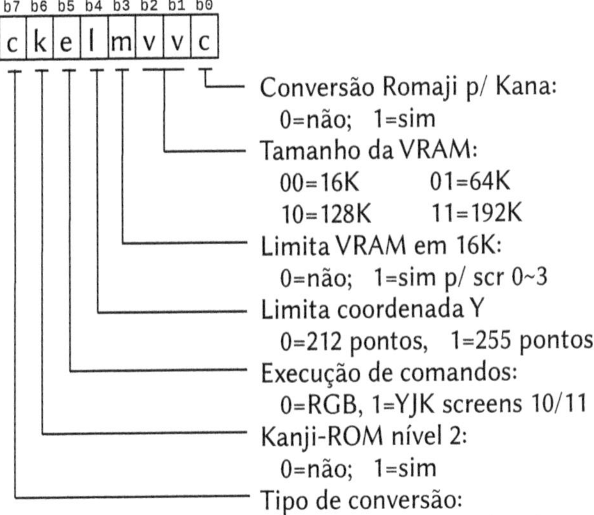

NORUSE (FAFDH, 1)

Valor inicial: 00H

Conteúdo: Usado pelo Kanji-driver.

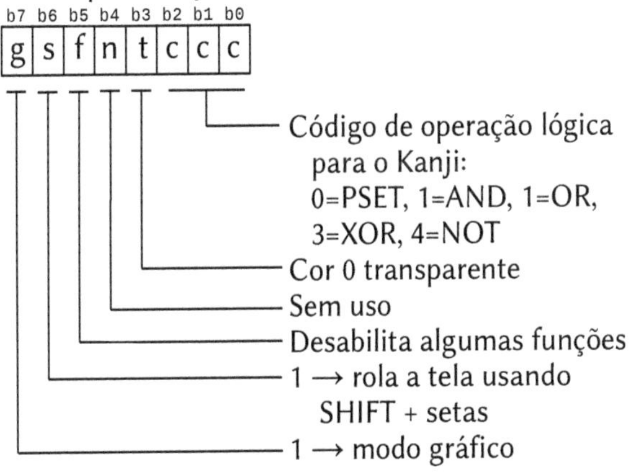

XSAVE (FAFEH, 2)

Valor inicial: 00 000 000B, 00 000 000B

b7	b6	b5	b4	b3	b2	b1	b0
L	0	0	0	0	0	0	0

b7	b6	b5	b4	b3	b2	b1	b0
X	X	X	X	X	X	X	X

YSAVE (FB00H, 2)
Valor inicial: 00000000B, 00000000B

b7	b6	b5	b4	b3	b2	b1	b0
L	0	0	0	0	0	0	0

b7	b6	b5	b4	b3	b2	b1	b0
Y	Y	Y	Y	Y	Y	Y	Y

L=1 → requisição de interrupção da caneta ótica
0000000 = sem significado
XXXXXXXXX = coordenada X
YYYYYYYY = coordenada Y

LOGOPR (FB02H, 1)
Valor inicial: 00H
Conteúdo: Código de operação lógica para o VDP.

7.17 - ÁREA USADA PELA RS232C

RSTMP (FB03H, 1)
Valor inicial: 00H
Conteúdo: Armazenamento temporário para a RS232C.
Obs.: mesmo endereço de TOCNT.

TOCNT (FB03H, 1)
Valor inicial: 00H
Conteúdo: Contador usado pela interface RS232C.
Obs.: mesmo endereço de RSTMP.

RSFCB (FB04H, 2)
Valor inicial: 0000H
Conteúdo: Endereço do FCB da RS232C.

RSIQLN (FB06H, 1)
Valor inicial: 00H
Conteúdo: Usada internamente pela RS232C.

MEXBIH (FB07H, 5)
Valor inicial: C9H, C9H, C9H, C9H, C9H
Conteúdo: FB07H +0: RST 030H
+1: Byte de ID do slot
+2: Endereço (low)
+3: Endereço (high)
+4: RET
Usada internamente pela RS232C.

OLDSTT (FB0CH, 5)
Valor inicial: C9H, C9H, C9H, C9H, C9H
Conteúdo: FB0CH+0: RST 030H
+1: Byte de ID do slot
+2: Endereço (low)
+3: Endereço (high)
+4: RET
Usada internamente pela RS232C.

OLDINT (FB12H, 5)
Valor inicial: C9H, C9H, C9H, C9H, C9H
Conteúdo: FB12H +0: RST 030H
+1: Byte de ID do slot
+2: Endereço (low)
+3: Endereço (high)
+4: RET
Usada internamente pela RS232C.

DEVNUM (FB17H, 1)
Conteúdo: Byte offset.

DATCNT (FB18H, 3)
Conteúdo: FB18H+0: ID de slot
+1: Apontador
+2: Apontador

ERRORS (FB1BH, 1)
Valor inicial: 00H
Conteúdo: Código de erro da RS232C.

FLAGS (FB1CH, 1)
Valor inicial: 00000011B
Conteúdo: Flags usadas pela RS232C.

ESTBLS (FB1DH, 1)
Valor inicial: FFH
Conteúdo: Bit booleano para uso da RS232C.

COMMSK (FB1EH, 1)
Valor inicial: C1H
Conteúdo: Máscara da RS232C.

LSTCOM (FB1FH, 1)
Valor inicial: E8H
Conteúdo: Usada internamente pela RS232C.

7.18 - ÁREA DE DADOS GERAIS

ENSTOP (FBB0H, 1)
Conteúdo: Flag para habilitar uma saída forçada para o interpretador ao detectar as teclas CTRL+SHIFT+GRAPH+CODE pressionadas juntas (0=desab.; outro valor, habilitada).

BASROM (FBB1H, 1)
Valor inicial: 00H
Conteúdo: Localização do texto BASIC (0=RAM; outro valor, ROM).

LINTTB (FBB2H, 24)
Conteúdo: São 24 flags para indicar se cada uma das linhas de tela de texto avançou para a linha seguinte (0=avançou; outro valor, não avançou).

FSTPOS (FBCAH, 2)
Conteúdo: Primeira localização do caracter coletado pela rotina INLIN (00B1H) do BIOS.

CODSAV (FBCCH, 1)
Valor inicial: 00H
Conteúdo: Caractere substituído pelo cursor nas telas de texto.

FNKSW1 (FBCDH, 1)
Valor inicial: 01H
Conteúdo: Flag para indicar quais teclas de função são mostradas quando habilitadas por KEY ON (1=F1 a F5; 0=F6 a F10).

FNKFLG (FBCEH, 10)
Conteúdo: Flags para habilitar, inibir ou paralizar a execução de uma linha definida pelo comando ON KEY GOSUB. São modificadas por KEY(n) ON/OFF/STOP (0=KEY(n) OFF/STOP; 1=KEY(n) ON).

ONGSBF (FBD8H, 1)
Conteúdo: Flag para indicar se algum dispositivo requereu uma interrupção de programa (0=normal; outro valor indica interrupção ativa).

CLIKFL (FBD9H, 1)
Conteúdo: Flag de click das teclas. Usada pelo manipulador de interrupção.

LINWRK (FC18H, 40)
Conteúdo: Buffer usado pelo BIOS para conter uma linha completa de caracteres da tela.

PATWRK (FC40H, 8)
Conteúdo: Buffer usado pelo BIOS para conter um padrão de caractere 8x8.

BOTTOM (FC48H, 2)
Conteúdo: Endereço mais baixo usado pelo interpretador, normalmente 8000H.

HIMEM (FC4AH, 2)
Conteúdo: Endereço mais alto de RAM disponível. Pode ser modificado pelo comando CLEAR.

TRPTBL (FC4CH, 78)
Conteúdo: Esta tabela contém o estado atual dos dispositivos de interrupção. Cada dispositivo aloca três bytes na tabela. O primeiro byte contém o estado do dispositivo (bit 0=ligado; bit 1=parado; bit 2=ativo). Os outros dois bytes contêm o endereço da linha de programa a ser executada caso ocorra uma interrupção.

FC4CH/FC69H	(3 x 10 bytes)	ON KEY GOSUB
FC6AH/FC6CH	(3 x 1 byte)	ON STOP GOSUB
FC6DH/FC6FH	(3 x 1 byte)	ON SPRITE GOSUB
FC70H/FC7EH	(3 x 5 bytes)	ON STRIG GOSUB
FC7FH/FC81H	(3 x 1 byte)	ON INTERVAL GOSUB
FC82H/FC99H	Reservado para expansão	

RTYCNT (FC9AH, 1)
Conteúdo: Controle de interrupção.

INTFLG (FC9BH, 1)
Conteúdo: Se CTRL+STOP são pressionadas, esta variável é colocada em 03H e o processamento interrompido; se STOP for pressionada, o valor é 04H; caso contrário, é mantida em 00H.

PADY (FC9CH, 1)
Conteúdo: Coordenada Y do paddle.

PADX (FC9DH, 1)
Conteúdo: Coordenada X do paddle.

JIFFY (FC9EH, 2)
Conteúdo: Esta variável é continuamente incrementada pelo manipulador de interrupção. Seu valor pode ser lido ou atribuído pela função TIME. Também é utilizada internamente pelo comando PLAY.

INTVAL (FCA0H, 2)
Valor inicial: 0000H
Conteúdo: Duração do intervalo usado por ON INTERVAL GOSUB.

INTCNT (FCA2H, 2)
Valor inicial: 0000H
Conteúdo: Contador para a instrução ON INTERVAL GOSUB.

LOWLIM (FCA4H, 1)
Valor inicial: 31H
Conteúdo: Duração mínima para o bit de partida durante a leitura do cassete.

WINWID (FCA5H, 1)
Valor inicial: 22H
Conteúdo: Duração da discriminação do ciclo alto/baixo durante a leitura do cassete.

GRPHED (FCA6H, 1)
Conteúdo: Flag para o envio de um caractere gráfico (0=normal; 1=caractere gráfico).

ESCCNT (FCA7H, 1)
Conteúdo: Área de contagem dos códigos de escape.

INSFLG (FCA8H, 1)
Conteúdo: Flag para indicar o modo de inserção (0=normal; outro valor, modo de inserção)

CSRSW (FCA9H, 1)
Conteúdo: Flag para indicar se o cursor será mostrado (0=não; outro valor, sim). Pode ser modificada pelo comando LOCATE.

CSTYLE (FCAAH, 1)
Conteúdo: Forma do cursor (0=bloco; outro valor, sub-alinhado).

CAPST (FCABH, 1)
Conteúdo: Estado da tecla CAPS LOCK (0=desligada; outro valor, ligada).

KANAST (FCACH, 1)
Conteúdo: Estado da tecla KANA (0=desligada; outro valor, ligada).

KANAMD (FCADH, 1)
Conteúdo: Tipo de teclado (0=KANA, outro valor, JIS). Flag usada apenas em máquinas japonesas.

FLBMEM (FCAEH, 1)
Conteúdo: Flag para indicar carregamento de programa em BASIC (0=está carregando; outro valor, não).

SCRMOD (FCAFH, 1)
Conteúdo: Número do modo de tela atual.

OLDSCR (FCB0H, 1)
Conteúdo: Modo de tela do último modo texto.

CASPRV (FCB1H, 1)
Valor inicial: 00H
Conteúdo: Usada pelo cassete nos MSX1,MSX2 e MSX2+. No MSX turbo R, guarda o valor da porta A7H.

BDRATR (FCB2H, 1)
Conteúdo: Código de cor da borda. Usado por PAINT.

GXPOS (FCB3H, 2)
Conteúdo: Coordenada X gráfica.

GYPOS (FCB5H, 2)
Conteúdo: Coordenada Y gráfica.

GRPACX (FCB7H, 2)
Conteúdo: Acumulador gráfico para a coordenada X.

GRPACY (FCB9H, 2)
Conteúdo: Acumulador gráfico para a coordenada Y.

DRWFLG (FCBBH, 1)
Conteúdo: Flag usada pelo comando DRAW.

DRWSCL (FCBCH, 1)
Conteúdo: Fator de escala para o comando DRAW. O valor 0 indica que não será usada a escala.

DRWANG (FCBDH, 1)
Conteúdo: Ângulo para o comando DRAW.

RUNBNF (FCBEH, 1)
Conteúdo: Flag para indicar se o comando BLOAD ou BSAVE está em execução (somente para o sistema de disco)

SAVENT (FCBFH, 2)
Valor inicial: 0000H
Conteúdo: Endereço inicial para os comandos BSAVE e BLOAD (somente para o sistema de disco)

7.19 - ROTINAS DE EXPANSÃO DA BIOS

EXTBIO (FFCAH)
Objetivo: Expandir diretamente a BIOS do sistema.
Entrada: A - Sempre 0.
D - Identificador do dispositivo (o número de dispositivo 0 é usado para obter as extensões instaladas).
E - Função a ser chamada.
Nota: Consulte a seção "ROTINAS DA BIOS ESTENDIDA" para mais detalhes.

DISINT (FFCFH)
Objetivo: Chamada pela função 2 do "broadcast".
Entrada: Nenhuma.

ENAINT (FFD4H)

Objetivo: Chamada pela função 2 do "broadcast".

Entrada: Nenhuma.

FFD9H~FFE6H → Contém o código das rotinas DISINT e ENAINT.

7.20 - ÁREA DE DADOS PARA OS SLOTS E PÁGINAS

EXPTBL (FCC1H, 4)

Valor inicial: Variável.

Conteúdo: Tabela de flags para indicar se os slots primários estão expandidos:

FCC1H → slot primário 0 (slot da Main-ROM).
FCC2H → slot primário 0 (slot da Main-ROM).
FCC3H → slot primário 0 (slot da Main-ROM).
FCC4H → slot primário 0 (slot da Main-ROM).

A estrutura de cada flag está descrita abaixo:

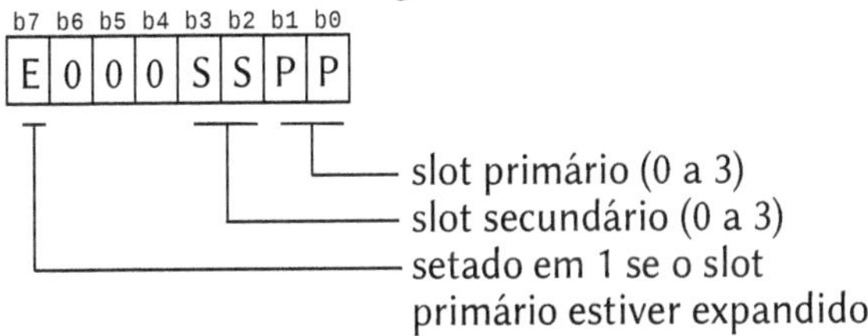

SLTTBL (FCC5H, 4)

Conteúdo: Estes quatro bytes contêm o estado possível dos quatro registradores de slot primário, no caso do slot estar expandido.

FCC5H → estado para slot primário 0
FCC6H → estado para slot primário 1
FCC7H → estado para slot primário 2
FCC8H → estado para slot primário 3

A estrutura de cada flag está descrita abaixo:

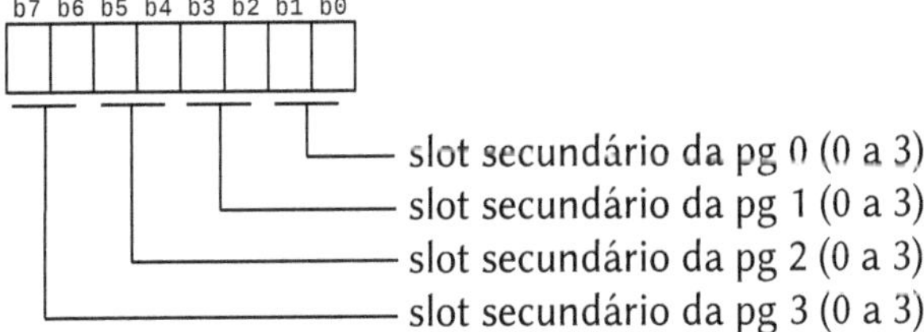

SLTATR (FCC9H, 64)

Conteúdo: Tabela de atributos para cada página de cada slot.

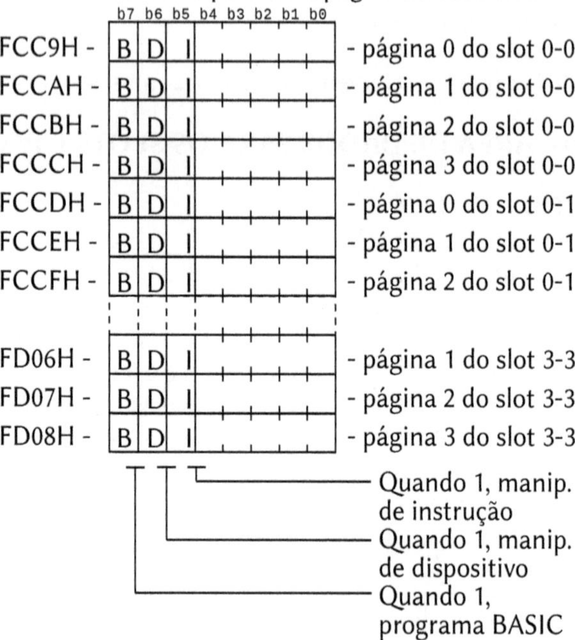

SLTWRK **(FD09H, 128)**

Conteúdo: Esta tabela aloca dois bytes como área de trabalho para cada página de cada slot.

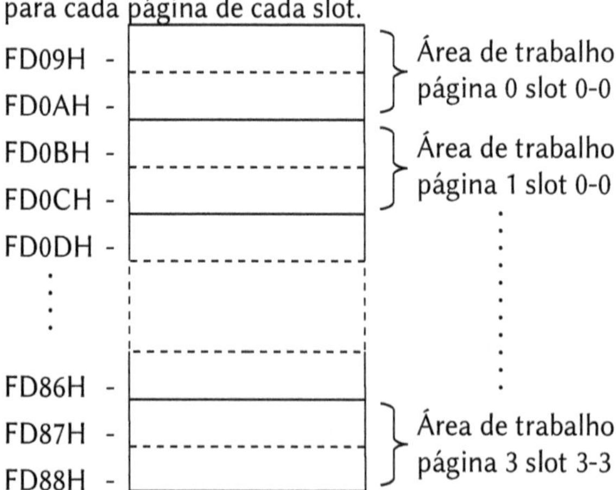

PROCNM (FD89H, 16)

Conteúdo: Armazena o nome de uma instrução expandida (comando CALL) ou expansão de dispositivo (comando OPEN). Um byte 0 indica o fim do nome.

DEVICE (FD99H, 1)

Conteúdo: Armazena o ID de um dispositivo em cartucho (0 a 3).

FD9AH~FFC9H → Área dos hooks (listados mais à frente)

7.20.1 - Slot da Main-ROM

MINROM (FFF7H, 1)

Conteúdo: Slot da Main-ROM, no formato abaixo:

b7	b6	b5	b4	b3	b2	b1	b0
E	0	0	0	S	S	P	P

- b1-b0 (P P): slot primário (0 a 3)
- b3-b2 (S S): slot secundário (0 a 3)
- b7 (E): setado em 1 se o slot primário estiver expandido

FFF8H~FFF9H → Não usados

FFFDH~FFFEH → Não usados

7.20.2 - Registrador de slot secundário

SLTSL (FFFFH, 1)

Conteúdo: Registrador de slot secundário, no formato abaixo:

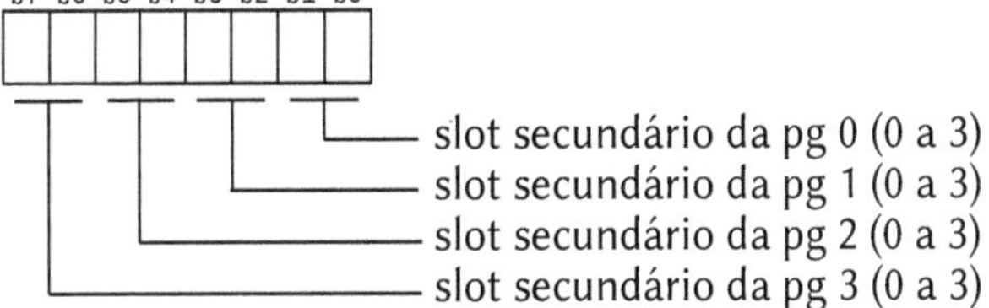

7.21 - DESCRIÇÃO DOS HOOKS

HKEYI (FD9AH)

Chamada: Início do manipulador de interrupção (KEYINT, 0038H)

Objetivo: Adicionar rotinas de manipulação de interrupção. Também pode se usada para testar quando a interrupção for causada por outro dispositivo que não o VDP.

HTIMI (FD9FH)
Chamada: Chamada pela rotina de interrupção (KEYINT, 0038H) logo após a leitura do registro de status 0 do VDP.
Objetivo: Adicionar rotinas de manipulação de interrupção. Também pode ser usado para sincronizar a exibição gráfica, adicionando gráficos durante o Vblank.

HCHPU (FDA4H)
Chamada: Início da rotina CHPUT (00A2H).
Objetivo: Conectar outros dispositivos de console além da tela. O registrador A contém o código do caractere quando este hook é chamado.

HDSPC (FDA9H)
Chamada: Início da rotina DSPSCR (apresenta cursor).
Objetivo: Conectar outros dispositivos de console além da tela.

HERAC (FDAEH)
Chamada: Início da rotina ERASCR (apaga cursor)
Objetivo: Conectar outros dispositivos de console além da tela.

HDSPF (FDB3H)
Chamada: Início da rotina DSPFNK (apresenta teclas de função).
Objetivo: Conectar outros dispositivos de console além da tela.

HERAF (FDB8H)
Chamada: Início da rotina ERAFNK (apaga teclas de função)
Objetivo: Conectar outros dispositivos de console além da tela.

HTOTE (FDBDH)
Chamada: Início da rotina TOTEXT (força tela para modo texto)
Objetivo: Conectar outros dispositivos de console além da tela.

HCHGE (FDC2H)
Chamada: Início da rotina CHGET (pega um caractere).
Objetivo: Conectar outros dispositivos de console além do teclado.

HINIP (FDC7H)
Chamada: Início da rotina INIPAT (inicialização dos padrões dos caracteres).
Objetivo: Usar outra tabela de caracteres.

HKEYC (FDCCH)
Chamada: Início da rotina KEYCOD (decodificador de caracteres do teclado).
Objetivo: Mudar a configuração do teclado. Quando este hook é chamado, o registrador A contém: (nº da linha) × 8 + nº da coluna da tecla pressionada na matriz do teclado.

HKEYA (FDD1H)
Chamada: Início de MSXIO NMI (KEY EASY)
Objetivo: Mudar a maneira que uma tecla é interpretada.

HNMI (FDD6H)
Chamada: Início do manipulador de interrupção não mascarável (NMI, 0066H).
Objetivo: A NMI é desabilitada em um MSX padrão; logo, este hook não tem uso.

HPINL (FDDBH)
Chamada: Início da rotina PINLIN (pega uma linha)
Objetivo: Usar outros dispositivos e/ou métodos de entrada, como 80 colunas de texto ou outros disposivos de entrada além do teclado.

HQINL (FDE0H)
Chamada: Início rotina QINLIN (pega uma linha apresentando "?").
Objetivo: Usar outros dispositivos e/ou métodos de entrada, como 80 colunas de texto ou outros disposivos de entrada além do teclado.

HINLI (FDE5H)
Chamada: Início da rotina INLIN.
Objetivo: Usar outros dispositivos e/ou métodos de entrada, como 80 colunas de texto ou outros disposivos de entrada além do teclado.

HONGO (FDEAH)
Chamada: Início do manipulador do comando ON GOTO e ON GOSUB.
Objetivo: Desviar o acesso a estas instruções do BASIC.

HDSKO (FDEFH)
Chamada: Início do comando BASIC "DSKO$".
Objetivo: Usado pela Disk-ROM para gravar um setor no disco.

HSETS (FDF4H)
Chamada: Início do comando BASIC "SET".
Objetivo: Adicionar novas funcionalidades ao comando SET. No MSX1, a instrução SET apenas chama este hook e retorna um erro. No MSX2 ou superior, instruções como SET SCREEN, SET ADJUST, etc podem ser manipuladas.

HNAME (FDF9H)
Chamada: Início do comando BASIC "NAME".
Objetivo: Conectar dispositivos de disco.

HKILL (FDFEH)
Chamada: Início do comando BASIC "KILL".
Objetivo: Conectar dispositivos de disco.

HIPL (FE03H)
Chamada: Início do comando BASIC "IPL" (Initial Program Loading).
Objetivo: Reservado. Não há uso conhecido para esta instrução, mas este hook pode ser usado para adicionar funções à instrução IPL.

HCOPY (FE08H)
Chamada: Início do comando BASIC "COPY".
Objetivo: conectar dispositivos de disco.

HCMD (FE0DH)
Chamada: Início do comando BASIC "CMD" (Comandos Expandidos).
Objetivo: Reservado. Não há uso conhecido para esta instrução, mas este hook pode ser usado para adicionar funções à instrução CMD.

HDSKF (FE12H)
Chamada: Início do comando BASIC "DSKF".
Objetivo: Conectar dispositivos de disco.

HDSKI (FE17H)
Chamada: Início do comando BASIC "DSKI$".
Objetivo: Conectar dispositivos de disco.

HATTR (FE1CH)
Chamada: Início do manipulador do comando BASIC "ATTR$".
Objetivo: Conectar dispositivos de disco.

HLSET (FE21H)
Chamada: Início do manipulador do comando BASIC "LSET".
Objetivo: Conectar dispositivos de disco.

HRSET (FE26H)
Chamada: Início do manipulador do comando BASIC "RSET".
Objetivo: Conectar dispositivos de disco.

HFIEL (FE2BH)
Chamada: Início do manipulador do comando FIELD.
Objetivo: Conectar dispositivos de disco.

HMKI$ (FE30H)
Chamada: Início do manipulador do comando MKI$.
Objetivo: Conectar dispositivos de disco.

HMKS$ (FE35H)
Chamada: Início do manipulador do comando MKS$.
Objetivo: Conectar dispositivos de disco.

HMKD$ (FE3AH)
Chamada: Início do manipulador do comando MKD$.
Objetivo: Conectar dispositivos de disco.

HCVI (FE3FH)
Chamada: Início do manipulador do comando CVI.
Objetivo: Conectar dispositivos de disco.

HCVS (FE44H)
Chamada: Início do manipulador do comando CVS.
Objetivo: Conectar dispositivos de disco.

HCVD (FE49H)
Chamada: Início do manipulador do comando CVD.
Objetivo: Conectar dispositivos de disco.

HGETP (FE4EH)
Chamada: Localizar FCB (pegar apontador de arquivo).
Objetivo: Conectar dispositivos de disco.

HSETP (FE53H)
Chamada: Localizar FCB (setar apontador de arquivo).
Objetivo: Conectar dispositivos de disco.

HNOFO (FE58H)
Chamada: Manipulador do comando OPEN (OPEN sem FOR).
Objetivo: Conectar dispositivos de disco.

HNULO (FE5DH)
Chamada: Manipulador do comando OPEN (abrir arq. não usado).
Objetivo: Conectar dispositivos de disco.

HNTFL (FE62H)
Chamada: Fecha buffer 0 de I/O.
Objetivo: Conectar dispositivos de disco.

HMERG (FE67H)
Chamada: Início do manipulador dos comandos MERGE e LOAD.
Objetivo: Conectar dispositivos de disco.

HSAVE (FE6CH)
Chamada: Início do manipulador do comando SAVE.
Objetivo: Conectar dispositivos de disco.

HBINS (FE71H)
Chamada: Início do manipulador do comando SAVE (em binário).
Objetivo: Conectar dispositivos de disco.

HBINL (FE76H)
Chamada: Início do manipulador do comando LOAD (em binário).
Objetivo: Conectar dispositivos de disco.

HFILE (FE7BH)
Chamada: Início do manipulador do comando FILES.
Objetivo: Conectar dispositivos de disco.

HDGET (FE80H)
Chamada: Início do manipulador dos comandos GET e PUT.
Objetivo: Conectar dispositivos de disco.

HFILO (FE85H)
Chamada: Manipulador de saída sequencial.
Objetivo: Conectar dispositivos de disco.

HINDS (FE8AH)
Chamada: Manipulador de entrada sequencial.
Objetivo: Conectar dispositivos de disco.

HRSLF (FE8FH)
Chamada: Manipulador de seleção prévia de drive.
Objetivo: Conectar dispositivos de disco.

HSAVD (FE94H)
Chamada: Reservar disco atual (comandos LOC e LOF).
Objetivo: Conectar dispositivos de disco.

HLOC (FE99H)
Chamada: Início do manipulador da função LOC.
Objetivo: Conectar dispositivos de disco.

HLOF (FE9EH)
Chamada: Início do manipulador da função LOF.
Objetivo: Conectar dispositivos de disco.

HEOF (FEA3H)
Chamada: Início do manipulador da função EOF.
Objetivo: Conectar dispositivos de disco.

HFPOS (FEA8H)
Chamada: Início do manipulador da função FPOS.
Objetivo: Conectar dispositivos de disco.

HBAKU (FEADH)
Chamada: Início do manipulador da instrução LINEINPUT#.
Objetivo: Conectar dispositivos de disco.

HPARD (FEB2H)
Chamada: Início da rotina que analisa o nome do dispositivo.
Objetivo: Expandir ou adiconar nomes de dispositivos.

HNODE (FEB7H)
Chamada: Início da rotina NODEVN, que é chamada quando nenhum nome foi encontrado na tabela de nomes de dispositivos.
Objetivo: Atribuir o nome do dispositivo padrão para outro dispositivo.

HPOSD (FEBCH)
Chamada: Analisar nome de dispositivo (SPCDEV POSDSK).
Objetivo: Conectar dispositivos de disco.

HDEVN (FEC1H)
Chamada: Processar nome de dispositivo.
Objetivo: Expandir nome lógico de dispositivo.

HGEND (FEC6H)
Chamada: Início da rotina que atribui nome de dispositivo.
Objetivo: Expandir nome lógico de dispositivo.

HRUNC (FECBH)
Chamada: Início da rotina que Inicializa as variáveis do interpretador para os comandos RUN e NEW.
Objetivo: Permite atribuir novas funções para os comandos.

HCLEA (FED0H)
Chamada: Inicializar variáveis do interpretador para comando CLEAR.
Objetivo: Permite atribuir novas funções para o comando ou prevenir apagamento acidental de variáveis.

HLOPD (FED5H)
Chamada: Inicializar variáveis do interpretador (geral).
Objetivo: Usas outros valores-padrão para variáveis.

HSTKE (FEDAH)
Chamada: Início da rotina STKERR (erro de pilha), usada pela instrução CLEAR do Basic.
Objetivo: Este hook é chamado após a verificação de ROMs executáveis em cada slot na inicialização o MSX, imediatamente antes do sistema iniciar o ambiente BASIC ou DOS. Portanto permite reexecutar automaticamente a ROM após a instalação dos discos.

HISFL (FEDFH)
Chamada: Início da rotina ISFLIO, que testa se o arquivo deve ser gravado ou lido.

HOUTD (FEE4H)
Chamada: Início da rotina OUTDO, que enviar um caractere para a tela ou para a impressora.

HCRDO (FEE9H)
Chamada: Início da rotina que envia CR+LF para a rotina OUTDO.
Objetivo: Permite usar uma impressora com alimentação automática de linha, por exemplo.

HDSKC (FEEEH)
Chamada: Entrada de atributo de disco.

HDOGR (FEF3H)
Chamada: Início início da rotina interna DOGRPH, usada pelas instruções gráficas do BASIC (LINE, CIRCLE, etc.)
Objetivo: Alterar ou expandir as instruções gráficas.

HPRGE (FEF8H)
Chamada: Final da execução de um programa BASIC.
Objetivo: Adicionar rotina a ser executada após o término do programa BASIC.

HERRP (FEFDH)
Chamada: Início da rotina de apresentação de mensagens de erro.
Objetivo: Adicionar ou alterar mensagens de erro.

HERRF (FF02H)
Chamada: Final da rotina de apresentação de mensagens de erro.
Objetivo: Adicionar rotina a ser executada após a apresentação da mensagem de erro.

HREAD (FF07H)
Chamada: "Ok" do loop principal (interpretador pronto).
Objetivo: Adicionar rotina a ser executada após a apresentação do prompt ("Ok").

HMAIN (FF0CH)
Chamada: Início do loop principal de execução de texto BASIC do interpretador.
Objetivo: Adicionar rotina a ser executada sempre que o interpretador BASIC for acessado.

HDIRD (FF11H)
Chamada: Início da execução de comando direto (declaração direta).
Objetivo: Adicionar rotina ou prevenir execuções.

HFINI (FF16H)
Chamada: Início da rotina FININT, que inicia a interpretação de uma instrução BASIC.
Objetivo: Alterar o processamento das instruções BASIC.

HFINE (FF1BH)
Chamada: Fim da rotina FININT, que inicializa a interpretação de uma instrução BASIC.

HCRUN (FF20H)
Chamada: Início da rotina CRUNCH (42B9H)., que converte um texto BASIC da forma ASCII para a forma atomizada.

HCRUS (FF25H)
Chamada: Início da rotina CRUSH (4353H), que procura uma palavra reservada na lista alfabética da ROM.

HISRE (FF2AH)
Chamada: Início da rotina ISRESV (437CH), quando uma palavra reservada é encontrada pela rotina CRUSH.

HNTFN (FF2FH)
Chamada: Início da rotina NTFN2 (43A4H), quando uma palavra reservada é seguida por um número de linha.

HNOTR (FF34H)
Chamada: Início da rotina NOTRSV (44EBH), quando a sequência de caracteres examinada pela rotina CRUNCH não é uma palavra reservada.

HSNGF (FF39H)
Chamada: Início do manipulador do comando FOR.

HNEWS (FF3EH)
Chamada: Início da rotina NEWSTT (4601H) do interpretador, que executa um texto BASIC atomizado.

HGONE (FF43H)
Chamada: Início da rotina GONE2, usada pelas instruções de salto (GOTO, THEN, etc).

HCHRG (FF48H)
Chamada: Início da rotina CHRGET (entrada de caractere pelo teclado).
Objetivo: Usar outro teclado.

HRETU (FF4DH)
Chamada: Início do manipulador do comando RETURN.

HPTRF (FF52H)
Chamada: Início do manipulador do comando PRINT.

HCOMP (FF57H)
Chamada: Início da rotina interna COMPRT (4A94H), usada pelo manipulador do comando PRINT.

HFINP (FF5CH)
Chamada: Início da rotina que zera PRTFLG e PRTFIL para finalização do comando PRINT.
Objetivo: Adicionar rotina a ser executada após o comando PRINT.

HTRMN (FF61H)
Chamada: Início do manipulador de erro dos comandos READ e INPUT.
Objetivo: Processamento do erro.

HFRME (FF66H)
Chamada: Rotina FRMEVL (4C64H) – Avaliador de Expressões.
Objetivo: Permite adicionar novas funções matemáticas.
Entrada: HL = apontador para o texto BASIC
Saída: HL = apontador para a expressão encontrada
VALTYP (F663H) – Tipo de valor da expressão
DAC (F7F6H) = valor encontrado

HNTPL (FF6BH)
Chamada: Rotina FRMEVL (4CA6H) – Avaliador de Expressões.
Objetivo: Permite adicionar novas funções matemáticas.

HEVAL (FF70H)
Chamada: Avaliador de Fatores (4DD9H)
Objetivo: Permite adicionar novas funções matemáticas.

HOKNO (FF75H)
Chamada: Início da rotina de função transcedental do interpretador BASIC (hook removido no MSX turbo R. Foi substituído por HMDIN).
Objetivo: Permite adicionar novas funções matemáticas.

HMDIN (FF75H)
Chamada: Início da rotina de manipulação das interrupções da interface MIDI (Somente no MSX turbo R com MIDI interna).
Objetivo: Adicionar ou alterar funcionalidades da interface MIDI.

HFING (FF7AH)
Chamada: Avaliador de fatores.

HISMI (FF7FH)
Chamada: Início do manipulador do comando MID$.

HWIDT (FF84H)
Chamada: Início do manipulador do comando WIDTH.

HLIST (FF89H)
Chamada: Início do manipulador do comando LIST.

HBUFL (FF8EH)
Chamada: De-simbolizar para comando LIST (532DH).

HFRQI (FF93H)
Chamada: Converte para inteiro (543FH). Hook removido no MSX turbo R. Substituído por HMDTM.

HMDTM (FF93H)
Chamada: Início da rotina de manipulação do timer da interface MIDI (Somente no MSX turbo R com MIDI interna).
Objetivo: Adicionar ou alterar funcionalidades da interface MIDI.

HSCNE (FF98H)
Chamada: Início da rotina SCNEX2 (5514H) do interpretador BASIC (conversão de um número de linha em um endereço de memória e vice-versa)

HFRET (FF9DH)
Chamada: Procura um local livre para armazenar o próximo descritor de uma variável alfanumérica (string).

HPTRG (FFA2H)
Chamada: Início da rotina PTRGET (5EA9H) do interpretador BASIC, que obtém o ponteiro de uma variável.
Objetivo: Usar outro valor padrão para as variáveis.

HPHYD (FFA7H)
Chamada: Início da rotina PHYDIO (physical disk input-output).
Objetivo: Conectar dispositivos de disco.

HFORM (FFACH)
Chamada: Início da rotina FORMAT (format disk).
Objetivo: Conectar dispositivos de disco.

HERRO (FFB1H)
Chamada: Início do manipulador de erro.
Objetivo: Manipulação de erros por programas aplicativos.

HLPTO (FFB6H)
Chamada: Início da rotina LPTOUT (00A5H).
Objetivo: Usar outros modelos de impressoras.

HLPTS (FFBBH)
Chamada: Início da rotina LPTSTT (00A5H).
Objetivo: Usar outros modelos de impressoras.

HSCRE (FFC0H)
Chamada: Início do manipulador do comando SCREEN.
Objetivo: Expandir o comando SCREEN.

HPLAY (FFC5H)
Chamada: Início do manipulador do comando PLAY.
Objetivo: Expandir o comando PLAY.

8 - ROTINAS DA BIOS

Este apêndice fornece a descrição das rotinas da BIOS disponíveis para o usuário.

Existem vários tipos de rotinas da BIOS, as que estão na Main-ROM, as que estão na Sub-ROM, as rotinas do Math-Pack e as rotinas de extensão acessadas por EXTBIO na área de trabalho, além de várias outras disponibilizadas por cartuchos de expansão e das rotinas do interpretador BASIC.

A Notação para as rotinas é a seguinte:

LABEL (Endereço da rotina / localização)
Função: descreve a função da rotina.
Entrada: descreve os parâmetros para a chamada da rotina.
Saída: descreve os parâmetros re retorno da rotina.
Registradores: lista os registradores modificados pela rotina.

8.1 - ROTINAS DA MainROM

8.1.1 - Rotinas RST

CHKRAM (0000H/Main)
Função: Testa a RAM e inicializa as variáveis de sistema. Uma chamada a esta rotina provocará um reset por software.
Entrada: Nenhuma.
Saída: Nenhuma.
Registradores: todos

SYNCHR (0008H/Main)
Função: Testa se o caractere apontado por (HL) é o especificado. Se não for, gera "Syntax error"; caso contrário chama CHRGTR (0010H).
Entrada: O caractere a ser testado deve estar em (HL) e o caractere para comparação após a instrução RST (parâmetro em linha), conforme o exemplo abaixo:

```
        LD   HL,CARACT
        RST  008H
        DEFB 'A'
        |
CARACT: DEFB 'B'
```

Saída: HL é incrementado em 1 e A recebe (HL). Quando o caractere testado for numérico, a flag CY é setada; o fim de declaração (00H ou 3AH) seta a flag Z.
Registradores: AF, HL.

RDSLT (000CH/Main)
Função: Lê um byte de memória no slot especificado em A. As interrupções são desabilitadas durante a leitura.

Entrada: A –

```
 b7 b6 b5 b4 b3 b2 b1 b0
|E |0 |0 |0 |S |S |P |P |
 |           |_____|_____|__ Slot primário (0 a 3)
 |              |___________ Slot secundário (0 a 3)
 |__________________________ Setado quando slot primário
                             for expandido (especificado)
```

HL – Endereço de memória a ser lido.
Saída: A – Contém o valor do byte lido.
Registradores: AF, BC, DE.

CHRGTR (0010H/Main)
Função: Pega um caractere (token) do texto BASIC.
Entrada: HL – Endereço do caractere a ser lido.
Saída: HL é incrementado em 1 e A recebe (HL). Quando o caractere for numérico, a flag CY é setada; o fim de declaração (00H ou 3AH) seta a flag Z.
Registradores: AF, HL.

WRSLT (0014H/Main)
Função: Escreve um byte de memória no slot especificado em A. As interrupções são desabilitadas durante a escrita.
Entrada: A – Indicador de slot (igual a RDSLT – 000CH).
HL – Endereço para a escrita do byte.
E – Byte a ser escrito.
Saída: Nenhuma
Registradores: AF, BC, D.

OUTDO (0018H/Main)
Função: Envia um byte para o dispositivo atual.

Entrada: A – Byte a ser enviado. Se PRTFLG (F416H) for diferente de 0, o byte é enviado para a impressora; se PTRFIL (F864H) for diferente de 0, o byte é enviado ao arquivo especificado por PTRFIL.
Saída: Nenhuma.
Registradores: Nenhum.

CALSLT (001CH)
Função: Chama uma rotina em qualquer slot (chamada inter-slot).
Entrada: IY – O ID de slot deve ser especificado nos 8 bits mais altos no mesmo formato de RDSLT (000CH).
IX – Endereço da rotina a ser chamada.
Saída: Depende da rotina chamada.
Registradores: Depende da rotina chamada.

DCOMPR (0020H)
Função: Compara HL com DE.
Entrada: HL, DE.
Saída: Seta a flag Z se HL = DE; seta a flag CY se HL < DE.
Registradores: AF.

ENASLT (0024H)
Função: Habilita uma página em qualquer slot. Somente as páginas 1 e 2 podem ser habilitadas por esta rotina; a 0 e a 3 não. As interrupções são desativadas durante a habilitação.
Entrada: A – Indicador de slot (igual a RDSLT – 000CH).
Saída: Nenhuma.
Registradores: Todos.

GETYPR (0028H/Main)
Função: Obtém o tipo de operando contido em DAC.
Entrada: Nenhuma
Saída: Flags CY, S, Z e P/V, conforme tabela abaixo:

Inteiro:	C=1	S=1*	Z=0	P/V=1
Precisão simples:	C=1	S=0	Z=0	P/V=0*
Precisão dupla:	C=0*	S=0	Z=0	P/V=1
String:	C=1	S=0	Z=1*	P/V=1

Obs.: Os tipos podem ser reconhecidos unicamente pelas flags marcadas com "*".
Registradores: AF.

CALLF (0030H/Main)
Função: Chama uma rotina em qualquer slot usando parâmetros em linha. Muito útil para chamar rotinas através dos hooks. A sequência de chamada é a seguinte:

```
RST  030H  ;chama CALLF
DEFB n     ;n é ID de slot (igual a RDSLT)
DEFW nn    ;nn é o endereço a ser chamado
RET        ;retorno ao sistema
```

Entrada: Pelo método descrito.
Saída: Depende da rotina chamada.
Registradores: Depende da rotina chamada (mais AF).

KEYINT (0038H/Main)
Função: Executa a rotina de interrupção e varredura do teclado.
Entrada: Nenhuma.
Saída: Nenhuma.
Registradores: Nenhum.

8.1.2 – Rotinas para inicialização I/O

INITIO (0000H/Main)
Função: Inicializa os dispositivos de entrada e saída.
Entrada: Nenhuma.
Saída: Nenhuma.
Registradores: Todos.

INIFNK (003EH/Main)
Função: Inicializa o conteúdo das teclas de função.
Entrada: Nenhuma.
Saída: Nenhuma.
Registradores: Todos.

8.1.3 – Rotinas para acesso ao VDP

DISSCR (0041H/Main)
Função: Desabilita a apresentação de tela.
Entrada: Nenhuma.
Saída: Nenhuma.
Registradores: AF, BC.

ENASCR (0044H/Main)
Função: Habilita a apresentação de tela.
Entrada: Nenhuma.
Saída: Nenhuma.
Registradores: AF, BC.

WRTVDP (0047H/Main)
Função: Escreve um byte de dados em um registrador do VDP.
Entrada: C – Registrador que receberá o dado. Pode variar de 0 a 7 para MSX1, de 0 a 23 / 32 a 46 para MSX2 e de 0 a 23 / 25 a 27 / 32 a 46 para MSX2+ ou superior.
B – Byte de dados
Saída: Nenhuma.
Registradores: AF, BC.

RDVRM (004AH/Main)
Função: Lê um byte da VRAM. Esta rotina lê apenas os 14 bits mais baixos de endereço (16K para o TMS9918 do MSX1). Para acessar toda a VRAM é necessário usar a rotina NRDVRM (0174H).
Entrada: HL – Endereço da VRAM a ser lido.
Saída: A – Byte lido.
Registradores: AF.

WRTVRM (004DH/Main)
Função: Escreve um byte da VRAM. Esta rotina acessa apenas os 14 bits mais baixos de endereço (16K para o TMS9918 do MSX1). Para acessar toda a VRAM é necessário usar a rotina NWRVRM (0177H).
Entrada: HL – Endereço da VRAM a ser escrito.
A – Byte a ser escrito.
Saída: Nenhuma.
Registradores: AF.

SETRD (0050H/Main)
Função: Prepara a VRAM para leitura sequencial usando a função de autoincremento de endereço do VDP. É um meio de leitura mais rápido que o uso de um loop com a rotina RDVRM (004AH). Esta rotina acessa apenas os 14 bits mais baixos de endereço (16K para o TMS9918 do MSX1). Para acessar toda a VRAM é necessário usar a rotina NSETRD (016EH).

Entrada: HL – Endereço na VRAM para início da leitura
Saída: Nenhuma.
Registradores: AF.

SETWRT (0053H/Main)
Função: Prepara a VRAM para escrita sequencial usando a função de autoincremento de endereço do VDP. As características são as mesmas de SETRD (0050H). Para acessar toda a VRAM é necessário usar a rotina NSTWRT (0171H).
Entrada: HL – Endereço da VRAM para início da leitura.
Saída: Nenhuma.
Registradores: AF.

FILVRM (0056H/Main)
Função: Preenche uma área da VRAM com um único byte de dados. Esta rotina acessa apenas os 14 bits mais baixos de endereço (16K para o TMS9918 do MSX1). Para acessar toda a VRAM é necessário usar a rotina BIGFIL (016BH).
Entrada: HL – Endereço da VRAM para início da escrita.
BC – Quantidade bytes a serem escritos.
A – Byte a ser escrito.
Saída: Nenhuma.
Registradores: AF, BC.

LDIRMV (0059H/Main)
Função: Copia um bloco de dados da VRAM para a RAM.
Entrada: HL – Endereço fonte na VRAM.
DE – Endereço destino na RAM.
BC – Tamanho do bloco (comprimento).
Obs.: todos os 16 bits de endereço são válidos.
Saída: Nenhuma.
Registradores: Todos.

LDIRVM (005CH/Main)
Função: Copia um bloco de dados da RAM para a VRAM.
Entrada: HL – Endereço fonte na RAM.
DE – Endereço destino na VRAM.
BC – Tamanho do bloco (comprimento).
Obs.: todos os 16 bits de endereço são válidos.
Saída: Nenhuma.
Registradores: Todos.

CHGMOD (005FH/Main)

Função: Troca os modos de tela. Esta rotina não inicializa a paleta de cores. Para isso, é necessário usar a rotina CHGMDP (01B5H/Sub-ROM).

Entrada: A – 0 a 3 para MSX1, 0 a 8 para MSX2 ou 0 a 12 para MSX2+ ou superior (Obs.: o modo 9 só é válido para micros coreanos).

Saída: Nenhuma.

Registradores: Todos.

CHGCLR (0062H/Main)

Função: Troca as cores da tela.

Entrada: FORCLR (F3E9H) – Cor de frente.
BAKCLR (F3EAH) – Cor de fundo.
BDRCLR (F3EBH) – Cor da borda.

Saída: Nenhuma.

Registradores: Todos.

NMI (0066H/Main)

Função: Executa a rotina NMI (Non-Maskable Interrupt – Interrupção não marcarável). Em uma máquina MSX padrão, apenas faz uma chamada ao hook HNMI (FDD6H) e retorna sem nenhum processamento.

Entrada: Nenhuma.

Saída: Nenhuma.

Registradores: Nenhum.

CLRSPR (0069H/Main)

Função: Inicializa todos os sprites. A tabela de padrões dos sprites é limpa (preenchida com zeros), os números dos sprites são inicializados com a série 0~31 e a cor dos sprites é igualada à cor de fundo. A localização vertical dos sprites é colocada em 209 (para as Screens 0 a 3) ou em 217 (para as Screens 4 a 9 ou 10 a 12).

Entrada: SCRMOD (FCAFH) – Modo screen.

Saída: Nenhuma.

Registradores: Todos.

INITXT (006CH/Main)

Função: Inicializa a tela no modo texto (Screen 0). A paleta de cores não é inicializada. Para inicializá-la, é necessário chamar a rotina INIPLT (0141H/Sub-ROM).

Entrada: TXTNAM (F3B3H) – Endereço da tabela de nomes.
TXTCGP (F3B7H) – Endereço da tabela de padrões.
LINL40 (F3AEH) – Número de caracteres por linha.

Saída: Nenhuma.

Registradores: Todos.

INIT32 (006FH/Main)

Função: Inicializa a tela no modo gráfico 1 (Screen 1). A paleta de cores não é inicializada. Para inicializá-la, é necessário chamar a rotina INIPLT (0141H/Sub-ROM).

Entrada: T32NAM (F3BDH) – End. da tabela de nomes dos caracteres.
T32COL (F3BFH) – End. da tabela de cores dos caracteres.
T32CGP (F3C1H) – End. da tabela de padrões dos caracteres.
T32ATR (F3C3H) – End. da tabela de atributos dos sprites.
T32PAT (F3C5H) – End. da tabela de padrões dos sprites.

Saída: Nenhuma.

Registradores: Todos.

INIGRP (0072H/Main)

Função: Inicializa a tela no modo gráfico de alta resolução do MSX1 (Screen 2). A paleta de cores não é inicializada. Para inicializá-la, é necessário chamar a rotina INIPLT (0141H/Sub-ROM).

Entrada: GRPNAM (F3C7H) – endereço da tabela de nomes dos padrões.
GRPCOL (F3C9H) – Endereço da tabela de cores.
GRPCGP (F3CBH) – Endereço da tabela geradora de padrões.
GRPATR (F3CDH) – Endereço da tabela de atributos dos sprites.
GRPPAT (F3CFH) – Endereço da tabela de padrões dos sprites.

Saída: Nenhuma.

Registradores: Todos.

INIMLT (0075H/Main)

Função: Inicializa a tela no modo multicor do MSX1 (Screen 3). A paleta de cores não é inicializada. Para inicializá-la, é necessário chamar a rotina INIPLT (0141H/Sub-ROM).

Entrada: MLTNAM (F3D1H) – Endereço da tabela de nomes dos padrões.
MLTCOL (F3D3H) – Endereço da tabela de cores.
MLTCGP (F3D5H) – Endereço da tabela geradora de padrões.
MLTATR (F3D7H) – Endereço da tabela de atributos dos sprites.
MLTPAT (F3D9H) – Endereço da tabela de padrões dos sprites.
Saída: Nenhuma.
Registradores: Todos.

SETTXT (0078H/Main)
Função: Coloca apenas o VDP no modo texto (Screen 0).
Entrada: Igual a INITXT (006CH).
Saída: Nenhuma.
Registradores: Todos.

SETT32 (007BH/Main)
Função: Coloca apenas o VDP no modo gráfico 1 (Screen 1).
Entrada: Igual a INIT32 (006FH).
Saída: Nenhuma.
Registradores: Todos.

SETGRP (007EH/Main)
Função: Coloca apenas o VDP no modo gráfico 2 (Screen 2).
Entrada: Igual a INIGRP (0072H).
Saída: Nenhuma.
Registradores: Todos.

SETMLT (0081H/Main)
Função: Coloca apenas o VDP no modo multicor (Screen 3).
Entrada: Igual a INIMLT (0075H).
Saída: Nenhuma.
Registradores: Todos.

CALPAT (0084H/Main)
Função: Retorna o endereço da tabela geradora do padrão de um sprite.
Entrada: A – Número do sprite.
Saída: HL – Endereço na VRAM.
Registradores: AF, DE, HL.

CALATR (0087H/Main)
Função: Retorna o endereço da tabela de atributos de um sprite.
Entrada: A – Número do sprite.
Saída: HL – Endereço na VRAM.
Registradores: AF, DE, HL.

GSPSIZ (008AH/Main)
Função: Retorna o tamanho atual dos sprites.
Entrada: Nenhuma.
Saída: A – Tamanho do sprite em bytes. A flag CY é setada se o tamanho for 16 x 16 e resetada caso contrário.
Registradores: AF.

GRPPRT (008DH/Main)
Função: Apresenta um caractere em uma tela gráfica.
Entrada: A – Código ASCII do caractere. Quando a screen for 5 a 12 especifique código de oper. lógica em LOGOPR (FB02H).
Saída: Nenhuma.
Registradores: Nenhum.

8.1.4 – Rotinas para acesso ao PSG

GICINI (0090H/Main)
Função: Inicializa o PSG e seta os valores iniciais para o comando PLAY.
Entrada: Nenhuma.
Saída: Nenhuma.
Registradores: Todos.

WRTPSG (0093H/Main)
Função: Escreve um byte de dados em um registrador do PSG.
Entrada: A – Número do registrador do PSG.
E – Byte de dados a ser escrito.
Saída: Nenhuma.
Registradores: Nenhum.

RDPSG (0096H/Main)
Função: Lê o conteúdo de um registrador do PSG.
Entrada: A – Número do registrador do PSG.
Saída: A – Byte lido.
Registradores: Nenhum.

STRTMS (0099H/Main)
Função: Testa se o comando PLAY está sendo executado. Se não estiver, inicia a execução.
Entrada: Nenhuma.
Saída: Nenhuma.
Registradores: Todos.

8.1.5 - Rotinas para acesso ao teclado, tela e impressora

CHSNS (009CH/Main)
Função: Verifica o buffer de teclado.
Entrada: Nenhuma.
Saída: Se a flag Z estiver setada, o buffer está vazio; caso contrário a flag Z será resetada.
Registradores: AF.

CHGET (009FH/Main)
Função: Entrada de um caractere pelo teclado com espera.
Entrada: Nenhuma.
Saída: A - Código ASCII do caractere.
Registradores: AF.

CHPUT (00A2H/Main)
Função: Apresenta um caractere na tela de texto.
Entrada: A - Código ASCII do caractere a ser apresentado.
Saída: Nenhuma.
Registradores: Nenhum.

LPTOUT (00A5H/Main)
Função: Envia um caractere para a impressora.
Entrada: Código ASCII do caractere a ser enviado.
Saída: Se falhar, CY retorna setada.
Registradores: F.

LPTSTT (00A8H/Main)
Função: Testa o status da impressora.
Entrada: Nenhuma.
Saída: A = 0 (e flag Z =1) → Impressora não está pronta.
255 (e flag Z = 0) → Impressora pronta.
Registradores: AF.

CNVCHR (00A8H/Main)
Função: Testa o cabeçalho gráfico e converte se necessário.
Entrada: A – Código ASCII do caractere.
Saída: CY=0 – Não há cabeçalho gráfico.
CY=1 e Z=1 – O código convertido é colocado em A.
CY=1 e Z=0 – O código não convertido retorna em A.
Registradores: AF.

PINLIN (00AEH/Main)
Função: Coleta uma linha de texto e armazena em um buffer até que que a tecla RETURN ou STOP seja pressionada.
Entrada: Nenhuma.
Saída: HL – Endereço inicial do buffer menos 1.
CY – Setada se a tecla STOP foi pressionada.
Registradores: Todos.

INLIN (00B1H/Main)
Função: Mesma que PINLIN (00AEH), mas setando AUTFLG (F6AAH).
Entrada: Nenhuma.
Saída: HL – Endereço inicial do buffer menos 1.
CY – Setada se a tecla STOP foi pressionada.
Registradores: Todos.

QINLIN (00B4H/Main)
Função: Executa INLIN (00B1H) apresentando "?" e um espaço.
Entrada: Nenhuma.
Saída: HL – Endereço inicial do buffer menos 1.
CY – Setada se a tecla STOP foi pressionada.
Registradores: Todos.

BREAKX (00B7H/Main)
Função: Testa se CTRL+STOP são pressionadas juntas. Durante a verificação as interrupções são desabilitadas.
Entrada: Nenhuma.
Saída: CY – Setada se CTRL+STOP estão pressionadas.
Registradores: AF.

BEEP (00C0H/Main)
Função: Gera um beep.
Entrada: Nenhuma.
Saída: Nenhuma.
Registradores: Todos.

CLS (00C3H/Main)
Função: Limpa a tela.
Entrada: A flag Z deve estar setada.
Saída: Nenhuma.
Registradores: AF, BC, DE.

POSIT (00C6H/Main)
Função: Move o cursor para uma coordenada específica.
Entrada: H – coordenada X (horizontal)
L – coordenada Y (vertical)
Saída: Nenhuma.
Registradores: AF.

FNKSB (00C9H/Main)
Função: Testa se os comandos associados às teclas de função estão sendo apresentados na tela verificando a flag FNKFLG (FBCEH) e inverte o estado de apresentação (se a flag estiver ligada, desliga e se estiver desligada, liga).
Entrada: FNKFLG (FBCEH).
Saída: Nenhuma.
Registradores: Todos.

ERAFNK (00CCH/Main)
Função: Desliga a apresentação das teclas de função.
Entrada: Nenhuma.
Saída: Nenhuma.
Registradores: Todos.

DSPFNK (00CFH/Main)
Função: Liga a apresentação das teclas de função.
Entrada: Nenhuma.
Saída: Nenhuma.
Registradores: Todos.

TOTEXT (00D2H/Main)
Função: Força a tela para o modo texto (Screen 0 ou 1).
Entrada: Nenhuma.
Saída: Nenhuma.
Registradores: Todos.

8.1.6 – Rotinas de acesso I/O para jogos

GTSTCK (00D5H/Main)

Função: Retorna o estado do joystick ou das teclas do cursor.

Entrada: A = 0 → Teclas do cursor.
1 → Joystick na porta 1.
2 → Joystick na porta 2.

Saída: A – Direção do joystick ou das teclas de função conforme a ilustração abaixo:

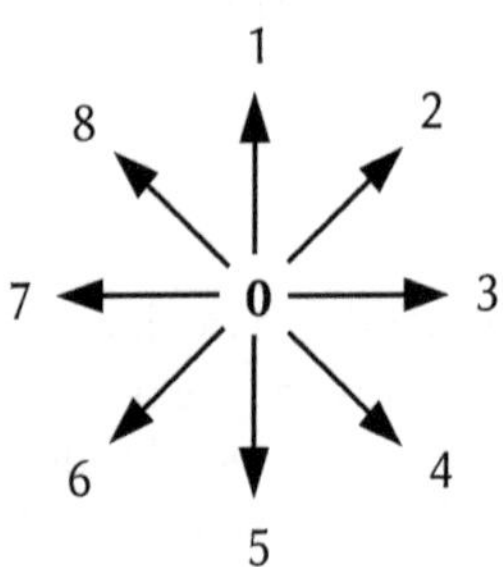

Registradores: Todos.

GTTRIG (00D8H/Main)

Função: Retorna o estado dos botões do mouse, joystick ou barra do teclado.

Entrada: A = 0 → barra de espaço.
1 → joystick na porta 1, botão A.
2 → joystick na porta 2, botão A.
3 → joystick na porta 1, botão B.
4 → joystick na porta 2, botão B.

Saída: A – 0 → botão testado não está pressionado.
255 → botão testado está pressionado.

Registradores: AF, BC.

GTPAD (00DBH/Main)

Função: Retorna o estado de um touch pad, de um trackball ou de um mouse ligado a um dos conectores de joystick.

Entrada: A – código de função:
0 – Checa touch pad na porta 1 (255 se conectado)
1 – Retorna a coordenada X (horizontal).

2 – Retorna a coordenada Y (vertical).
3 – Retorna o estado de tecla (255 se pressionada).
4 – Checa touch pad na porta 2 (255 se conectado).
5 – Retorna a coordenada X (horizontal).
6 – Retorna a coordenada Y (vertical).
7 – Retorna o estado de tecla (255 se pressionada).
8 – Checa caneta ótica (255 se conectada / tocando tela).
9 – Retorna a coordenada X (horizontal).
10 – Retorna a coordenada Y (vertical).
11 – Retorna o estado de chave (255 se pressionada).
12 – Checa mouse na porta 1 (255 se conectado).
13 – Retorna offset da coordenada X (horizontal).
14 – Retorna offset da coordenada Y (vertical).
15 – Sempre 0.
16 – Checa mouse na porta 2 (255 se conectado).
17 – Retorna offset da coordenada X (horizontal).
18 – Retorna offset da coordenada Y (vertical).
19 – Sempre 0.
20 – Checa 2ª caneta ótica (255 se conectada ou tocando a tela).
21 – Retorna a coordenada X (horizontal).
22 – Retorna a coordenada Y (vertical).
23 – Retorna o estado de tecla (255 se pressionada).

Saída: A – estado ou valor, conforme descrito acima.
Registradores: Todos.
Obs.: Para os códigos de função 8 a 23, chama NEWPAD (01ADH) na SubROM. Para o MSX turbo R, as funções de caneta ótica (8 a 11) foram eliminadas.

GTPDL (00DEH/Main)
Função: Retorna os valores de paddles ligados aos conectores de joystick.
Entrada: A – identificação do paddle (1 a 12).
1, 3, 5, 7, 9, 11 – paddles ligados na porta 1.
2, 4, 6, 8, 10, 12 – paddles ligados na porta 2.
Saída: A – valor lido (0 a 255).
Registradores: Todos.
Obs.: Esta rotina foi eliminada no MSX turbo R.

8.1.7 – Rotinas de acesso I/O para gravador cassete

TAPION (00E1H/Main)
Função: Lê o header da fita após ligar o motor do cassete.
Entrada: Nenhuma.
Saída: Se falhar, a flag CY retorna setada.
Registradores: Todos.
Obs.: Esta rotina foi eliminada no MSX turbo R.

TAPIN (00E4H/Main)
Função: Lê dados da fita.
Entrada: Nenhuma.
Saída: A – Byte lido.
CY – Setada se a leitura falhar.
Registradores: Todos.
Obs.: Esta rotina foi eliminada no MSX turbo R.

TAPIOF (00E7H/Main)
Função: Para a leitura da fita.
Entrada: Nenhuma.
Saída: Nenhuma.
Registradores: Nenhum.
Obs.: Esta rotina foi eliminada no MSX turbo R.

TAPOON (00EAH/Main)
Função: Escreve o header na fita após ligar o motor do cassete.
Entrada: A = 0 → Header curto; outro valor → Header longo.
Saída: Se falhar, a flag CY retorna setada.
Registradores: Todos.
Obs.: Esta rotina foi eliminada no MSX turbo R.

TAPOUT (00EDH/Main)
Função: Escreve dados na fita.
Entrada: A – Byte a ser escrito.
Saída: Se falhar, a flag CY retorna setada.
Registradores: Todos.
Obs.: Esta rotina foi eliminada no MSX turbo R.

TAPOOF (00F0H/Main)
Função: Para a escrita na fita.
Entrada: Nenhuma.

Saída: Se falhar, a flag CY retorna setada.
Registradores: Todos.
Obs.: Esta rotina foi eliminada no MSX turbo R.

STMOTR (00F3H/Main)
Função: Liga ou desliga o motor do cassete.
Entrada: A = 0 ⟶ Liga o motor
1 ⟶ Desliga o motor
255 ⟶ inverte o estado do motor
Saída: Nenhuma.
Registradores: AF.
Obs.: Esta rotina foi eliminada no MSX turbo R.

8.1.8 - Rotinas para a fila do PSG

LFTQ (00F6H/Main)
Função: Retorna o número de bytes livres em uma fila musical do PSG.
Entrada: A - Número da fila (0, 1 ou 2).
Saída: HL - Espaço livre deixado na fila.
Registradores: AF, BC, HL.

PUTQ (00F9H/Main)
Função: Coloca um byte em uma das filas musicais do PSG.
Entrada: A - número da fila (0, 1 ou 2).
E - byte de dados.
Saída: Flag Z setada se a fila estiver cheia.
Registradores: AF, BC, HL.

GETVCP (0150H/Main)
Função: Retorna o endereço do byte 2 no buffer de voz do PSG.
Entrada: A - Número da voz (0, 1 ou 2)
Saída: HL - Endereço no buffer de voz.
Registradores: AF, HL.

GETVC2 (0153H/Main)
Função: Retorna o endereço de qualquer byte no buffer de voz do PSG.
Entrada: VOICEN (FB38H) - Número da voz (0, 1 ou 2).
L - Número do byte (0 a 36).
Saída: HL - Endereço no buffer de voz.
Registradores: AF, HL.

8.1.9 – Rotinas para as telas gráficas do MSX1

RIGHTC (00FCH/Main)
Função: Desloca o pixel atual uma posição para a direita.
Entrada: Nenhuma.
Saída: Nenhuma.
Registradores: AF.

LEFTC (00FFH/Main)
Função: Desloca o pixel atual uma posição para a esquerda.
Entrada: Nenhuma.
Saída: Nenhuma.
Registradores: AF.

UPC (0102H/Main)
Função: Desloca o pixel atual uma posição para cima.
Entrada: Nenhuma.
Saída: Nenhuma.
Registradores: AF.

TUPC (0105H/Main)
Função: Testa a posição do pixel atual e, se possível, desloca o mesmo uma posição para cima.
Entrada: Nenhuma.
Saída: CY = 1 se o pixel não pôde ser movido por exceder o limite superior da tela.
Registradores: AF.

DOWNC (0108H/Main)
Função: Desloca o pixel atual uma posição para baixo.
Entrada: Nenhuma.
Saída: Nenhuma.
Registradores: AF.

TDOWNC (010BH/Main)
Função: Testa a posição do pixel atual e, se possível, desloca o mesmo uma posição para baixo.
Entrada: Nenhuma.
Saída: CY = 1 se o pixel não pôde ser movido por exceder o limite inferior da tela.
Registradores: AF.

SCALXY (010EH/Main)
Função: Limita as coordenadas do pixel para a área visível da tela.
Entrada: BC – Coordenada X (horizontal).
DE – Coordenada Y (vertical).
Saída: BC – Coordenada X limitada à borda
DE – Coordenada Y limitada à borda
CY = 1 se houver limitação das coordenadas.
Registradores: AF.

MAPXYC (0111H/Main)
Função: Converte um par de coordenadas gráficas no endereço físico do pixel atual (coloca o "cursor" na coordenada).
Entrada: BC – Coordenada X (horizontal).
DE – Coordenada Y (vertical).
Saída: Nenhuma.
Registradores: AF, D, HL.

FETCHC (0114H/Main)
Função: Retorna o endereço físico do pixel atual.
Entrada: Nenhuma.
Saída: A recebe o conteúdo de CMASK (F92CH).
HL recebe o conteúdo de CLOC (F92AH).
Registradores: A, HL.

STOREC (0117H/Main)
Função: Estabelece o endereço físico do pixel atual.
Entrada: A é copiado para CMASK (F92CH).
HL é copiado para CLOC (F92AH).
Saída: Nenhuma.
Registradores: Nenhum.

SETATR (011AH/Main)
Função: Estabelece a cor de frente para as rotinas SETC (0120H) e NSETCX (0123H).
Entrada: A – Código de cor (0 a 15).
Saída: CY – Setada se o código de cor for inválido.
Registradores: F.

READC (011DH/Main)
Função: Retorna o código de cor do pixel atual.
Entrada: Nenhuma.

Saída: A – Código de cor do pixel atual (0 a 15).
Registradores: AF, EI.

SETC (0120H/Main)
Função: Estabelece a cor do pixel atual.
Entrada: ATRBYT (F3F2H) – Código de cor (0 a 15), estabelecida por SETATR (011AH).
Saída: Nenhuma.
Registradores: AF, EI.

NSETCX (0123H/Main)
Função: Estabelece a cor de múltiplos pixels horizontais a partir do pixel atual, para a direita.
Entrada: ATRBYT (F3F2H) – Código de cor (0 a 15), estabelecida por SETATR (011AH).
HL – Número de pixels a colorir.
Saída: Nenhuma.
Registradores: AF, EI.

GTASPC (0126H/Main)
Função: Retorna as razões de aspecto da instrução CIRCLE.
Entrada: Nenhuma.
Saída: DE recebe o conteúdo de ASPCT1 (F40BH).
HL recebe o conteúdo de ASPCT2 (F40DH).
Registradores: DE, HL.

PNTINI (0129H/Main)
Função: Estabelece a cor de contorno para a instrução PAINT.
Entrada: A – Código de cor do contorno (0 a 15).
Saída: CY – Setada se o código de cor for inválido.
Registradores: AF.

SCANR (012CH/Main)
Função: Usada pelo manipulador da instrução PAINT para percorrer uma área, da esquerda para a direita, partindo do pixel atual até que um código de cor igual a BDRATR (FCB2H) seja encontrado ou a borda da tela seja atingida.
Entrada: B = 0 → Não preenche a área percorrida.
255 → Preenche a área percorrida.
DE – Número de pulos (pixels da mesma cor ignorados).

Saída: HL - Número de pixels percorridos.
DE - Número de pulos restantes.
Registradores: AF, BC, DE, HL, EI.

SCANL (012FH/Main)
Função: Mesma que SCANR (012CH), exceto que o percurso será da direita para a esquerda e a área será sempre preenchida.
Entrada: Nenhuma.
Saída: HL - Número de pixels percorridos.
Registradores: AF, BC, DE, HL, EI.

8.1.10 - Miscelânea

CHGCAP (0132H/Main)
Função: Altera o estado lo LED do Caps Lock.
Entrada: A = 0 apaga o LED; outro valor, acende o LED.
Saída: Nenhuma.
Registradores: AF.

CHGSND (0135H/Main)
Função: Altera o estado da porta de 1 bit geradora de som.
Entrada: A = 0 desliga o bit, outro valor liga o bit.
Saída: Nenhuma.
Registradores: AF.

RSLREG (0138H/Main)
Função: Lê o conteúdo do registrador de slot primário.
Entrada: Nenhuma.
Saída: A - Valor lido.
Registradores: A.

WSLREG (013BH/Main)
Função: Escreve no registrador de slot primário.
Entrada: A - Valor a ser escrito.
Saída: Nenhuma.
Registradores: Nenhum.

RDVDP (013EH/Main)
Função: Lê o registrador de status do VDP.
Entrada: Nenhuma.
Saída: A - Valor lido.
Registradores: A.

SNSMAT (0141H/Main)
Função: Lê o valor de uma linha da matriz de teclado.
Entrada: A – Linha a ser lida.
Saída: A – Valor lido (o bit correspondente a uma tecla pressionada será 0).
Registradores: AF, C.

ISFLIO (014AH/Main)
Função: Testa se está ocorrendo uma operação de I/O de dispositivo.
Entrada: Nenhuma.
Saída: A = 0 se o dispositivo estiver ativo (está ocorrendo operação de I/O); outro valor o dispositivo está inativo.
Registradores: AF.

OUTDLP (014DH/Main)
Função: Saída formatada para a impressora. Difere de LPTOUT nos seguintes pontos:
1 – Se o caractere enviado for um TAB (09H) serão enviados espaços até atingir um múltiplo de 8;
2 – Para impressoras não-MSX, hiraganas são convertidos para katakanas e caracteres gráficos são convertidos para caracteres de 1 byte;
3 – Se houver falha, ocorrerá um erro de I/O.
Entrada: A – Caractere a ser enviado.
Saída: Nenhuma.
Registradores: F.

KILBUF (0156H/Main)
Função: Limpa o buffer de teclado.
Entrada: Nenhuma.
Saída: Nenhuma.
Registradores: HL.

CALBAS (0159H/Main)
Função: Executa uma chamada inter-slot para qualquer rotina do interpretador BASIC.
Entrada: IX – Endereço a ser chamado.
Saída: Depende da rotina chamada.
Registradores: Depende da rotina chamada.

8.1.11 - Rotinas para acesso ao sistema de disco

PHYDIO (0144H/Main)

Função: Ler ou gravar um ou mais setores no drive especificado.

Entrada: CY = 0 ⟶ leitura.
1 ⟶ gravação.
A - Número do drive (0 = A:, 1 = B:, etc).
B - Número de setores a ler ou gravar.
C - ID de formatação do disco:
F0H - 63 setores por trilha (para HD´s)
F8H - 80 trilhas, 9 setores por trilha, face simples.
F9H - 80 trilhas, 9 setores por trilha, face dupla.
FAH - 80 trilhas, 8 setores por trilha, face simples.
FBH - 80 trilhas, 8 setores por trilha, face dupla.
FCH - 40 trilhas, 9 setores por trilha, face simples.
FDH - 40 trilhas, 9 setores por trilha, face dupla.
DE - Número do primeiro setor a ser lido ou gravado.
HL - Endereço da RAM a partir do qual serão gravados os setores a ler do disco ou retirados os setores a gravar no disco.

Saída: CY - Setada se houve erro de leitura ou gravação.
A - código de erro se CY=1:
0 - protegido contra escrita.
2 - Não pronto.
4 - Erro de dados.
6 - Erro de busca.
8 - Setor não encontrado.
10 - Erro de escrita.
12 - Parâmetros inválidos.
14 - Memória insuficiente.
16 - Erro indefinido.
B - Número de setores efetivamente lidos ou escritos.

Registradores: Todos.

Obs.: Em algumas interfaces de HD, quando o bit 7 do registrador C é setado, será usado um esquema de endereçamento de 23 bits e os bits 0-6 do registrador C devem conter os bits 23-16 do número do setor.

FORMAT (0147H/Main)

Função: Formatar um disquete. Ao ser chamada, serão apresentadas uma série de perguntas que deverão ser respondidas para iniciar a formatação. Não há padrão para essas perguntas; elas podem ser diferentes para cada interface de drive.

Entrada: Nenhuma.

Saída: Nenhuma.

Registradores: Nenhum.

8.1.12 - Rotinas adicionadas para o MSX2

SUBROM (015CH/Main)

Função: Executa uma chamada inter-slot para a SubROM.

Entrada: IX - Endereço a ser chamado (ao mesmo tempo coloca IX na pilha.

Saída: Depende da rotina chamada.

Registradores: IY, AF', BC', DE', HL', mais os registradores modificados pela rotina chamada.

EXTROM (015FH/Main)

Função: Executa uma chamada inter-slot para a SubROM.

Entrada: IX - Endereço a ser chamado.

Saída: Depende da rotina chamada.

Registradores: IY, AF', BC', DE', HL', mais os registradores modificados pela rotina chamada.

CHKSLZ (0162H/Main)

Função: Procura slots para a SubROM.

Entrada: Nenhuma.

Saída: Nenhuma.

Registradores: Todos.

CHKNEW (0165H/Main)

Função: Testa o modo Screen.

Entrada: Nenhuma.

Saída: CY = 1 se Screen for 5, 6, 7 ou 8.

Registradores: AF.

EOL (0168H/Main)

Função: Apaga até o fim da linha.

Entrada: H - Coordenada X do cursor.
L - Coordenada Y do cursor.

Saída: Nenhuma.

Registradores: Todos.

BIGFIL (016BH/Main)

Função: Mesma que FILVRM (0056H): preenche uma área da VRAM com um único byte de dados, com a diferença que as Screens 0 a 3 não são testadas e o preenchimento pode ultrapassar o limite de 16K dessas screens.

Entrada: HL - endereço da VRAM para início da escrita.
BC - quantidade bytes a serem escritos.
A - byte a ser escrito.

Saída: Nenhuma.

Registradores: AF, BC.

NSETRD (016EH/Main)

Função: Prepada a VRAM para leitura sequencial usando a função de autoincremento de endereço do VDP.

Entrada: HL - Endereço da VRAM a partir do qual os dados serão lidos. Todos os bits são válidos.

Saída: Nenhuma.

Registradores: AF.

NSTWRT (0171H/Main)

Função: Prepada a VRAM para escrita sequencial usando a função de autoincremento de endereço do VDP.

Entrada: HL - Endereço da VRAM a partir do qual os dados serão escritos. Todos os bits são válidos.

Saída: Nenhuma.

Registradores: AF.

NRDVRM (0174H/Main)

Função: Lê o conteúdo de um byte da VRAM.

Entrada: HL - Endereço da VRAM a ser lido.

Saída: A - Byte lido.

Registradores: AF.

NWRVRM (0177H/Main)
Função: Escreve um byte de dados na VRAM.
Entrada: HL – Endereço da VRAM a ser escrito.
A – Byte a ser escrito.
Saída: Nenhuma.
Registradores: AF.

8.1.13 – Rotinas adicionadas para o MSX2+

RDRES (017AH/Main)
Função: Retorna o estado do reset.
Entrada: Nenhuma.
Saída: A – b7=0 indica reset total (por hardware)
b7=1 indica reset parcial (por software)
Registradores: A.
Obs.: No reset total (por hardware) o conteúdo da RAM é apagado e aparece o logo "MSX" na inicialização. No reset parcial (por software) apenas a área de trabalho é inicializada) e não aparece o logo "MSX" na inicialização.

WRRES (017DH/Main)
Função: Modifica o estado do reset.
Entrada: A – b7=0 para reset total (por hardware)
b7=1 para reset parcial (por software)
Saída: Nenhuma.
Registradores: Nenhum.

8.1.14 – Rotinas adicionadas para o MSX turbo R

CHGCPU (0180H/Main)
Função: Trocar de microprocessador (modo de operação).
Entrada: A –

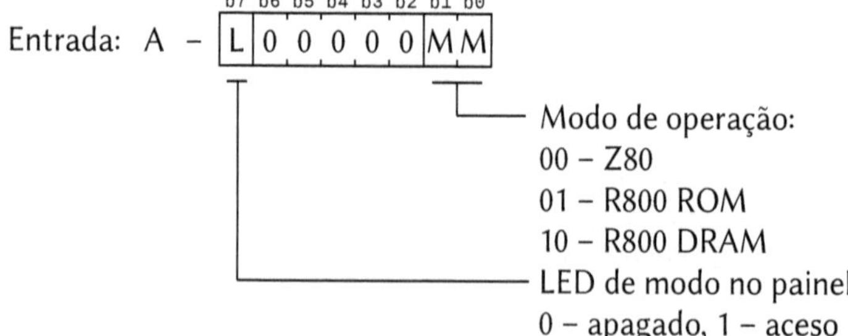

Saída: Nenhuma.
Registradores: AF.

GETCPU (0183H/Main)
Função: Retorna em qual modo o computador está operando.
Entrada: Nenhuma.
Saída: A = 0→Z80; 1→R800 ROM; 2→R800 DRAM.
Registradores: AF.

PCMPLY (0186H/Main)
Função: Reproduzir sons através do PCM.
Entrada: EHL – Endereço para início da leitura.
DBC – Tamanho do bloco a reproduzir (comprimento).

b7 b6 b5 b4 b3 b2 b1 b0
A – | M | 0 | 0 | 0 | 0 | 0 | F | F |

F F — Frequência de reprodução:
00=15,75 Khz 10=5,25 KHz
01=7,875 Khz 11=3,9375 KHz
M — Memória para leitura:
0=Main RAM 1=VRAM

Obs.: Usar 15,75 Khz apenas no modo R800 DRAM.
Saída: CY = 0 → Reprodução OK; 1→Erro na reprodução.
A = 0 → Erro na especificação da frequência.
A = 1 → Interrupção por CTRL+STOP.
EHL – Endereço até onde efetivamente reproduziu.
Registradores: Todos.

PCMREC (0189H/Main)
Função: Digitalizar sons através do PCM.
Entrada: EHL – Endereço para início da gravação.
DBC – Tamanho do bloco a gravar (comprimento).

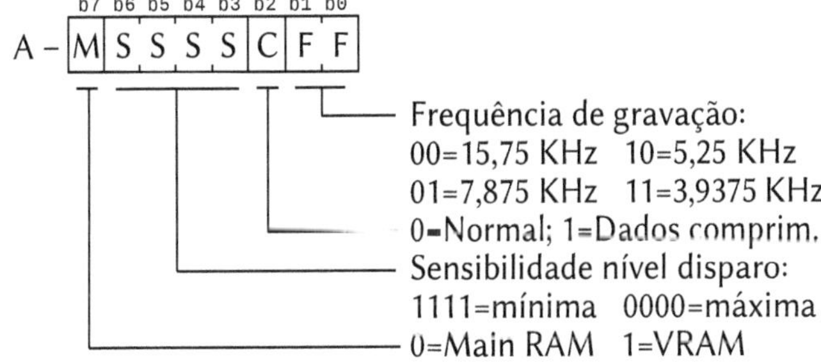

Obs.: A frequência de 15,75 Khz só pode ser usada no modo R800 DRAM.
Saída: CY = 0 → Gravação OK; 1 → Erro na gravação.
A = 0 → Erro na especificação da frequência.
1 → Interrupção por CTRL+STOP.
EHL – Endereço até onde efetivamente gravou.
Registradores: Todos.

8.1.15 – Rotinas inter-slot da área de trabalho

RDPRIM (F380H/Work Area)
Função: Lê um byte de qualquer endereço de qualquer slot.
Entrada: A – Slot primário a ser lido.
D – Slot atual para retorno.
Saída: E – Byte lido.

WRPRIM (F385H/Work Area)
Função: Escreve um byte em qualquer endereço de qualquer slot.
Entrada: A – Slot primário a ser lido.
D – Slot atual para retorno.
E – Byte a ser escrito.
Saída: Nenhuma.

CLPRIM (F38CH/Work Area)
Função: Chama um endereço em qualquer slot.
Entrada: A - slot primário que contém a rotina.
IX - endereço a ser chamados.
PUSH AF – Slot atual para retorno (em A).
Saída: Depende da rotina chamada.

8.2 – ROTINAS DA SubROM

8.2.1 – Rotinas para funções gráficas do BASIC

PAINT (0069H/SubROM) – Comando BASIC
Função: Pinta uma área em uma tela gráfica.
Entrada: HL – Apontador para o início do texto BASIC (parâmetros do comando PAINT).
Saída: HL – Aponta para o final dos parâmetros do comando.
Registradores: Todos.

PSET (006DH/SubROM) – Comando BASIC
Função: Desenha um ponto em uma tela gráfica.
Entrada: HL – Apontador para o início do texto BASIC (parâmetros do comando PSET).
Saída: HL – Aponta para o final dos parâmetros do comando.
Registradores: Todos.

ATRSCN (0071H/SubROM) – Comando BASIC
Função: Retorna atributos de cor.
Entrada: HL – Apontador para o início do texto BASIC.
Saída: HL – Aponta para o final dos parâmetros do comando.
Registradores: Todos.

GLINE (0075H/SubROM) – Comando BASIC
Função: Desenha uma linha em uma tela gráfica.
Entrada: HL – Apontador para o início do texto BASIC.
Saída: HL – Aponta para o final dos parâmetros do comando.
Registradores: Todos.

DOBOXF (0079H/SubROM) – Comando BASIC
Função: Desenha um retângulo preenchido em uma tela gráfica.
Entrada: HL – Apontador para o início do texto BASIC.
Saída: HL – Aponta para o final dos parâmetros do comando.
Registradores: Todos.

DOLINE (007DH/SubROM) – Comando BASIC
Função: Desenha uma linha em uma tela gráfica.
Entrada: HL – Apontador para o início do texto BASIC (parâmetros do comando PSET).
Saída: HL – Aponta para o final dos parâmetros do comando.
Registradores: Todos.

BOXLIN (0081H/SubROM) – Comando BASIC
Função: Desenha um retângulo em uma tela gráfica.
Entrada: HL – Apontador para o início do texto BASIC.
Saída: HL – Aponta para o final dos parâmetros do comando.
Registradores: Todos.

PUTSPR (0151H/SubROM) – Comando BASIC
Função: Apresenta um sprite em uma tela gráfica.
Entrada: HL – Apontador para o início do texto BASIC.
Saída: HL – Aponta para o final dos parâmetros do comando.
Registradores: Todos.

COLOR (0155H/SubROM) – Comando BASIC
Função: Altera as cores da tela, dos sprites ou da paleta.
Entrada: HL – Apontador para o início do texto BASIC.
Saída: HL – Aponta para o final dos parâmetros do comando.
Registradores: Todos.

SCREEN (0159H/SubROM) – Comando BASIC
Função: Troca os modos de tela.
Entrada: HL – Apontador para o início do texto BASIC.
Saída: HL – Aponta para o final dos parâmetros do comando.
Registradores: Todos.

WIDTH (015DH/SubROM) – Comando BASIC
Função: Altera o número de caracteres por linha no modo texto.
Entrada: HL – Apontador para o início do texto BASIC.
Saída: HL – Aponta para o final dos parâmetros do comando.
Registradores: Todos.

VDP (0161H/SubROM) – Comando BASIC
Função: Escreve dados em um registrador do VDP.
Entrada: HL – Apontador para o início do texto BASIC.
Saída: HL – Aponta para o final dos parâmetros do comando.
Registradores: Todos.

VDPF (0165H/SubROM) – Comando BASIC
Função: Lê dados de um registrador do VDP.
Entrada: HL – Apontador para o início do texto BASIC.
Saída: HL – Aponta para o final dos parâmetros do comando.
Registradores: Todos.

BASE (0169H/SubROM) – Comando BASIC
Função: Escreve dados no registrador de base do VDP.
Entrada: HL – Apontador para o início do texto BASIC.
Saída: HL – Aponta para o final dos parâmetros do comando.
Registradores: Todos.

BASEF (0169H/SubROM) – Comando BASIC
Função: Lê dados do registrador de base do VDP.
Entrada: HL – Apontador para o início do texto BASIC.
Saída: HL – Aponta para o final dos parâmetros do comando.
Registradores: Todos.

8.2.2 – Rotinas para funções gráficas

DOGRPH (0085H/SubROM)
Função: Desenha uma linha em uma tela gráfica.
Entrada: BC – Coordenada X inicial.
HL – Coordenada Y inicial.
GXPOS (FCB3H) – Coordenada X final.
GYPOS (FCB5H) – Coordenada Y de final.
ATRBYT (F3F2H) – Atributos.
LOGOPR (FB02H) – Código de operação lógica.
Saída: Nenhuma.
Registradores: AF.

GRPPRT (0089H/SubROM)
Função: Imprime um caractere em uma tela gráfica do MSX2.
Entrada: A – Código ASCII do caractere.
ATRBYT (F3F2H) – Atributos.
LOGOPR (FB02H) – Código de operação lógica.
Saída: Nenhuma.
Registradores: Todos.

SCALXY (008DH/SubROM)
Função: Limita as coordenadas do pixel para a área visível da tela.
Entrada: BC – Coordenada X (horizontal).
DE – Coordenada Y (vertical).
Saída: BC – Coordenada X limitada à borda.
DE – Coordenada Y limitada à borda.
CY = 1 se houver limitação das coordenadas.
Registradores: AF.

MAPXYC (0091H/SubROM)
Função: Converte um par de coordenadas gráficas no endereço físico do pixel atual (coloca o "cursor" na coordenada).

Entrada: BC – Coordenada X (horizontal).
DE – Coordenada Y (vertical).
Saída: Screen 3: HL, CLOC(F92AH) – Endereço na VRAM.
A, CMASK(F92CH) – Máscara.
Screen 5,12: HL, CLOC(F92AH) – Coordenada X.
A, CMASK(F92CH) – Coordenada Y.
Registradores: F.

READC (0095H/SubROM)
Função: Lê os atributos de um pixel.
Entrada: CLOC(F92AH) – Coordenada X.
CMASK(F92CH) – Coordenada Y.
Saída: A – Atributo.
Registradores: AF.

SETATR (0099H/SubROM)
Função: Seta atributo em ATRBYT (F3F2H).
Entrada: A – Atributo.
Saída: CY = 1 se houver erro no atributo.
Registradores: F.

SETC (009DH/SubROM)
Função: Seta atributo do pixel.
Entrada: CLOC(F92AH) – Coordenada X.
CMASK(F92CH) – Coordenada Y.
ATRBYT (F3F2H) – Atributo.
Saída: Nenhuma.
Registradores: AF.

TRIGHT (00A1H/SubROM)
Função: Move um pixel para a direita.
Entrada: CLOC(F92AH) – Coordenada X.
CMASK(F92CH) – Coordenada Y.
Saída: CLOC(F92AH) – Nova coordenada X.
CMASK(F92CH) – Nova coordenada Y.
CY = 1 se a borda da tela for atingida.
Registradores: AF.
Obs.: Somente para Screen 3.

RIGHTC (00A5H/SubROM)

Função: Move um pixel para a direita.

Entrada: CLOC(F92AH) - Coordenada X.
CMASK(F92CH) - Coordenada Y.

Saída: CLOC(F92AH) - Nova coordenada X.
CMASK(F92CH) - Nova coordenada Y.

Registradores: AF.

Obs.: Somente para Screen 3. Esta rotina é igual a TRIGHT (00A1H) exceto pela ausência do retorno da flag CY.

TLEFTC (00A9H/SubROM)

Função: Move um pixel para a esquerda.

Entrada: Igual a TRIGHT (00A1H/SubROM).

Saída: Igual a TRIGHT (00A1H/SubROM).

Registradores: AF.

Obs.: Somente para Screen 3.

LEFTC (00ADH/SubROM)

Função: Move um pixel para a esquerda.

Entrada: Igual a RIGHTC (00A5H/SubROM).

Saída: Igual a RIGHTC (00A5H/SubROM).

Registradores: AF.

Obs.: Somente para Screen 3. Esta rotina é igual a TLEFTC (00A9H) exceto pela ausência do retorno da flag CY.

TDOWNC (00B1H/SubROM)

Função: Move um pixel para baixo.

Entrada: Igual a TRIGHT (00A1H/SubROM).

Saída: Igual a TRIGHT (00A1H/SubROM).

Registradores: AF.

Obs.: Somente para Screen 3.

DOWNC (00B5H/SubROM)

Função: Move um pixel para baixo.

Entrada: Igual a RIGHTC (00A5H/SubROM).

Saída: Igual a RIGHTC (00A5H/SubROM).

Registradores: AF.

Obs.: Somente para Screen 3. Esta rotina é igual a TDOWNC (00A9H) exceto pela ausência do retorno da flag CY.

TUPC (00B9H/SubROM)
Função: Move um pixel para cima.
Entrada: Igual a TRIGHT (00A1H/SubROM).
Saída: Igual a TRIGHT (00A1H/SubROM).
Registradores: AF.
Obs.: Somente para Screen 3.

UPC (00BDH/SubROM)
Função: Move um pixel para cima.
Entrada: Igual a RIGHTC (00A5H/SubROM).
Saída: Igual a RIGHTC (00A5H/SubROM).
Registradores: AF.
Obs.: Somente para Screen 3. Esta rotina é igual a TUPC (00B9H) exceto pela ausência do retorno da flag CY.

SCANR (00C1H/SubROM)
Função: Percorre uma área, da esquerda para a direita, partindo do pixel atual até que um código de cor igual a BDRATR (FCB2H) seja encontrado ou a borda da tela seja atingida.
Entrada: B = 0 → Não preenche a área percorrida.
255 → Preenche a área percorrida.
C – Contador até a borda.
Saída: DE – Contador até a borda.
C – Flag de pixel modificado.
Registradores: Todos.

SCANL (00C5H/SubROM)
Função: Percorre uma área, da direita para a esquerda, partindo do pixel atual até que um código de cor igual a BDRATR (FCB2H) seja encontrado ou a borda da tela seja atingida.
Entrada: DE – Contador até a borda.
Saída: DE – Contador até a borda.
C – Flag de pixel modificado.
Registradores: Todos.

NVBXLN (00C9H/SubROM)
Função: Desenha um retângulo.
Entrada: BC – Coordenada X inicial.
HL – Coordenada Y inicial.
GXPOS (FCB3H) – Coordenada X final.

GYPOS (FCB5H) – Coordenada Y de final.
ATRBYT (F3F2H) – Atributos.
LOGOPR (FB02H) – Código de operação lógica.
Saída: Nenhuma.
Registradores: Todos.

NVBXFL (00CDH/SubROM)
Função: Desenha um retângulo preenchido.
Entrada: Igual a NVBXLN (00C9H/SubROM).
Saída: Nenhuma.
Registradores: Todos.

8.2.3 – Rotinas duplicadas (iguais às da MainROM)

CHGMOD (00D1H/SubROM)
Função: Troca os modos de tela.
Entrada: A – 0 a 3 para MSX1, 0 a 8 para MSX2 ou 0 a 12 para MSX2+ ou superior (Obs.: o modo 9 só é válido para micros coreanos).
Saída: Nenhuma.
Registradores: Todos.

INITXT (00D5H/SubROM)
Função: Inicializa a tela no modo texto (Screen 0).
Entrada: TXTNAM (F3B3H) – Endereço da tabela de nomes.
TXTCGP (F3B7H) – Endereço da tabela de padrões.
LINL40 (F3AEH) – Número de caracteres por linha.
Saída: Nenhuma.
Registradores: Todos.

INIT32 (00D9H/SubROM)
Função: Inicializa a tela no modo Screen 1.
Entrada: T32NAM (F3BDH) – Endereço da tabela de nomes dos caracteres.
T32COL (F3BFH) – Endereço da tabela de cores dos caracteres.
T32CGP (F3C1H) – Endereço da tabela de padrões dos caracteres.
T32ATR (F3C3H) – Endereço da tabela de atributos dos sprites.
T32PAT (F3C5H) – Endereço da tabela de padrões dos sprites.
Saída: Nenhuma.
Registradores: Todos.

INIGRP (00DDH/SubROM)
Função: Inicializa a tela no modo Screen 2.
Entrada: GRPNAM (F3C7H) – Endereço da tabela de nomes dos padrões.
GRPCOL (F3C9H) – Endereço da tabela de cores.
GRPCGP (F3CBH) – Endereço da tabela geradora de padrões.
GRPATR (F3CDH) – Endereço da tabela de atributos dos sprites.
GRPPAT (F3CFH) – Endereço da tabela de padrões dos sprites.
Saída: Nenhuma.
Registradores: Todos.

INIMLT (00E1H/SubROM)
Função: Inicializa a tela no modo multicor do MSX1 (Screen 3).
Entrada: MLTNAM (F3D1H) – Endereço da tabela de nomes dos padrões.
MLTCOL (F3D3H) – Endereço da tabela de cores.
MLTCGP (F3D5H) – Endereço da tabela geradora de padrões.
MLTATR (F3D7H) – Endereço da tabela de atributos dos sprites.
MLTPAT (F3D9H) – Endereço da tabela de padrões dos sprites.
Saída: Nenhuma.
Registradores: Todos.

SETTXT (00E5H/SubROM)
Função: Coloca apenas o VDP no modo texto (Screen 0).
Entrada: Igual a INITXT (00D5H/SubROM).
Saída: Nenhuma.
Registradores: Todos.

SETT32 (00E9H/SubROM)
Função: Coloca apenas o VDP no modo gráfico 1 (Screen 1).
Entrada: Igual a INIT32 (00D9H/SubROM).
Saída: Nenhuma.
Registradores: Todos.

SETGRP (00EDH/SubROM)
Função: Coloca apenas o VDP no modo gráfico 2 (Screen 2).
Entrada: Igual a INIGRP (00E1H/SubROM).
Saída: Nenhuma.
Registradores: Todos.

SETMLT (00F1H/SubROM)
Função: Coloca apenas o VDP no modo multicor (Screen 3).
Entrada: Igual a INIMLT (0075H).

Saída: Nenhuma.
Registradores: Todos.

CLRSPR (00F5H/SubROM)
Função: Inicializa todos os sprites. A tabela de padrões dos sprites é limpa (preenchida com zeros), os números dos sprites são inicializados com a série 0~31 e a cor dos sprites é igualada à cor de fundo. A localização vertical dos sprites é colocada em 209 (para as Screens 0 a 3) ou em 217 (para as Screens 4 a 9 ou 10 a 12).
Entrada: SCRMOD (FCAFH) – Modo screen.
Saída: Nenhuma.
Registradores: Todos.

CALPAT (00F9H/SubROM)
Função: Retorna o endereço da tabela geradora do padrão de um sprite.
Entrada: A – Número do sprite.
Saída: HL – Endereço na VRAM.
Registradores: AF, DE, HL.

CALATR (00FDH/SubROM)
Função: Retorna o endereço da tabela de atributos de um sprite.
Entrada: A – Número do sprite.
Saída: HL – Endereço na VRAM.
Registradores: AF, DE, HL.

GSPSIZ (0101H/SubROM)
Função: Retorna o tamanho atual dos sprites.
Entrada: Nenhuma.
Saída: A – Tamanho do sprite em bytes. A flag CY é setada se o tamanho for 16 x 16 e resetada caso contrário.
Registradores: AF.

8.2.4 – Rotinas diversas para o MSX2 ou superior

GETPAT (0105H/SubROM)
Função: Retorna o padrão de um caractere.
Entrada: A – Código ASCII do caractere.
Saída: PATWRK (FC40H) – padrão do caractere.
Registradores: Todos.

WRTVRM (0109H/SubROM)
Função: Escreve um byte de dados na VRAM.
Entrada: HL – Endereço da VRAM.
A – Byte a ser escrito.
Saída: Nenhuma.
Registradores: AF.

RDVRM (010DH/SubROM)
Função: Lê o conteúdo de um byte da VRAM.
Entrada: HL – Endereço da VRAM a ser lido.
Saída: A – Byte lido.
Registradores: AF.

CHGCLR (0111H/SubROM)
Função: Troca as cores da tela.
Entrada: FORCLR (F3E9H) – Cor de frente
BAKCLR (F3EAH) – Cor de fundo
BDRCLR (F3EBH) – Cor da borda
Saída: Nenhuma.
Registradores: Todos.

CLSSUB (0115H/SubROM)
Função: Limpar a tela.
Entrada: Nenhuma.
Saída: Nenhuma.
Registradores: Todos.

CLRTXT (0119H/SubROM)
Função: Limpar tela de texto.
Entrada: Nenhuma.
Saída: Nenhuma.
Registradores: Todos.

DSPFNK (011DH/SubROM)
Função: Apresenta o conteúdo das teclas de função.
Entrada: Nenhuma.
Saída: Nenhuma.
Registradores: Todos.

DELLNO (0121H/SubROM)
Função: Apaga uma linha no modo texto.
Entrada: L – Número da linha a ser apagada.
Saída: Nenhuma.
Registradores: Todos.

INSLNO (0125H/SubROM)
Função: Adiciona uma linha no modo texto.
Entrada: L – Número da linha a ser adicionada.
Saída: Nenhuma.
Registradores: Todos.

PUTVRM (0129H/SubROM)
Função: Coloca um caractere em uma tela de texto.
Entrada: H – Coordenada Y.
L – Coordenada X.
Saída: Nenhuma.
Registradores: AF.

WRTVDP (012DH/SubROM)
Função: Escreve um byte de dados em um registrador do VDP.
Entrada: C – Número do registrador que receberá o dado.
B – Byte de dados.
Saída: Nenhuma.
Registradores: AF, BC.

VDPSTA (0131H/SubROM)
Função: Lê o conteúdo de um registrador do VDP.
Entrada: A – Número do registrador a ser lido (0 a 9).
Saída: A – Valor lido.
Registradores: F.

KYKLOK (0135H/SubROM)
Função: Controle da tecla KANA e do LED KANA em micros japoneses.
Entrada: ?
Saída: ?
Registradores: ?

PUTCHR (0139H/SubROM)

Função: Pega um código de tecla, converte para KANA e o coloca em um buffer (em micros japoneses).

Entrada: CY = 0 → Faz conversão; 1 → Não faz conversão.

Saída: ?

Registradores: Todos.

SETPAG (013DH/SubROM)

Função: Define as páginas de vídeo.

Entrada: DPPAGE (FAF5H) – página apresentada na tela.
ACPAGE (FAF6H) – página ativa para receber comandos.

Saída: Nenhuma.

Registradores: AF.

NEWPAD (01ADH/SubROM)

Função: Retorna o estado do mouse ou da caneta ótica.

Entrada: A – Código de função:

- 0 a 7 – Sem efeito.
- 8 – Checa caneta ótica (255 se conectada/tocando a tela).
- 9 – Retorna a coordenada X (horizontal).
- 10 – Retorna a coordenada Y (vertical).
- 11 – Retorna o estado de chave (255 se pressionada).
- 12 – Checa mouse na porta 1 (255 se conectado).
- 13 – Retorna offset da coordenada X (horizontal).
- 14 – Retorna offset da coordenada Y (vertical).
- 15 – Sempre 0.
- 16 – Checa mouse na porta 2 (255 se conectado).
- 17 – Retorna offset da coordenada X (horizontal).
- 18 – Retorna offset da coordenada Y (vertical).
- 19 – Sempre 0.
- 20 – Checa 2ª caneta ótica (255 se conectada ou tocando a tela).
- 21 – Retorna a coordenada X (horizontal).
- 22 – Retorna a coordenada Y (vertical).
- 23 – Retorna o estado de tecla (255 se pressionada).

Saída: A – Estado ou valor, conforme descrito acima.

Registradores: Todos.

CHGMDP (01B5H/SubROM)

Função: Troca os modos de tela e inicializa a paleta de cores.

Entrada: A – 0 a 3 para MSX1, 0 a 8 para MSX2 ou 0 a 12 para MSX2+ ou superior (O modo 9 só é válido para micros coreanos).
Saída: Nenhuma.
Registradores: Todos.

KNJPRT (01BDH/SubROM)
Função: Escreve um caractere Kanji em uma tela gráfica (Screens 5 a 8 ou 10 a 12). Esta rotina está presente apenas em micros com Kanji ROM.
Entrada: BC – Código JIS do caractere Kanji.
A – Modo de apresentação:
0 – Todas as linhas da tela.
1 – Linhas pares.
2 – Linhas ímpares.
Registradores: AF.

REDCLK (01F5H/SubROM)
Função: Lê um nibble de dados da memória do relógio (Clock-IC).
Entrada: C – Endereço da SRAM do relógio, conforme abaixo:

b7	b6	b5	b4	b3	b2	b1	b0
0	0	M	M	E	E	E	E

E E E E — Endereço (0 a 12).
M M — Modo (0 a 3).

Saída: A – Nibble lido (4 bits mais baixos).
Registradores: AF.

WRTCLK (01F9H/SubROM)
Função: Escreve um nibble de dados na memória do relógiol
Entrada: C – Endereço da SRAM do relógio (igual a REDCLK).
A – Nibble a ser escrito (4 bits mais baixos).
Saída: Nenhuma.
Registradores: F.

8.2.5 – Rotinas de manipulação da paleta de cores

INIPLT (0141H/SubROM)
Função: Inicializa a paleta de cores (a paleta atual é salva na VRAM).
Entrada: Nenhuma.
Saída: Nenhuma.
Registradores: AF, BC, DE.

RSTPLT (0145H/SubROM)
Função: Recupera a paleta de cores salva na VRAM.
Entrada: Nenhuma.
Saída: Nenhuma.
Registradores: AF, BC, DE.

GETPLT (0149H/SubROM)
Função: Retorna os níveis de cores da paleta.
Entrada: A – Número de cor na paleta (0 a 15).
Saída: B – 4 bits altos para o nível de vermelho.
B – 4 bits baixos para o nível de azul.
C – 4 bits baixos para o nível de verde.
Registradores: AF, DE.

SETPLT (014DH/SubROM)
Função: Modifica os níveis de cores da paleta.
Entrada: D – Número de cor na paleta (0 a 15).
A – 4 bits altos para o nível de vermelho.
A – 4 bits baixos para o nível de azul.
E – 4 bits baixos para o nível de verde.
Saída: Nenhuma.
Registradores: AF.

8.2.6 – Rotinas diversas usadas pelo BASIC

VPOKE (0171H/SubROM) – Comando BASIC
Função: Escreve um byte de dados na VRAM.
Entrada: HL – Apontador para o início do texto BASIC.
Saída: HL – Aponta para o final dos parâmetros do comando.
Registradores: Todos.

VPEEK (0175H/SubROM) – Comando BASIC
Função: Lê um byte de dados da VRAM.
Entrada: HL – Apontador para o início do texto BASIC.
Saída: HL – Aponta para o final dos parâmetros do comando.
Registradores: Todos.

SETS (0179H/SubROM) – Comando BASIC
Função: Executa os parâmetros dos comandos BEEP, ADJUST, TIME e DATE.
Entrada: HL – Apontador para o início do texto BASIC.

Saída: HL – Aponta para o final dos parâmetros do comando.
Registradores: Todos.

BEEP (017DH/SubROM) – Comando BASIC
Função: Gera um beep.
Entrada: HL – Apontador para o início do texto BASIC.
Saída: HL – Aponta para o final dos parâmetros do comando.
Registradores: Todos.

PROMPT (0181H/SubROM) – Comando BASIC
Função: Apresenta o prompt do BASIC ("Ok" por padrão).
Entrada: HL – Apontador para o início do texto BASIC.
Saída: HL – Aponta para o final dos parâmetros do comando.
Registradores: Todos.

SDFSCR (0185H/SubROM) – Comando BASIC
Função: Recupera os parâmetros de tela do Clock-IC. Quando CY=1, o conteúdo das teclas de função será apresentado.
Entrada: CY = 0 após chamar o MSXDOS.
Saída: ?
Registradores: Todos.

SETSCR (0189H/SubROM) – Comando BASIC
Função: Recupera os parâmetros de tela do Clock-IC e apresenta uma mensagem de boas vindas.
Entrada: ?
Saída: ?
Registradores: Todos.

SCOPY (018DH/SubROM) – Comando BASIC
Função: Executa cópias entre a VRAM, matrizes do BASIC e arquivos em disco.
Entrada: HL – Apontador para o início do texto BASIC.
Saída: HL – Aponta para o final dos parâmetros do comando.
Registradores: Todos.

GETPUT (01B1H/SubROM) – Comando BASIC
Função: Executa os parâmetros dos comandos GET TIME, GET DATE e PUT KANJI.
Entrada: HL – Apontador para o início do texto BASIC.
Saída: HL – Aponta para o final dos parâmetros do comando.
Registradores: Todos.

8.2.7 – Rotinas de transferência de bloco (bit-blit)

BLTVV (0191H/SubROM)

Função: Transfere dados de uma área da VRAM para outra.

Entrada: HL – Deve conter o valor F562H.

(F562H,2) – SX – Coordenada X da fonte.
(F564H,2) – SY – Coordenada Y da fonte.
(F566H,2) – DX – Coordenada X de destino.
(F568H,2) – DY – Coordenada Y de destino.
(F56AH,2) – NX – Número de pixels na direção X.
(F56CH,2) – NY – Número de pixels na direção Y.
(F56EH,1) – CDUMMY – (não requer dados).
(F56FH,1) – ARGT – Seleciona a direção e a VRAM expandida (igual a R#45 do VDP).
(F570H,1) – LOGOP – Código de operação lógica (igual aos códigos do VDP).

Saída: CY = 0.

Registradores: Todos.

BLTVM (0195H/SubROM)

Função: Transfere dados da Main RAM para a VRAM.

Entrada: HL – Deve conter o valor F562H.

(F562H,2) – DPTR – Endereço fonte na RAM.
(F564H,2) – DUMMY – (não requer dados).
(F566H,2) – DX – Coordenada X de destino.
(F568H,2) – DY – Coordenada Y de destino.
(F56AH,2) – NX – Número de pixels na direção X (não requer dados; já preenchida).
(F56CH,2) – NY – Número de pixels na direção Y (não requer dados; já preenchida).
(F56EH,1) – CDUMMY – (não requer dados).
(F56FH,1) – ARGT – Seleciona a direção e a VRAM expandida (igual a R#45 do VDP).
(F570H,1) – LOGOP – Código de operação lógica (igual aos códigos do VDP).

Saída: CY = 0 ⟶ Transferência bem-sucedida.
CY = 1 ⟶ Erro na transferência.

Registradores: Todos.

Obs.: O espaço de memória a ser alocado, em bytes, deve obedecer às seguintes fórmulas:
Screen 6: (NX * NY) / 4 + 4
Screens 5 e 7: (NX * NY) / 2 + 4
Screens 8, 10, 11 e 12: (NX * NY) + 4

BLTMV (0199H/SubROM)
Função: Transfere dados da VRAM para a Main RAM.
Entrada: HL – Deve conter o valor F562H.
(F562H,2) - SX – Coordenada X da fonte.
(F564H,2) - SY – Coordenada Y da fonte.
(F566H,2) - DPTR – Endereço destino na RAM.
(F568H,2) - DUMMY – (não requer dados).
(F56AH,2) - NX – Número de pixels na direção X.
(F56CH,2) - NY – Número de pixels na direção Y.
(F56EH,1) - CDUMMY – (não requer dados).
(F56FH,1) - ARGT – Seleciona a direção e a VRAM expandida (igual a R#45 do VDP).
Saída: CY = 0.
Registradores: Todos.
Obs.: O espaço de memória a ser alocado, em bytes, deve obedecer às seguintes fórmulas:
Screen 6: (NX * NY) / 4 + 4
Screens 5 e 7: (NX * NY) / 2 + 4
Screens 8, 10, 11 e 12: (NX * NY) + 4

BLTVD (019DH/SubROM)
Função: Transfere dados do disco para a VRAM.
Entrada: HL – Deve conter o valor F562H.
(F562H,2) - FNPTR – Endereço do nome do arquivo.
(F564H,2) - DUMMY – (não requer dados).
(F566H,2) - DX – Coordenada X de destino.
(F568H,2) - DY – Coordenada Y de destino.
(F56AH,2) - NX – Número de pixels na direção X (não requer dados; já preenchida).
(F56CH,2) - NY – Número de pixels na direção Y (não requer dados; já preenchida).
(F56EH,1) - CDUMMY – (não requer dados).

(F56FH,1) - ARGT - Seleciona a direção e a VRAM expandida (igual a R#45 do VDP).
(F570H,1) - LOGOP - Código de operação lógica (igual aos códigos do VDP).

Saída: CY = 0 ⟶ Transferência bem-sucedida.
CY = 1 ⟶ Erro na transferência ou nos parâmetros.

Registradores: Todos.

BLTDV (01A1H/SubROM)

Função: Transfere dados da VRAM para o disco.

Entrada: HL - Deve conter o valor F562H.
(F562H,2) - SX - Coordenada X da fonte.
(F564H,2) - SY - Coordenada Y da fonte.
(F566H,2) - FNPTR - Endereço do nome do arquivo.
(F568H,2) - DUMMY - (não requer dados).
(F56AH,2) - NX - Número de pixels na direção X.
(F56CH,2) - NY - Número de pixels na direção Y.
(F56EH,1) - CDUMMY - Dummy (não requer dados).

Saída: CY = 0.

Registradores: Todos.

BLTMD (01A5H/SubROM)

Função: Transfere dados do disco para a Main RAM.

Entrada: HL - Deve conter o valor F562H.
(F562H,2) - FNPTR - Endereço do nome do arquivo.
(F564H,2) - DUMMY - (não requer dados).
(F566H,2) - SPTR - Endereço inicial dos dados.
(F568H,2) - EPTR - Endereço final dos dados.

Saída: CY = 0

Registradores: Todos.

BLTDM (01A9H/SubROM)

Função: Transfere dados da Main RAM para o disco.

Entrada: HL - Deve conter o valor F562H.
(F562H,2) - SPTR - Endereço inicial dos dados.
(F564H,2) - EPTR - Endereço final dos dados.
(F566H,2) - FNPTR - Endereço do nome do arquivo.

Saída: CY = 0

Registradores: Todos.

8.3 - ROTINAS DO MATH-PACK

8.3.1 - Funções matemáticas em ponto flutuante

DECSUB	268CH	DAC ← DAC - ARG	(precisão dupla)
DECADD	269AH	DAC ← DAC + ARG	(precisão dupla)
DECMUL	27E6H	DAC ← DAC * ARG	(precisão dupla)
DECDIV	289FH	DAC ← DAC / ARG	(precisão dupla)
COS	2993H	DAC ← COS (DAC)	(precisão dupla)
SIN	29ACH	DAC ← SIN (DAC)	(precisão dupla)
TAN	29FBH	DAC ← TAN (DAC)	(precisão dupla)
ATN	2A14H	DAC ← ATN (DAC)	(precisão dupla)
LOG	2A72H	DAC ← LOG (DAC)	(precisão dupla)
SQR	2AFFH	DAC ← SQR (DAC)	(precisão dupla)
EXP	2B4AH	DAC ← EXP (DAC)	(precisão dupla)
SGNEXP	37C8H	DAC ← DAC ^ ARG	(precisão simples)
DBLEXP	37D7H	DAC ← DAC ^ ARG	(precisão dupla)

8.3.2 - Operações com números inteiros

UMULT	314AH	DE ← BC * DE	(multiplicação sem sinal)
ISUB	3167H	HL ← DE - HL	
IADD	3172H	HL ← DE + HL	
IMULT	3193H	HL ← DE * HL	
IDIV	31E6H	HL ← DE / HL	
IMOD	323AH	HL ← DE mod HL DE ← DE / HL	
INTEXP	383FH	DAC ← DE ^ HL	

8.3.3 - Funções especiais

DECNRM	26FAH	Normaliza DAC, removendo zeros excessivos da mantissa. (Ex. 0.00123 → 0.123E-2).
DECROU	273CH	Arredonda DAC.
RND	2BDFH	Gera um número aleatório a partir do número contido em DAC e o retorna em DAC.
SIGN	2E71H	A ← sinal da mantissa em DAC.

ABSFN	2E82H	Extrai o valor absoluto (módulo) do número contido em DAC e o retorna em DAC.		
NEG	2E8DH	Inverte o sinal de DAC		
SGN	2E97H	DAC ← sinal de DAC:		
		DAC +2, +3:	0000H = Zero	
			0001H = Positivo	
			FFFFH – Negativo	
FCOMP	2F21H	Esq: CBED	Dir: DAC	(precisão simples)
ICOMP	2F4DH	Esq: DE	Dir: HL	(número inteiro)
XDCOMP	2F5CH	Esq: ARG	Dir: DAC	(precisão dupla)

Compara "Esq" com "Dir" e armazena o resultado em A:

A = 1	→	Esq < Dir
A = 0	→	Esq = Dir
A = -1	→	Esq > Dir

8.3.4 – Movimento

MAF	2C4DH	ARG ← DAC	Precisão dupla
MAM	2C50H	ARG ← (HL)	Precisão dupla
MOV8DH	2C53H	(DE) ← (HL)	Precisão dupla
MFA	2C59H	DAC ← ARG	Precisão dupla
MFM	2C5CH	DAC ← (HL)	Precisão dupla
MMF	2C67H	(HL) ← DAC	Precisão dupla
MOV8HD	2C6AH	(HL) ← (DE)	Precisão dupla
XTF	2C6FH	(SP) ↔ DAC	Precisão dupla
PHA	2CC7H	ARG ← (SP)	Precisão dupla
PHF	2CCCH	DAC ← (SP)	Precisão dupla
PPA	2CDCH	(SP) ← ARG	Precisão dupla
PPF	2CE1H	(SP) ← DAC	Precisão dupla
PUSHF	2EB1H	DAC ← (SP)	Precisão simples
MOVFM	2EBEH	DAC ← (HL)	Precisão simples
MOVFR	2EC1H	DAC ← (CBED)	Precisão simples
MOVRF	2ECCH	(CBED) ← DAC	Precisão simples
MOVRMI	2ED6H	(CBED) ← (HL)	Precisão simples
MOVRM	2EDFH	(BCDE) ← (HL)	Precisão simples
MOVMF	2EE8H	(HL) ← DAC	Precisão simples
MOVE	2EEBH	(HL) ← (DE)	Precisão simples

VMOVAM	2EEFH	ARG ← (HL)	VALTYP
MOVVFM	2EF2H	(DE) ← (HL)	
VMOVE	2EF3H	(HL) ← (DE)	
VMOVFA	2F05H	DAC ← ARG	
VMOVFM	2F08H	DAC ← (HL)	
VMOVAF	2F0DH	ARG ← DAC	
VMOVMF	2F10H	(HL) ← DAC	

8.3.5 - Conversões

FRCINT	2F8AH	Converte DAC em inteiro de 2 bytes (DAC+2,+3)
FRCSNG	2FB2H	Converte DAC em real de precisão simples.
FRCDBL	303AH	Converte DAC em real de precisão dupla.
FIXER	30BEH	DAC ← SGN(DAC) * INT(ABS(DAC)).
FIN	3299H	Converte uma string de um número real para o formato BCD e o armazena em DAC.
	Entrada:	HL - Endereço inicial da string.
		A - Primeiro caractere da string.
	Saída:	DAC - Número real.
		C = 0 → C/ ponto decimal; FFH → Sem ponto
		B - Número de dígitos após o ponto decimal.
		D - Número total de dígitos.
FOUT	3425H	Converte um número real contido em DAC para uma string sem formatar.
	Entrada:	A - Sempre 0
		B - Nº dígitos antes do ponto, sem incluir este.
		C - Nº dígitos depois do ponto, incluindo este.
	Saída:	HL - Endereço inicial da string.
PUFOUT	3426H	Converte um número real contido em DAC para uma string, formatando.
	Entrada:	A - Formato:
		bit 7 - 0: s/ formato 1: formatado
		bit 6 - 0: s/ vírgulas 1: vírgulas c/ 3 dígitos
		bit 5 - 0: n/c 1: preenche espaços c/ "*"
		bit 4 - 0: n/c 1: adiciona "$" antes do nº
		bit 3 - 0: n/c 1: adiciona "+" para nºs pos.
		bit 2 - 0: n/c 1: coloca sinal após número
		bit 1 - Não usado.
		bit 0 - 0: ponto fixo 1: ponto flutuante

B – Número de dígitos antes do ponto decimal sem incluir este.
C – Número de dígitos depois do ponto decimal, incluindo este.
Saída: HL – Endereço inicial da string.

FOUTB (371AH) Converte um inteiro de dois bytes contido em DAC+2,+3 em uma expressão binária.
Entrada: DAC+2, +3 – Número inteiro.
VALTYP = 2.
Saída: HL – Endereço inicial da string binária.

FOUTO (371EH) Converte um inteiro de dois bytes contido em DAC+2,+3 em uma expressão octal.
Entrada: DAC+2, +3 – Número inteiro.
VALTYP = 2.
Saída: HL – Endereço inicial da string octal.

FOUTH (3722H) Converte um inteiro de dois bytes contido em DAC+2,+3 em uma expressão hexadecimal.
Entrada: DAC+2, +3 – Número inteiro.
VALTYP = 2.
Saída: HL – Endereço inicial da string hexadecimal.

8.4 – ROTINAS DO INTERPRETADOR BASIC

8.4.1 – Rotinas de execução

READYR (409BH/Main)
Função: Retorna ao nível de comandos (partida a quente do BASIC).
Entrada: Nenhuma
Saída: Nenhuma

CRUNCH (42B2H/Main)
Função: Converte um texto BASIC da forma ASCII para a forma tokenizada.
Entrada: HL – Endereço do texto em ASCII a ser convertido, finalizado por um byte 00H.
Saída: KBUF (F41FH) – Texto BASIC convertido

NEWSTT (4601H/Main)

Função: Executa um texto BASIC. O texto deverá estar na forma tokenizada.

Entrada: HL – Apontador para o início do texto a ser executado. O texto deverá estar na forma ilustrada abaixo:

```
 3AH  94H  00H  ...
+----+----+----+----+
| :  |NEW |    |... |
+----+----+----+----+
  ↑
 (HL)
```

Saída: Nenhuma

CHRGTR (4666H/Main) – De 0010H

Função: Extrai um caractere do texto BASIC, iniciando por (HL)+1. Espaços são ignorados.

Entrada: HL – Endereço inicial do texto.

Saída: HL – Endereço do caractere extraído.
A – Código ASCII do caractere extraído.
Z = 1 se for fim de linha (00H ou 3AH ":").
CY = 1 se for um caractere de 0 a 9.

FRMEVL (4C64H/Main)

Função: Avalia uma expressão e devolve o resultado.

Entrada: HL – Endereço inicial da expressão no texto BASIC.

Saída: HL – Endereço final da expressão +1.
VALTYP (F663H) = 2 – Variável inteira.
4 – Variável de precisão simples.
8 – Variável de precisão dupla.
3 – Variável string.
DAC (F7F6H) – Resultado da expressão avaliada.

GETBYT (521CH/Main)

Função: Avalia uma expressão e retornar um resultado de 1 byte. Quando o resultado extrapolar o valor de 1 byte será gerado erro de "Função Ilegal" e a execução retornará ao nível de comandos.

Entrada: HL – Endereço inicial da expressão a ser avaliada.

Saída: HL – Endereço final da expressão +1.
A,E – Resultado da avaliação (A e E contêm o mesmo valor).

FRMQNT (542FH/Main)

Função: Avalia uma expressão e retornar um resultado de 2 bytes (número inteiro). Quando o resultado extrapolar o valor de 2 bytes, será gerado um erro de "Overflow" e a execução retornará ao nível de comandos.

Entrada: HL – Endereço inicial da expressão a ser avaliada

Saída: HL – Endereço final da expressão +1.
DE – Resultado da avaliação

SYNCHR (558CH/Main) – De 0008H

Função: Testa se o caractere apontado por (HL) é o especificado. Se não for, gera "Syntax error"; caso contrário chama CHRGTR (4666H/Main).

Entrada: HL – Aponta para o caractere a ser testado
O caractere para comparação deve ser colocado após uma intrução "RST 0008H" na forma de parâmetro em linha, conforme exemplo abaixo:

```
         LD   HL,CARACT
         RST  008H
         DEFB 'A'
         |
CARACT:  DEFB 'B'
```

Saída: HL é incrementado em um e A recebe (HL). Quando o caractere testado for numérico, a flag CY é setada. O fim de declaração (00H ou 3AH ":") seta a flag Z.

GETYPR (5597H/Main) – De 0028H

Função: Obtém o tipo de operando contido em DAC.

Entrada: Nenhuma

Saída: Flags CY, S, Z e P/V, conforme tabela abaixo:

Inteiro:	C=1	S=1*	Z=0	P/V=1
Precisão simples:	C=1	S=0	Z=0	P/V=0*
Precisão dupla:	C=0*	S=0	Z=0	P/V=1
String:	C=1	S=0	Z=1*	P/V=1

Obs.: Os tipos podem ser reconhecidos unicamente pelas flags marcadas com "*".

PTRGET (5EA4H/Main)

Função: Obtém o endereço para o armazenamento de uma variável ou matriz. O endereço também é obtido quando a variável não foi atribuída. Quando o valor de SUBFLG (F5A5H) for diferente de 0, o endereço inicial de uma matriz será obtido; caso contrário, será obtido o endereço do elemento da matriz.

Entrada: HL – Endereço inicial do nome da variável no texto BASIC.
SUBFLG (F6A5H) – 0 → Variável simples.
Outro valor → Matriz.

Saída: HL – Endereço após o nome da variável.
DE – Endereço de onde o conteúdo da variável está armazenado.

FRESTR (67D0H/Main)

Função: Registra o resultado de uma string obtida por FRMEVL (4C64H) e obtém o respectivo descritor. Quando avaliando uma string, esta rotina é, geralmente, combinada com FRMEVL da forma descrita abaixo:

```
CALL FRMEVL
PUSH HL
CALL FRESTR
EX   DE,HL
POP  HL
LD   A,(DE)
...
```

Entrada: VALTYP (F663H) – Tipo de variável (deve ser 3)
DAC (F7F6H) – Apontador para o descritor da string

Saída: HL – apontador para o descritor da string

8.4.2 – Rotinas dos comandos e funções

Comando/ função	Token	Token de função	Endereço na tabela	Endereço da rotina
>	EEH	-	Afat	-
=	EFH	-	Afat	-
<	F0H	-	Afat	-
+	F1H	-	Afat	-
-	F2H	-	Afat	-

*	F3H	-	Afat	-
/	F4H	-	Afat	-
^	F5H	-	Afat	-
$	FCH	-	Afat	-
ABS	06H	FF86H	39E8H	2E82H
AND	F6H	-	Afat	-
ASC	15H	FF95H	3A06H	680BH
ATN	0EH	FF8EH	39F8H	2A14H
ATTR$	E9H	-	Afat	7C43H
AUTO	A9H	-	3973H	49B5H
BASE	C9H	-	39BEH	7B5AH
BEEP	C0H	-	39ACH	00C0H
BIN$	1DH	FF9DH	3A16H	6FFFH
BLOAD	CFH	-	39CAH	6EC6H
BSAVE	D0H	-	39CCH	6E92H
CALL	CAH	-	39C0H	55A8H
CDBL	20H	FFA0H	3A1CH	303AH
CHR$	16H	FF96H	3A08H	681BH
CINT	1EH	FF9EH	3A18H	2F8AH
CIRCLE	BCH	-	39A4H	5B11H
CLEAR	92H	-	3950H	64AFH
CLOAD	9BH	-	3962H	703FH
CLOSE	B4H	-	3994H	6C14H
CLS	9FH	-	396AH	00C3H
CMD	D7H	-	39DAH	7C34H
COLOR	BDH	-	39A6H	7980H
CONT	99H	-	395EH	6424H
COPY	D6H	-	39D8H	7C2FH
COS	0CH	FF8CH	39F4H	2993H
CSAVE	9AH	-	3960H	6FB7H
CSNG	1FH	FF9FH	3A1AH	2FB2H
CSRLIN	E8H	-	Afat	790AH
CVD	2AH	FFAAH	3A30H	7C70H
CVI	28H	FFA8H	3A2CH	7C66H
CVS	29H	FFA9H	3A2EH	7C6BH
DATA	84H	-	3934H	485BH
DEF	97H	-	395AH	501DH
DEFDBL	AEH	-	3988H	4721H
DEFINT	ACH	-	3984H	471BH
DEFSNG	ADH	-	3986H	471EH
DEFSTR	ABH	-	3982H	4718H
DELETE	A8H	-	397CH	53E2H

DIM	86H	-	3938H	5E9FH
DRAW	BEH	-	39A8H	5D6EH
DSKF	26H	FFA6H	3A28H	7C39H
DSKI$	EAH	-	Afat	7C3EH
DSKO$	D1H		39CEH	7C16H
ELSE	A1H	3AA1H	396EH	485DH
END	81H	-	396EH	63EAH
EOF	2BH	FFABH	3A32H	6D25H
EQV	F9H	-	Afat	-
ERASE	A5H	-	3976H	6477H
ERL	E1H	-	Afat	4E0BH
ERR	E2H	-	Afat	4DFDH
ERROR	A6H	-	3978H	49AAH
EXP	0BH	FF8BH	39F2H	2B4AH
FIELD	B1H	-	398EH	7C52H
FILES	B7H	-	39AAH	6C2FH
FIX	21H	FFA1H	3A1EH	30BEH
FN	DEH	-	Afat	5040H
FOR	82H	-	3920H	4524H
FPOS	27H	FFA7H	3A2AH	6D39H
FRE	0FH	FF8FH	39FAH	69F2H
GET	B2H	-	3990H	775BH
GOSUB	8DH	-	3948H	47B2H
GOTO	89H	-	393EH	47E8H
GO TO	89H	-	393EH	47E8H
HEX$	1BH	FF9BH	3A12H	65FAH
IF	8BH	-	3942H	49E5H
IMP	FAH	-	3A20H	7940H
INKEY$	ECH	-	Afat	7347H
INP	10H	FF90H	39FCH	4001H
INPUT	85H	-	3936H	4B6CH
INSTR	E5H	-	39F6H	29FBH
INT	05H	FF85H	39E6H	30CFH
IPL	D5H	-	39D6H	7C2AH
KEY	CCH	-	3964H	786CH
KILL	D4H	-	39D4H	7C25H
LEFT$	01H	FF81H	39DEH	6861H
LEN	12H	FF92H	3A00H	67FFH
LET	88H	-	393CH	4880H
LFILES	BBH	-	39A2H	6C2AH
LINE	AFH	-	398AH	4B0EH
LIST	93H	-	3952H	522EH

LLIST	9EH	-	3968H	5229H
LOAD	B5H	-	3996H	6B5DH
LOC	2CH	FFACH	3A34H	6D03H
LOCATE	D8H	-	39DCH	7766H
LOF	2DH	FFADH	3A36H	6D14H
LOG	0AH	FF8AH	39F0H	2A72H
LPOS	1CH	FF9CH	3A14H	4FC7H
LPRINT	9DH	-	394CH	4A1DH
LSET	B8H	-	399CH	7C48H
MAX	CDH	-	39C6H	7E4BH
MERGE	B6H	-	3998H	6B5EH
MID$	03H	FF83H	39E2H	689AH
MKD$	30H	FFB0H	3A3CH	7C61H
MKI$	2EH	FFAEH	3A38H	7C57H
MKS$	2FH	FFAFH	3A3AH	7C5CH
MOD	FBH	-	Afat	-
MOTOR	CEH	-	39C8H	73B7H
NAME	D3H	-	39D2H	7C20H
NEW	94H	-	3954H	6286H
NEXT	83H	-	3932H	6527H
NOT	E0H	-	Afat	-
OCT$	1AH	FF9AH	3A10H	7C70H
OFF	EBH	-	3A02H	3A02H
ON	95H	-	3956H	48E4H
OPEN	B0H	-	398CH	6AB7H
OR	F7H	-	Afat	-
OUT	9CH	-	3964H	4016H
PAD	25H	FFA5H	3A26H	7969H
PAINT	BFH	-	39AAH	59C5H
PDL	24H	FFA4H	3A24H	795AH
PEEK	17H	FF97H	3A0AH	541CH
PLAY	C1H	-	39AEH	73E5H
POINT	EDH	-	Afat	5803H
POKE	98H	-	395CH	5423H
POS	11H	FF91H	39FEH	4FCCH
PRESET	C3H	-	39B2H	57E5H
PRINT	91H	-	394EH	4A24H
PSET	C2H	-	39B0H	57EAH
PUT	B3H	-	3992H	7758H
READ	87H	-	393AH	4B9FH
REM	8FH	3A8FH	394AH	485DH
RENUM	AAH	-	3980H	5468H

RESTORE	8CH	-	3944H	63C9H
RESUME	A7H	-	397AH	495DH
RETURN	8EH	-	3948H	4821H
RIGHT$	02H	FF82H	39E0H	6891H
RND	08H	FF88H	39ECH	2BDFH
RSET	B9H	-	399EH	7C4DH
RUN	8AH	-	3940H	479EH
SAVE	BAH	-	39A0H	6BA3H
SCREEN	C5H	-	39B6H	79CCH
SET	D2H	-	39D0H	7C1BH
SGN	04H	FF84H	39E4H	2E97H
SIN	09H	FF89H	39EEH	29ACH
SOUND	C4H	-	39B4H	73CAH
SPACE$	19H	FF99H	3A0EH	6848H
SPC(	DFH	-	Afat	-
SPRITE	C7H	-	39BAH	7A48H
SQR	07H	FF87H	39EAH	2AFFH
STEP	DCH	-	Afat	-
STICK	22H	FFA2H	3A20H	7940H
STOP	90H	-	394CH	63E3H
STR$	13H	FF93H	3A02H	6604H
STRIG	23H	FFA3H	3A22H	794CH
STRING$	E3H	-	Afat	6829H
SWAP	A4H	-	3974H	643EH
TAB(	DBH	-	Afat	-
TAN	0DH	FF8DH	39F6H	29FBH
THEN	DAH	-	Afat	-
TIME	CBH	-	39C2H	7911H
TO	D9H	-	Afat	-
TROFF	A3H	-	3972H	6439H
TRON	A2H	-	3970H	6438H
USING	E4H	-	Afat	-
USR	DDH	-	Afat	4FD5H
VAL	14H	FF94H	3A04H	68BBH
VARPTR	E7H	-	39FAH	4E41H
VDP	C8H	-	39BCH	7B37H
VPEEK	18H	FF98H	3A0CH	7BF5H
VPOKE	C6H	-	39B8H	7BE2H
WAIT	96H	-	3958H	401CH
WIDTH	A0H	-	396CH	51C9H
XOR	F8H	-	Afat	-

8.5 - ROTINAS DA BIOS ESTENDIDA

8.5.1 - Entrada da BIOS estendida

EXTBIO (FFCAH/Work Area)

Função: Acessa funções estendidas da BIOS. Disponível apenas se o bit 0 da flag HOKVLD (FB20H) estiver setado em 1.

Entrada: A - Sempre 00H

D - ID do dispositivo:

00 – Comandos internos (broadcast commands)
01~03 – Livre
04 – Manipulação da Memória Mapeada do DOS2
05~07 – Livre
08 – RS232C / MSX Modem
09 – Livre
10 – MSX-Audio
11 – MSX MIDI
12~15 – Livre
16 – MSX-JE
17 – Kanji Driver
18~33 – Livre
34 – UNAPI
35~51 – Livre
52 – MWMPLAY (MoonBlaster 4 Wave replayer)
53~76 – Livre
77 – Memman
78 – Nowind
79~204 – Livre
205 – MCDRV (Micro Cabin BGM replayer)
206~239 – Livre
240 – MGSDRV (SCC music-player)
241~254 – Livre
255 – Exclusivo do sistema

E - número da função (0 a 255).

Saída: Depende do dispositivo e função chamadas.

CY = 1 se o dispositivo especificado não for encontrado.

Registradores: Todos.

8.5.2 - Comandos internos (broadcast commands)

EXTBIO (FFCAH/Work Area)

Função: Acessa funções estendidas da BIOS.

Entrada: A = 00H.
D = 00H - Comando interno.
E = 00H - Examina os dispositivos presentes no sistema, pede que este grave seu próprio número na tabela, incrementa o ponteiro e passa p/ o próximo dispositivo.
B - ID do slot onde será colocada a tabela.
HL - Endereço da tabela.

Saída: B - ID do slot da tabela.
HL - Endereço da tabela.
CY = 1 se não houver dispositivos.

Registradores: Todos.

EXTBIO (FFCAH/Work Area)

Função: Acessa funções estendidas da BIOS.

Entrada: A = 00H.
D = 00H - Comando interno.
E = 01H - Obtém o número de eventos de interrupção do MSX BASIC. Os eventos são:

0 a 9	ON KEY GOSUB
10	ON STOP GOSUB
11	ON SPRITE GOSUB
12 a 16	ON STRIG GOSUB
17	ON INTERVAL GOSUB
18 a 23	Para dispositivos de expansão
24 e 25	Reservados (uso proibido)

Saída: A - Número de eventos ativos.

Registradores: Todos.

EXTBIO (FFCAH/Work Area)

Função: Acessa funções estendidas da BIOS.

Entrada: A = 00H.
D = 00H - Comando interno.
E = 02H - Declara proibição de interrupção (desabilita as interrupções pelo tempo padrão de 1 mS).

Saída: Nenhuma.

Registradores: Todos.

EXTBIO (FFCAH/Work Area)
Função: Acessa funções estendidas da BIOS.
Entrada: A = 00H.
D = 00H – Comando interno.
E = 03H – Declara permissão de interrupção (habilita as interrupções bloqueadas pela função 02H).
Saída: Nenhuma.
Registradores: Todos.

8.5.3 – Memória Mapeada

EXTBIO (FFCAH/Work Area)
Função: Acessa funções estendidas da BIOS
Entrada: A = 00H.
D = 04H – Dispositivo de manipulação de Memória Mapeada do MSXDOS2.
E = 01H – Retorna o endereço da tabela de variáveis da Memória Mapeada.
Saída: A – ID do slot da mapper primária.
DE – Reservado.
HL – Endereço inicial da tabela de variáveis, cuja estrutura é a seguinte:
+00H ID do slot da mapper primária.
+01H Número total de segmentos de 16K.
+02H Número de segmentos de 16K livres.
+03H Número de segmentos de 16k alocados pelo sistema (mínimo de6 para a mapper primária).
+04H N° de segmentos de 16K alocados para o usuário.
+05H~+07H Reservados (Sempre 00H).
+08H... Entradas para outras mappers em outros. slots. Se não houver nenhuma, conterá 00H.
Registradores: Todos.

EXTBIO (FFCAH/Work Area)
Função: Acessa funções estendidas da BIOS
Entrada: A = 00H.
D = 04H – Dispositivo de manipulação de Memória Mapeada.
E = 02H – Retorna diversos parâmetros relativos à Memória Mapeada.

Saída: A – Número total de segmentos (páginas lógicas) da mapper primária.

B – ID do slot da mapper primária.

C – Número de segmentos (páginas lógicas) livres na mapper primária.

DE – Reservado.

HL – Endereço inicial de uma tabela de chamada de subrotinas de suporte à mapper. O formato desta tabela é o seguinte:

+00H	ALL_SEG	Aloca um segmento de 16K.
+03H	FRE_SEG	Libera um segmento de 16K.
+06H	RD_SEG	Lê um byte do endereço A:HL p/ A.
+09H	WR_SEG	Escreve o conteúdo de E em (A:HL).
+0CH	CAL-SEG	Chamada inter-segmento por Iyh:IX.
+0FH	CALLS	Chamada inter-segmento. Parâmetros em linha após a instrução CALL.
+12H	PUT_PH	Coloca um segmento na página física (HL)
+15H	GET_PH	Retorna o segmento atual para a página física (HL)
+18H	PUT_P0	Coloca um segmento na página física 0
+1BH	GET_P0	Retorna o segmento atual da página física 0.
+1EH	PUT_P1	Coloca um segmento na página física 1
+21H	GET_P1	Retorna o segmento atual da página física 1.
+24H	PUT_P2	Coloca um segmento na página física 2
+27H	GET_P2	Retorna o segmento atual da página física 2.
+2AH	PUT_P3	Não suportada (página 3 não pode ser trocada). Se chamada, apenas retorna.
+2DH	GET_P3	Retorna o segmento atual da página física 3.

Registradores: Todos.

8.5.3.1 – Rotinas de manipulação da Memória Mapeada

ALL_SEG (HL+00H/ExtBIOS) – Valor de HL obtido via EXTBIO

Função: Alocar um segmento de 16K da mapper.

Entrada: A = 00H – Aloca um segmento de usuário
01H – Aloca um segmento de sistema

B = 00H – Aloca somente na mapper primária:

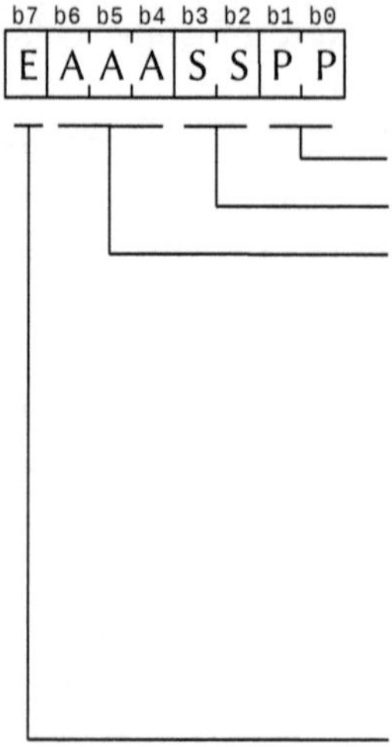

b7	b6	b5	b4	b3	b2	b1	b0
E	A	A	A	S	S	P	P

- PP: Slot primário
- SS: Slot secundário
- AAA:
  - 000 – aloca apenas no slot especificado
  - 001 – aloca em qualquer slot
  - 010 – tenta alocar no slot especificado; se falhar tenta outro slot
  - 011 – tenta alocar em outros slots que não o especificado; se falhar tenta no slot especif.
- E:
  - 0 – slot primário NÃO exp.
  - 1 – slot primário expandido

Saída CY = 1 – Não há segmentos livres
CY = 0 – Segmento alocado
A – Número do segmento
B = ID do slot do segmento

Obs.: Um segmento de sistema só será liberado com o uso da rotina FRE_SEG. Um segmento de usuário sempre será liberado quando que o programa que o utiliza for fechado.

FRE_SEG (HL+03H/ExtBIOS) – Valor de HL obtido via EXTBIO

Função: Liberar um segmento de 16K da mapper.

Entrada: A – número do segmento a ser liberado
B – Se for 00H, libera somente na mapper primária; se for diferente de 00H libera em qualquer outra mapper que não a primária.

Saída: CY = 0 – segmento liberado
CY = 1 – erro na liberação do segmento

RD_SEG (HL+06H/ExtBIOS) – Valor de HL obtido via EXTBIO
Função: Ler um byte da mapper
Entrada: A – Número do segmento de onde o byte será lido.
HL – Endereço a ser lido (0000H to 3FFFH).
Saída: A – Byte lido.
Todos os outros registradores são preservados.

WR_SEG (HL+09H/ExtBIOS) – Valor de HL obtido via EXTBIO
Função: Escrever um byte na mapper.
Entrada: A – Número do segmento onde o byte será escrito.
HL – Endereço a ser escrito (0000H to 3FFFH).
E – Valor a escrever.
Saída: A – Corrompido durante a escrita.
Todos os outros registradores são preservados.

CAL_SEG (HL+0CH/ExtBIOS) – Valor de HL obtido via EXTBIO
Função: Chama uma rotina em qualquer área da mapper.
Entrada: IYh – Número do segmento a ser chamado.
IX – Endereço a ser chamado (0000H to FFFFH).
AF, BC, DE e HL podem conter parâmetros para a rotina. Não usar AF', BC', DE' e HL' pois são corrompidos durante a chamada.
Saída: AF, BC, DE, HL, IX e IY podem conter valores de retorno válidos. AF', BC', DE' e HL' retornam corrompidos.

CALLS (HL+0FH/ExtBIOS) – Valor de HL obtido via EXTBIO
Função: Chama uma rotina em qualquer área da mapper através de parâmetros em linha.
Entrada: AF, BC, DE e HL podem conter parâmetros para a rotina. Não usar AF', BC', DE' e HL' pois são corrompidos durante a chamada. A sequência de chamada deve estar no seguinte formato:

```
CALL CALLS
DEFB SEGMENTO
DEFW ENDEREÇO
```

Saída: AF, BC, DE, HL, IX e IY podem conter valores de retorno válidos. AF', BC', DE' e HL' retornam corrompidos.

PUT_PH (HL+12H/ExtBIOS) – Valor de HL obtido via EXTBIO
Função: Habilita um segmento da mapper em uma página física.

Entrada: A – Segmento da mapper (página lógica)

```
     b7 b6 b5 b4 b3 b2 b1 b0
H – | P  P | x  x  x  x  x  x |
```

- b7–b6: Página física (0 a 3)
- b5–b0: Endereço relativo (MSB)*

```
     b7 b6 b5 b4 b3 b2 b1 b0
L – | x  x  x  x  x  x  x  x |
```

- b7–b0: Endereço relativo (LSB)*

* O endereço relativo é opcional.

Saída: Nenhuma. Todos os registradores são preservados.

GET_PH (HL+15H/ExtBIOS) – Valor de HL obtido via EXTBIO

Função: Retorna o segmento atual ativo em uma página física.

```
     b7 b6 b5 b4 b3 b2 b1 b0
H – | P  P | x  x  x  x  x  x |
```

- b7–b6: Página física (0 a 3)
- b5–b0: Endereço relativo (MSB)*

```
     b7 b6 b5 b4 b3 b2 b1 b0
L – | x  x  x  x  x  x  x  x |
```

- b7–b0: Endereço relativo (LSB)*

* O endereço relativo é opcional.

Saída: A – Número do segmento.
Todos os outros registradores são preservados.

PUT_P0 (HL+18H/ExtBIOS) – Valor de HL obtido via EXTBIO

Função: Habilita um segmento da mapper na página física 0.

Entrada: A – Número do segmento a ser habilitado.

Saída: Nenhuma. Todos os registradores são preservados.

GET_P0 (HL+1BH/ExtBIOS) – Valor de HL obtido via EXTBIO

Função: Retorna o segmento ativo na página física 0.

Entrada: Nenhuma.

Saída: A – Número do segmento ativo.
Todos os outros registradores são preservados.

PUT_P1 (HL+1EH/ExtBIOS) – Valor de HL obtido via EXTBIO

Função: Habilita um segmento da mapper na página física 1.

Entrada: A – Número do segmento a ser habilitado.

Saída: Nenhuma. Todos os registradores são preservados.

GET_P1 (HL+21H/ExtBIOS) – Valor de HL obtido via EXTBIO
Função: Retorna o segmento ativo na página física 1.
Entrada: Nenhuma.
Saída: A – Número do segmento ativo.
Todos os outros registradores são preservados.

PUT_P2 (HL+24H/ExtBIOS) – Valor de HL obtido via EXTBIO
Função: Habilita um segmento da mapper na página física 2.
Entrada: A – Número do segmento a ser habilitado.
Saída: Nenhuma. Todos os registradores são preservados.

GET_P2 (HL+27H/ExtBIOS) – Valor de HL obtido via EXTBIO
Função: Retorna o segmento ativo na página física 2.
Entrada: Nenhuma.
Saída: A – Número do segmento ativo.
Todos os outros registradores são preservados.

PUT_P3 (HL+2AH/ExtBIOS) – Valor de HL obtido via EXTBIO
Não suportada uma vez que a página física 3 não pode ser trocada.
Uma chamada a esta função tem efeito nulo.

GET_P3 (HL+2DH/ExtBIOS) – Valor de HL obtido via EXTBIO
Função: Retorna o segmento ativo na página física 0.
Entrada: Nenhuma.
Saída: A – Número do segmento ativo.
Todos os outros registradores são preservados.

CALL_MAP (HL+30H/ExtBIOS) – Valor de HL obtido via EXTBIO
Função: Chama uma rotina em qualquer área da RAM mapeada.
Entrada: Iyh – Número do slot.
Iyl – Número do segmento.
IX – Endereço da rotina, que deve necessariamente estar na página 1 (4000H a 7FFFH).
AF, BC, DE, HL – Parâmetros para a rotina. (Não usar AF', BC', DE' e HL' pois são corrompidos na chamada).
Saída: AF, BC, DE, HL, IX, IY – podem conter valores de retorno válidos. AF', BC', DE' e HL' retornam corrompidos.
Obs.: Rotina exclusiva para o Nextor.

RD_MAP (HL+33H/ExtBIOS) – Valor de HL obtido via EXTBIO

Função: Lê um byte de um segmento de RAM.

Entrada: A – Número do slot.

B – Número do segmento.

HL – Endereço a ser lido (os dois bits mais altos serão ignorados).

Saída: A – Byte de dados lido.

F, BC, DE, HL, IX, IY retornam preservados.

Obs.: Rotina exclusiva para o Nextor.

CALL_MAPI (HL+36H/ExtBIOS) – Valor de HL obtido via EXTBIO

Função: Chama uma rotina em um segmento de RAM mapeada, com parâmetros em linha.

Entrada: AF, BC, DE, HL – Parâmetros para a rotina chamada. Não usar AF', BC', DE' e HL' pois são corrompidos durante a chamada. A sequência de chamada deve estar no seguinte formato:

```
CALL CALL_MAPI
DEFB SLOT
DEFB ENDEREÇO
DEFB N°_SEGMENTO
; Não é necessário o uso de RET
```

Onde:

SLOT – é o slot a ser chamado, de 0 a 3

ENDEREÇO – Endereço a ser chamado na forma de índice de uma tabela, que pode variar de 0 a 63, onde 0=4000H, 1=4003H, 2=4006H, etc.

Nº_SEGMENTO – Pode variar de 0 a 255.

Saída: AF, BC, DE, HL, IX, IY – Parâmetros retornados pela rotina.

Obs.: Rotina exclusiva para o Nextor.

WR_MAP (HL+39H/ExtBIOS) – Valor de HL obtido via EXTBIO

Função: Escreve um byte em um segmento de RAM mapeada.

Entrada: A – Número do slot.

B – Número do segmento.

E – Byte a escrever.

HL – Endereço a ser escrito (os dois bits mais altos são ignorados).

Saída: A – Dado lido do endereço especificados.

F, BC, DE, HL, IX, IY retornam preservados.

Obs.: Rotina exclusiva para o Nextor.

8.5.4 - Porta serial RS232C e MSX Modem

EXTBIO (FFCAH/Work Area)

Função: Acessa funções estendidas da BIOS

Entrada: A = 00H.
D = 08H - Dispositivo de manipulação da RS232C.
E = 00H - Retorna o endereço da tabela de endereços de entrada das rotinas da RS232C.
B - ID do slot da tabela de endereços.
HL - Endereço da tabela.

Saída: CY = 1 → não há interfaces RS232C.
CY = 0 → HL é incrementado de 4 a cada interface encontrada e apontará para o final de uma tabela que reserva 4 bytes para cada RS232C encontrada. O valor original de HL aponta para o início da tabela, que tem a seguinte estrutura:

```
+00H - ID do slot
+01H - Endereço mais baixo
+02H - Endereço mais alto
+03H - Reservado para expansão
```

O ID de slot (+00H) e o endereço (+01H,+02H) apontarão para uma tabela com a seguinte estrutura:

```
+00H DB DVINFB (opcional)
+01H DB DVTYPE (opcional)
+02H DB 0
+03H JP INIT   Inicializa a RS232
+06H JP OPEN   Abre uma porta RS232
+09H JP STAT   Retorna vários estados
+0CH JP GETCHR Lê um caractere
+0FH JP SNDCHR Envia um caractere
+12H JP CLOSE  Fecha uma porta RS232
+15H JP EOF    Verifica fim de arquivo
+18H JP LOC    Retorna o núm. carac.
+1BH JP LOF    Retorna espaço livre
+1EH JP BACKUP Salva um caractere
+21H JP SNDBRK Envia caracteres break
+24H JP DTR    Liga/desliga linha DTR
+27H JP SETCHN Seleciona o canal RS232
+2AH JP NCUSTA (MSX Modem)
+2DH JP SPKCNT (MSX Modem)
```

```
+30H JP LINSEL (MSX Modem)
+33H JP DIALST (MSX Modem)
+36H JP DIALCH (MSX Modem)
+39H JP DTMFST (MSX Modem)
+3CH JP RDDTMF (MSX Modem)
+3FH JP HOKCNT (MSX Modem)
+42H JP CONFIG (MSX Modem)
+45H JP SPCIAL (MSX Modem)
```

Registradores: Todos.

6.5.4.1 – Bytes de parâmetros

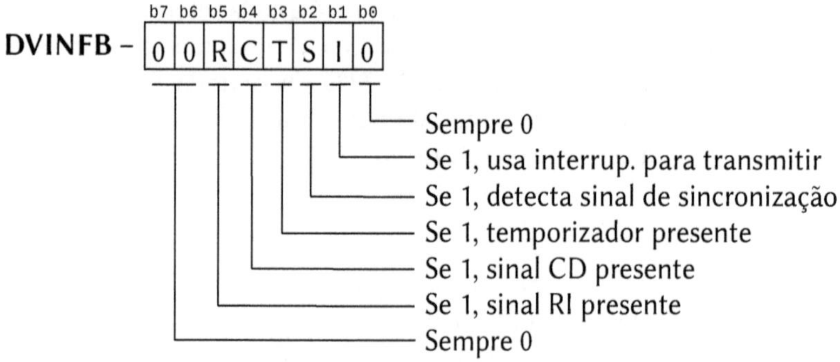

DVTYPE – 0 → Múltiplos canais.
Outro valor → Canal único.

8.5.4.2 – Rotinas de manipulação da porta serial RS232C

INIT (HL+03H/ExtBIOS) – Valor de HL obtido via EXTBIO

Função: Inicializar a porta RS232C.

Entrada: B – ID do slot da tabela de parâmetros.

HL – Endereço da tabela de parâmetros, com a seguinte estrutura (de +00H a +07H os valores dever ser em código ASCII):

```
+00H - Comprimento do caractere
           ("5", "6", "7" ou "8")
+01H - Paridade ("E", "O", "I" ou "N")
+02H - Stop bits ("1", "2" ou "3")
+03H - XON/XOFF ("X" ou "N")
+04H - CTR-RTS hand shake ("H" ou "N")
```

```
+05H - Auto LF recepção ("A" ou "N")
+06H - Auto LF transmissão ("A" ou "N")
+07H - Controle SI/SO ("S" ou "N")
+08H - Velocidade de recepção (low)
+09H - Velocidade de recepção (high)
       (50 a 19200 bauds)
+0AH - Veloc. de transmissão (low)
+0BH - Veloc. de transmissão (high)
       (50 a 19200 bauds)
+0CH - Contador de tempo (0 a 255)
```

Saída: CY = 0 → RS232C iniciada com sucesso.
CY = 1 → Erro nos parâmetros.

Registradores: AF.

OPEN (HL+06H/ExtBIOS) – Valor de HL obtido via EXTBIO

Função: Abre uma porta serial RS232C usando o FCB.

Entrada: HL – Endereço inicial do FCB (maior que 8000H).
C – Tamanho do buffer (32 a 254).
E – Modo de abertura:
0 – Entrada
2 – Saída
4 – Entrada/Saída e modo RAW

Saída: CY = 0 → Porta aberta com sucesso.
CY = 1 → Erro no processo de abertura.

Registradores: AF.

STAT (HL+09H/ExtBIOS) – Valor de HL obtido via EXTBIO

Função: Retorna dados de estado ou de erro.

Entrada: Nenhuma.

Saída: HL – Dados retornados.
bit 15 – 0 – Sem erro no buffer.
1 – Buffer overflow.
bit 14 – 0 – Sem erro de tempo.
1 – Tempo esgotado (time out).
bit 13 – 0 – Framing correto.
1 – Erro de framing.
bit 12 – 0 – Execução correta.
1 – Erro na execução (over run error).
bit 11 – 0 – Não há erro de paridade.
1 – Erro de paridade no caractere.

bit 10 – 0 – CTRL+STOP não estão pressionadas.
1 – CTRL+STOP pressionadas juntas.
bit 09 – Reservado.
bit 08 – Reservado.
bit 07 – 0 – Estado do Clear to Send é falso.
1 – Estado do Clear to Send é verdadeiro.
bit 06 – 0 – Timer/Contador-2 não confirmado.
1 – Timer/Contador-2 confirmado.
bit 05 – Reservado.
bit 04 – Reservado.
bit 03 – 0 – Estado do Data Set Ready é falso.
1 – Estado do Data Set Ready é verdadeiro.
bit 02 – 0 – Parada não detectada.
1 – Parada detectada.
bit 01 – 0 – Estado do indicador de toque é falso.
1 – Estado indicador de toque é verdadeiro.
bit 00 – 0 – Portadora não detectada.
1 – Portadora detectada.

GETCHR (HL+0CH/ExtBIOS) – Valor de HL obtido via EXTBIO
Função: Retorna um caractere do buffer de recepção.
Entrada: Nenhuma.
Saída: A – Caractere recebido.
CY = 1 → EOF (fim de arquivo).
S = 1 → Erro.
Registradores: F.

SNDCHR (HL+0FH/ExtBIOS) – Valor de HL obtido via EXTBIO
Função: Envia um caractere para a porta serial RS232C.
Entrada: A – Caractere a ser enviado.
Saída: CY = 1 → CTRL+STOP foram pressionadas juntas.
Z = 1 → Erro.
Registradores: F.

CLOSE (HL+12H/ExtBIOS) – Valor de HL obtido via EXTBIO
Função: Fecha a porta serial RS232C.
Entrada: Nenhuma.
Saída: CY = 1 → Erro.
Registradores: AF.

EOF (HL+15H/ExtBIOS) – Valor de HL obtido via EXTBIO
Função: Verifica se é fim de arquivo.
Entrada: Nenhuma.
Saída: HL = –1 e CY = 1 → Próximo caractere é EOF (Fim de arquivo).
HL = 0 e CY = 0 → Não é fim de arquivo.
Registradores: AF.

LOC (HL+18H/ExtBIOS) – Valor de HL obtido via EXTBIO
Função: Retorna o número de caracteres no buffer de recepção.
Entrada: Nenhuma.
Saída: HL – Número de caracteres no buffer.
Registradores: AF.

LOF (HL+1BH/ExtBIOS) – Valor de HL obtido via EXTBIO
Função: Retorna o espaço livre no buffer de recepção.
Entrada: Nenhuma.
Saída: HL – Espaço livre em bytes.
Registradores: AF.

BACKUP (HL+1EH/ExtBIOS) – Valor de HL obtido via EXTBIO
Função: Salva um caractere em um buffer especial. O caractere anterior é perdido.
Entrada: C – Caractere a ser salvo.
Saída: Nenhuma.
Registradores: F.

SNDBRK (HL+21H/ExtBIOS) – Valor de HL obtido via EXTBIO
Função: Envia o número especificado de caracteres *"break"*.
Entrada: DE – Número de caracteres *"break"* a serem enviados.
Saída: CY = 1 → CTRL+STOP foram pressionadas juntas.
Registradores: AF, DE.

DTR (HL+24H/ExtBIOS) – Valor de HL obtido via EXTBIO
Função: Liga/desliga a linha DTR.
Entrada: A = 0 → Desliga a linha DTR.
A ≠ 0 → Liga a linha DTR.
Saída: Nenhuma.
Registradores: F.

SETCHN (HL+27H/ExtBIOS) – Valor de HL obtido via EXTBIO
Função: Seleciona o número do canal (somente para interfaces com canais múltiplos).
Entrada: A – Número do canal.
Saída: CY = 1 → O canal não existe na interface.
Registradores: AF, BC.

8.5.4.3 – Rotinas de manipulação do MSX Modem

INIT (HL+03H/ExtBIOS) – Valor de HL obtido via EXTBIO
Função: Inicializa o MSX Modem.
Entrada: A – Tipo de modem:

0 – BELL 103	300 bps full duplex
1 – BELL 212 A	1200 bps full duplex
2 – CCITT V 21	300 bps full duplex
3 – CCITT V 22	1200 bps full duplex
4 – CCITT V22bis	2400 bps full duplex
5 – CCITT V 23	1200 bps half duplex
6 – CCITT V27ter	4800 bps half duplex
7 – CCITT V 29	9600 bps half duplex
8 – CCITT V32	9600 bps full duplex

9 a 254 – Reservado para futuras expansões.
255 – padrão do sistema.

C – Modo de discagem:
0 – DTMF (dicagem por tons)
1 – Reservado para futuras expansões.
2 – pulsos (20 pps)
3 – pulsos (10 pps)
4 – Automático
5 a 254 – Reservado para futuras expansões.
255 – padrão do sistema.

B – ID do slot da tabela de parâmetros.

HL – Endereço da tabela de parâmetros, com a seguinte estrutura (de +00H a +07H os valores dever ser em código ASCII):

```
+00H - Comprimento do caractere
       ("5", "6", "7" ou "8")
+01H - Paridade ("E", "O", "I" ou "N")
+02H - Stop bits ("1", "2" ou "3")
+03H - XON/XOFF ("X" ou "N")
```

```
+04H - CTR-RTS hand shake ("H" ou "N")
+05H - Auto LF recepção ("A" ou "N")
+06H - Auto LF transmissão ("A" ou "N")
+07H - Controle SI/SO ("S" ou "N")
+08H~0BH - Não utilizados
+0CH - Contador de tempo (0 a 255)
```

Saída: CY = 0 → MSX Modem iniciado com sucesso.
CY = 1 → Erro nos parâmetros.
Registradores: AF.

NCUSTA (HL+2AH/ExtBIOS) – Valor de HL obtido via EXTBIO
Função: Retorna o estado da NCU.
Entrada: Nenhuma.
Saída: HL – Estado.
bit 15~9 – Sempre 0.
bit 8 – 0 – Sem dados DTMF.
1 – Recebendo dados DTMF
bit 7 – 0 – Telefone externo no gancho
1 – Telefone externo fora do gancho
bit 6 – 0 – Sem tom de chamada
1 – Tom de chamada de 400 Hz detectado
bit 5 – Trava a inversão de polaridade da linha
b4,b3 – 0,0 – Loop desligado
0,1 – Loop DC (LB)
1,0 – Loop DC (LA)
1,1 – Indefinido
b2,b1 – modo de discagem
0,0 – DTMF
0,1 – pulso (10 pps)
1,0 – pulso (20 pps)
1,1 – Automático
bit 0 – 0 – Sem sinal da campainha (toque)
1 – Sinal da campainha (toque) presente
Registradores: Todos.

SPKCNT (HL+2DH/ExtBIOS) – Valor de HL obtido via EXTBIO
Função: Liga/desliga o alto-falante.
Entrada: A = 0 → Desliga o alto-falante.
A ≠ 0 → Liga o alto-falante.
Saída: CY = 1 se esta função não for suportada.
Registradores: F.

LINSEL (HL+30H/ExtBIOS) – Valor de HL obtido via EXTBIO

Função: Comutar a linha.

Entrada: A – bit 7~bit 5 – Reservados (sempre 0).

b4~b3 – Libera a linha (coloca o telefone interno no "gancho"). bit4=alto-falante; bit3=microfone.

b2~b1 – Conecta o telefone integrado ao modem à linha externa (bit2 = 1, conecta o alto-falante, bit1 = 1, conecta o microfone).

Bit 0 – Alterna entre o modem e o telefone externo:
b0 = 0 ⟶ conecta o modem interno;
b0 = 0 ⟶ conecta telefone ligado à porta "TEL".

Saída: CY = 1 se houver erro nos parâmetros.

Registradores: Nenhum.

DIALST (HL+33H/ExtBIOS) – Valor de HL obtido via EXTBIO

Função: Conecta o dispositivo à linha e efetua a "discagem".

Entrada: C – Modo de "discagem":
0 – DTMF (discagem por tons).
1 – Reservado para futuras expansões.
2 – pulsos (20 pps).
3 – pulsos (10 pps).
4 – Automático.
5 a 254 – Reservado para futuras expansões.
255 – padrão do sistema.

B – ID do slot da tabela de parâmetros.

HL – Endereço inicial dos dados de discagem a serem enviados. Os caracteres válidos para "discagem" são: "0"~"9", "A"~"D", "#", "*", "H", "<", ":" e "T". "H" significa 1 segundo no gancho, "<" significa três, "T" seleciona discagem por tom e ":" aguarda o segundo tom de discagem. A lista deve terminar com 00H.

Saída: CY = 1 se houver erro nos parâmetros.

Registradores: Nenhum.

DIALCH (HL+36H/ExtBIOS) – Valor de HL obtido via EXTBIO

Função: Envia um único caractere por vez para a "discagem".

Entrada: A – Caractere a ser enviado.
C – Modo de "discagem" (igual a DIALST(HL+33H)).

Saída: CY = 1 se houver erro nos parâmetros.

Registradores: Nenhum.

DTMFST (HL+39H/ExtBIOS) – Valor de HL obtido via EXTBIO
Função: Verifica o estado do decodificador DTMF.
Entrada: Nenhuma.
Saída: Z = 1 se código DTMF estiver em modo entrada.
CY = 1 se esta função não for suportada.
Registradores: AF.

RDDTMF (HL+3CH/ExtBIOS) – Valor de HL obtido via EXTBIO
Função: Ler dados do decodificador DTMF.
Entrada: Nenhuma.
Saída: A – Código DTMF (em ASCII)
CY = 1 se CTRL+STOP forem pressionadas ou se esta função não for suportada.
Registradores: AF.

HOKCNT (HL+3FH/ExtBIOS) – Valor de HL obtido via EXTBIO
Função: Conectar ou desconectar a linha.
Entrada: A = 0 → No gancho
1 → Fora do gancho
Saída: CY = 1 se esta função não for suportada.
Registradores: Nenhum.

CONFIG (HL+42H/ExtBIOS) – Valor de HL obtido via EXTBIO
Função: Retorna as especificações de hardware.
Entrada: A – 0 a 255.
Saída: HL – Especificações.
Quando A = 0:
bit 15 ~ bit 09: sempre 0.
bit 8 = 1 → CCITT V 32 9600 bps full duplex.
bit 7 = 1 → CCITT V 29 9600 bps half duplex.
bit 6 = 1 → CCITT V 27ter 4800 bps half duplex.
bit 5 = 1 → CCITT V 23 1200 bps half duplex.
bit 4 = 1 → CCITT V 22a 2400 bps full duplex.
bit 3 = 1 → CCITT V 22 1200 bps full duplex.
bit 2 = 1 → CCITT V 21 300 bps full duplex.
bit 1 = 1 → BELL 212 A 1200 bps full duplex.
bit 0 = 1 → BELL 103 300 bps full duplex.

Quando A = 1:
bit 15 ~ bit 08: sempre 0.
bit 7 = 1 ⟶ Suporta mudança 10 pps↔20 pps por software.
Bit 6 = 1 ⟶ DTMF – Comutação suave de impulsos.
bit 5 = 1 ⟶ Suporta "H".
bit 4 = 1 ⟶ Suporte para "A" a "D".
bit 3 = 1 ⟶ Automático.
bit 2 = 1 ⟶ Pulso (20 pps).
bit 1 = 1 ⟶ Pulso (10 pps).
bit 0 = 1 ⟶ DTMF.
Quando A = 2:
bit 15 ~ bit 04: Sempre 0
bit 7 = 1 ⟶ Suporta mudança 10 pps↔20 pps por software.
bit 3 = 1 ⟶ Telefone viva-voz integrado.
bit 2 = 1 ⟶ Telefone padrão integrado.
bit 1 = 1 ⟶ Modem interno.
bit 0 = 1 ⟶ Telefone externo.
Quando A = 3:
bit 15 ~ bit 13: Sempre 0.
bit 12 = 1 ⟶ Função de detecção de loop longo.
bit 11 = 1 ⟶ Função de controle da portadora.
bit 10 = 1 ⟶ Função de comutação de potência de transmissão.
bit 9 = 1 ⟶ RS-232C.
bit 8 = 1 ⟶ Cartucho padrão MSX.
bit 7 = 1 ⟶ Detecção de gancho de telefone externo (no gancho ou fora do gancho).
bit 6 = 1 ⟶ Função "no gancho" / "fora do gancho".
bit 5 = 1 ⟶ Possui alto-falante.
bit 4 = 1 ⟶ Possui decodificador DTMF.
bit 3 = 1 ⟶ Detecção de pulso de carregamento.
bit 2 = 1 ⟶ Detecção de polaridade de linha.
bit 1 = 1 ⟶ Detecção de progresso de chamadas.
bit 0 = 1 ⟶ Detecção de sinal de toque.
Quando A for 4 a 255:
HL = 0000H.

Registradores: HL.

SPCIAL (HL+45H/ExtBIOS) – Valor de HL obtido via EXTBIO

Função: Implementa funções especiais p/ cada modelo de modem.

Entrada: A = 0 → Enviar função de comutação de energia do modem.
C – Valor da potência de transmissão (dBm) se for 255, assume valor padrão.
A = 1 → Controle da onda portadora.
C = 0 – Desliga a portadora.
1 – Liga a portadora.
H – Tempo de atraso até RS ON (n * 10 mS)
L – Tempo de atraso de CS ON até RETURN (n* 10 mS)
A = 2 → Configuração do equalizador.
C = 0 – Não usar o equalizador.
1 – Usar o equalizador.
2 – Ajuste automático do equalizador
255 – Assume o padrão.

Saída: CY = 1 se a função selecionada não for suportada.

Registradores: Depende da função chamada.

8.5.5 - MSX-AUDIO

EXTBIO (FFCAH/Work Area)

Função: Acessa funções estendidas da BIOS

Entrada: A = 00H.
D = 0AH – Dispositivo de manipulação do MSX-Audio.
E = 00H – Retorna o apontador para a tabela de informações do MSX-Audio.
B – ID do slot da tabela de endereços.
HL – Endereço de um buffer de 64 bytes para a tabela (deve estar na página 3).

Saída: B – ID do slot da tabela de informações.
HL – HL é incrementado de 4 e apontará para o final de uma tabela que reserva 4 bytes para o MSX-Audio. O valor original de HL aponta para o início da tabela, que tem a seguinte estrutura:

```
+00H - ID do slot
+01H - Endereço mais baixo
+02H - Endereço mais alto
+03H - Reservado para expansão
```

O ID de slot (+00H) e o endereço (+01H,+02H) apontarão para uma tabela com a seguinte estrutura:

```
+00H VERSION Versão do software
+03H MBIOS   Music BIOS
+06H AUDIO   Inicialização do MSX-Audio
+09H SYNTHE  Chama o aplicativo SYNTHE
+0CH PLAYF   Estado instrução PLAY
+0FH BGM     Habilita/cancela modo BGM
+12H MKTEMP  Definir tempo de gravação/
             reprodução teclado musical
+15H PLAYMK  Toca pelo teclado musical
+18H RECMK   Grava as Notas tocadas no
             teclado musical
+1BH STOPM   Reprodução/gravação teclado
             /ADPCM; pára instr. PLAY
+1EH CONTMK  Continua gravação pelo
             teclado musical
+21H RECMOD  Configura modo de gravação
             do teclado musical
+24H STPPLY  Pára a instrução PLAY
+27H SETPCM  Área protegida ADPCM/PCM
+2AH RECPCM  Gravação ADPCM/PCM
+2DH PLAYPCM Reprodução ADPCM/PCM
+30H PCMFREQ Alteração da frequência de
             reprodução ADPCM/PCM
+33H MKPCM   Configura/cancela dados
             ADPCM  p/ teclado musical
+36H PCMVOL  Configura o volume de
             reprodução ADPCM/PCM
+39H SAVEPCM Salvar dados ADPCM/PCM
+3CH LOADPCM Carrega dados ADPCM/PCM
+3FH COPYPCM Transfere dados ADPCM/PCM
+42H CONVP   Converte dados ADPCM > PCM
+45H CONVA   Converte dados PCM > ADPCM
+48H VOICE   Configura dados FM
+4BH VOICECOPY Movimenta dados FM
```

Registradores: F.

EXTBIO (FFCAH/Work Area)

Função: Acessa funções estendidas da BIOS

Entrada: A = 00H.

D = 0AH - Dispositivo de manipulação do MSX-Audio.

E = 01H – Retorna quantos cartuchos MSX-Audio estão conectados ao MSX (máximo de 2).

Saída: A – 0 → Não há MSX-Audio conectado.
1 → Há um cartucho MSX-Audio conectado.
2 → Há dois cartuchos MSX-Audio conectados.
Registradores: BC, DE, HL.

8.5.5.1 – Rotinas de inicialização

VERSION (HL+00H) – Valor de HL obtido via EXTBIO
Função: Versão da BIOS. Normalmente 00H-00H-00H.

MBIOS (HL+03H) – Valor de HL obtido via EXTBIO
Função: Chamar as rotinas da MBIOS (Music BIOS).
Entrada: HL – Endereço da rotina da MBIOS.
IX e IY são usados para chamada interslot e devem ser definidos em BUF (F55EH) do seguinte modo:
BUF +00H/+01H ← IX
BUF +02H/+03H ← IY
Saída: Depende da rotina da MBIOS.
Registradores: Depende da rotina da MBIOS.

AUDIO (HL+06H) – Valor de HL obtido via EXTBIO
Função: Inicializar o MSX-Audio.
Entrada: Setar os seguintes valores em BUF (F55EH):

```
+01H - Chave de modo
```

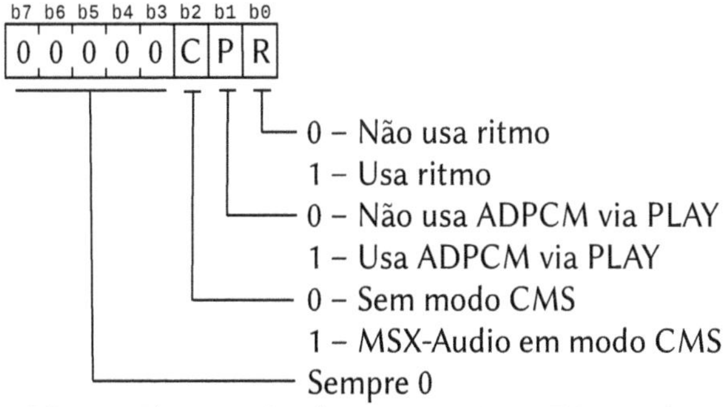

b7	b6	b5	b4	b3	b2	b1	b0
0	0	0	0	0	C	P	R

R: 0 – Não usa ritmo
1 – Usa ritmo
P: 0 – Não usa ADPCM via PLAY
1 – Usa ADPCM via PLAY
C: 0 – Sem modo CMS
1 – MSX-Audio em modo CMS
b7–b3: Sempre 0

```
+02H - Número de instrumentos FM usados
       para configurar o MSX-Audio (0 a 9)
+03H - Número de fontes de som FM para a
       primeira string (0 a 9)
+04H - Número de fontes de som FM para a
       segunda string (0 a 8)
```

```
+05H - Número de fontes de som FM para a
       terceira string (0 a 7)
+06H - Número de fontes de som FM para a
       quarta string (0 a 6)
+07H - Número de fontes de som FM para a
       quinta string (0 a 5)
+08H - Número de fontes de som FM para a
       sexta string (0 a 4)
+09H - Número de fontes de som FM para a
       sétima string (0 a 3)
+0AH - Número de fontes de som FM para a
       oitava string (0 a 2)
+0BH - Número de fontes de som FM para a
       nona string (0 a 1)
```

Saída: CY = 1 → Inicialização falhou.
Registradores: Todos.

SYNTHE (HL+09H) – Valor de HL obtido via EXTBIO
Função: Chama o aplicativo SYNTHE integrado.
Entrada: Nenhuma.
Saída: Nenhuma.
Registradores: Todos.

8.5.5.2 – Rotinas do PCM/ADPCM

SETPCM (HL+27H) – Valor de HL obtido via EXTBIO
Função: Inicializa o arquivo de audio para o PCM/ADPCM.
Entrada: Definir os parâmetros em BUF (F55EH):
+00H – Número do arquivo de áudio (0 a 15).
+01H – Número do dispositivo (0 a 5, exceto 4).
0 ou 2 → RAM externa.
1 ou 3 → ROM externa.
4 → CPU (não pode ser usado).
5 → VRAM.
+02H – Modo (0 ou 1).
+03H/+04H – Dependem do número dispositivo:
RAM → Não é necessário definir.
ROM → +3H – Número do arq. de áudio na ROM.
+4H – Sempre 0.
VRAM → +3H – Endereço VRAM (LSB).
+4H – Endereço VRAM (MSB).

+05H/+06H – Comprimento (LSB-MSB).
+07H/+08H – Frequência de amostragem (LSB-MSB).
+09H – Número do canal (0 ou 1).
Saída: CY = 1 ⟶ Erro de parâmetros, não configurado.
Registradores: Todos.

RECPCM (HL+2AH) – Valor de HL obtido via EXTBIO
Função: Gravar arquivo de áudio.
Entrada: Definir os parâmetros em BUF (F55EH):
+00H – Número do arquivo de áudio (0 a 15).
+01H – Sincronização (0 ou 1).
+02H/+03H – Deslocamento (LSB-MSB).
+04H/+05H – Comprimento (LSB-MSB). FFFFH para usar valores definidos por SETPCM (HL+27H).
+06H/+07H – Frequência de amostragem (LSB-MSB). FFFFH para usar valores definidos por SETPCM (HL+27H).
+08H – Número do canal (0 ou 1). FFH para usar o canal definido por SETPCM (HL+27H).
Saída: CY = 1 ⟶ Erro nos parâmetros, gravação cancelada.
Registradores: Todos.

PLAYPCM (HL+2DH) – Valor de HL obtido via EXTBIO
Função: Reproduzir arquivo de áudio.
Entrada: Definir os parâmetros em BUF (F55EH):
+00H – Número do arquivo de áudio (0 a 15).
+01H – Flag de repetição (0 ou 1).
+02H/+03H – Deslocamento (LSB-MSB).
+04H/+05H – Comprimento (LSB-MSB). FFFFH para usar valores definidos por SETPCM (HL+27H).
+06H/+07H – Frequência de amostragem (LSB-MSB). FFFFH para usar valores definidos por SETPCM (HL+27H).
+08H – Número do canal (0 ou 1). FFH para usar o canal definido por SETPCM (HL+27H).
Saída: CY = 1 ⟶ Erro nos parâmetros, gravação cancelada.
Registradores: Todos.

PCMFREQ (HL+30H) – Valor de HL obtido via EXTBIO
Função: Alterar a frequência de reprodução.
Entrada: BC – Frequência de amostragem do primeiro canal
DE – Frequência de amostragem do primeiro canal
A frequência pode variar entre 1800 e 49.716 Hz. Se não houver segundo canal, definir o valor de DE igual a BC.
Saída: CY = 1 ⟶ Erro nos parâmetros. A frequência não é alterada.
Registradores: Todos.

PCMVOL (HL+36H) – Valor de HL obtido via EXTBIO
Função: Define o volume de reprodução do PCM/ADPCM.
Entrada: BC – Volume do primeiro canal (0 a 63).
DE – Volume do primeiro canal (0 a 63)
O volume máximo é 63. O valor inicial é 63 para ADPCM e 32 para PCM. Se não houver segundo canal, definir o valor de DE igual a BC.
Saída: CY = 1 ⟶ Erro nos parâmetros. O volume não é configurado.
Registradores: Todos.

SAVEPCM (HL+39H) – Valor de HL obtido via EXTBIO
Função: Salva arquivo de áudio PCM/ADPCM no disco.
Entrada: A – Número do arquivo de áudio.
HL – Apontador para o nome do arquivo. Deve estar entre aspas duplas (22H) e terminar com byte 00H (Ex. "FILENAME.PCM",00H), como no MSX-BASIC.
Saída: CY = 1 ⟶ Número do arquivo de áudio incorreto. O salvamento não será feito.
Registradores: Todos.
Obs.: Se houver algum erro durante o salvamento, o controle será devolvido ao interpretador BASIC.

LOADPCM (HL+3CH) – Valor de HL obtido via EXTBIO
Função: Carrega arquivo de áudio PCM/ADPCM do disco.
Entrada: A – Número do arquivo de áudio.
HL – Apontador para o nome do arquivo. Deve estar entre aspas duplas (22H) e terminar com byte 00H (Ex. "FILENAME.PCM",00H), como no MSX-BASIC.

Saída: CY = 1 ⟶ Número do arquivo de áudio incorreto. O carregamento não será feito.
Registradores: Todos.
Obs.: Se houver algum erro durante o carregamento, o controle será devolvido ao interpretador BASIC.

COPYPCM (HL+3FH) – Valor de HL obtido via EXTBIO
Função: Transfere dados PCM/ADPCM entre arquivos de áudio.
Entrada: Definir os parâmetros em BUF (F55EH):
+00H – Número do arquivo fonte (0 a 15).
+01H – Número do arquivo destino (0 a 15).
+02H/+03H – Deslocamento do arquivo fonte (LSB-MSB).
+04H/+05H – Comprimento (LSB-MSB).
+06H/+07H – Deslocamento arquivo destino (LSB-MSB).
+08H – Especificação de fonte (0 ou 1).
Saída: CY = 1 ⟶ Erro nos parâmetros, transferência cancelada.
Registradores: Todos.

CONVP (HL+42H) – Valor de HL obtido via EXTBIO
Função: Converte dados do formato PCM para ADPCM.
Entrada: Definir os parâmetros em BUF (F55EH):
+00H – Número do arquivo fonte (0 a 15).
+01H – Número do arquivo destino (0 a 15).
Saída: CY = 1 ⟶ Erro nos parâmetros, conversão cancelada.
Registradores: Todos.

CONVA (HL+45H) – Valor de HL obtido via EXTBIO
Função: Converte dados do formato ADPCM para PCM.
Entrada: Definir os parâmetros em BUF (F55EH):
+00H – Número do arquivo fonte (0 a 15).
+01H – Número do arquivo destino (0 a 15).
Saída: CY = 1 ⟶ Erro nos parâmetros, conversão cancelada.
Registradores: Todos.

MKTEMPO (HL+18H) – Valor de HL obtido via EXTBIO
Função: Seta o tempo para gravação e reprodução através do teclado musical, com função metrônomo.
Entrada: DE – Tempo em semínimas por minuto (25 a 360).
Saída: CY = 1 ⟶ Erro nos parâmetros, configuração cancelada.
Registradores: Todos.

MKPCM (HL+33H) – Valor de HL obtido via EXTBIO
Função: Especificar o arquivo de som ADPCM para tocar com o teclado musical.
Entrada: A – Número do arquivo de áudio (0 a 15). Para cancelar, use FFH.
Saída: CY = 1 → Erro nos parâmetros, reprodução cancelada.
Registradores: Todos.

8.5.5.3 – Rotinas do teclado musical

PLAYMK (HL+15H) – Valor de HL obtido via EXTBIO
Função: Toca áudio gravado através do teclado musical.
Entrada: DE – Endereço inicial de reprodução.
BC – Endereço final de reprodução.
Saída: Nenhuma.
Registradores: Todos.

RECMK (HL+18H) – Valor de HL obtido via EXTBIO
Função: Grava áudio através do teclado musical.
Entrada: DE – Endereço inicial para gravação.
BC – Endereço final para gravação.
Saída: Nenhuma.
Registradores: Todos.

CONTMK (HL+1EH) – Valor de HL obtido via EXTBIO
Função: Continuar gravando ou tocando áudio do teclado musical que foi interrompido por STOPM.
Entrada: Nenhuma.
Saída: Nenhuma.
Registradores: Todos.

RECMOD (HL+21H) – Valor de HL obtido via EXTBIO
Função: Define o modo de gravação para o teclado musical.
Entrada: A – 0 → Muting (não gravar).
1 → Gravar.
2 → Reproduzir.
3 → Gravar e reproduzir simultaneamente.
Saída: CY = 1 → Erro nos parâmetros, configuração cancelada.
Registradores: Todos.

8.5.5.4 – Rotinas do sintetizador FM

PLAYF (HL+0CH) – Valor de HL obtido via EXTBIO
Função: Verifica o estado da instrução PLAY.
Entrada: A – Número do canal da instrução PLAY (0 – Todos os canais).
Saída: HL – 0000H → o canal especificado NÃO está tocando.
FFFFH → o canal especificado está tocando.
Quando houver especificação para todos os canais, HL retornará FFFFH se qualquer um estiver ativo.
Registradores: Todos.

BGM (HL+0FH) – Valor de HL obtido via EXTBIO
Função: Especifica execução em segundo plano.
Entrada: A – 0 → NÃO executa processamento em segundo plano.
1 → Executa processamento em segundo plano (padrão). As funções disponíveis para segundo plano são: reprodução pelo comando PLAY, gravação e reprodução ADPCM via microfone e gravação e reprodução pelo teclado musical.
Saída: Nenhuma.
Registradores: Todos.

STOPM (HL+1BH) – Valor de HL obtido via EXTBIO
Função: Parar reprodução e gravação.
Entrada: Nenhuma.
Saída: Nenhuma.
Registradores: Todos.

STPPLY (HL+1BH) – Valor de HL obtido via EXTBIO
Função: Parar reprodução apenas do comando PLAY.
Entrada: Nenhuma.
Saída: Nenhuma.
Registradores: Todos.

VOICE (HL+48H) – Valor de HL obtido via EXTBIO
Função: Define o instrumento para cada canal FM.
Entrada: Definir os seguintes parâmetros em BUF (F55EH):
+0 → Bloco de parâmetros da voz 1.
+4 → Bloco de parâmetros da voz 2.

:
(n–1)*4 → Bloco de parâmetros da voz n.
n*4 → Marca de fim (FFH).
Especificando instrumentos fornecidos na ROM:
+0 → Número do canal (0 a 8).
+1 → 00H.
+2 → Número do instrumento na ROM (0 a 63).
+3 → 00H.
Especificando instrumento do usuário:
+0 → Número do canal (0 a 8).
+1 → FFH.
+2/+3 → Endereço dos dados do instrumento (LSB-MSB).

Saída: CY = 1 → Erro nos parâmetros, configuração cancelada.
Registradores: Todos.

VOICECOPY (HL+4BH) – Valor de HL obtido via EXTBIO

Função: Transfere dados de instrumentos FM.
Entrada: Definir os seguintes parâmetros em BUF (F55EH):

1. Transfere instrumentos 0~63 da ROM para instrumentos 32~63 do sistema:
   +0 → 00H
   +1 → Número do instrumento fonte (0~63).
   +2 ~ +5 → 00H
   +6 → Número do instrumento destino (32~63).
   +7 ~ +9 → 00H
2. Transfere instrumentos 0~63 da ROM para a área de dados do usuário:
   +0 → 00H
   +1 → Número do instrumento fonte (0~63).
   +2 ~ +4 → 00H
   +5 → FFH
   +6 ~ +7 → Endereço de destino na área de dados.
   +8 ~ +9 → 00H
3. Transfere instrumentos da área de dados do usuário para instrumentos 32~63 do sistema:
   +0 → FFH
   +1 ~ +2 → Endereço fonte na área de dados.
   +3 ~ +5 → 00H
   +6 → Número do instrumento destino (32~63).
   +7 ~ +9 → 00H

4. Transfere todos os instrumentos 32~63 do sistema para a área de dados do usuário:
   +0 → 00H
   +1 → FFH
   +2 ~ +4 → 00H
   +5 → FFH
   +6 ~ +7 → Endereço de destino na área de dados.
   +8 ~ +9 → Comprimento dos dados em bytes.
5. Transfere todos os instrumentos da área de dados do usuário para instrumentos 32~63 do sistema:
   +0 → FFH
   +1 ~ +2 → Endereço de destino na área de dados.
   +3 ~ +4 → Comprimento dos dados em bytes.
   +5 → 00H
   +6 → FFH
   +7 ~ +9 → 00H.

8.5.5.5 - Rotinas da MBIOS (Music BIOS)

As rotinas da Music BIOS devem ser chamadas através da entrada MBIOS da tabela de salto, setando em HL o endereço de chamada da rotina desejada da Music BIOS. O formato de MBIOS é o seguinte:

MBIOS (JumpTable+03H) – Valor de JumpTable obtido via EXTBIO
Função: Chamar as rotinas da MBIOS (Music BIOS).
Entrada: HL – Endereço da rotina da MBIOS.
IX e IY são usados para chamada interslot e devem ser definidos em BUF (F55EH) do seguinte modo:
BUF +00H/+01H ← IX
BUF +02H/+03H ← IY
Saída: Depende da rotina da Music BIOS.
Registradores: Depende da rotina da Music BIOS.

As tabelas de dados usadas pela Music BIOS são as seguintes:

CHDB (32 bytes)

```
+00      YCAO0_MULTI
+01      YCAO0_LS
+02      YCAO0_AR
+03      YCAO0_RR
+04      YCAO0_VELS
+05      YCAO0_VTL
+06~+07  Não usados
+08      YCAO1_MULTI
+09      YCAO1_LS
+10      YCAO1_AR
+11      YCAO1_RR
+12      YCAO1_VELS
+13      YCAO1_VTL
+14~+15  Não usados
+16~+17  YCA_VTRANS
+18~+19  YCA_TRANS
+20      YCA_TRIG
+21      YCA_VOL
+22      YCA_FB
+23      YCA_VEL
+24~+25  YCA_PITCH
+26      YCA_VOICE
+27      ZCA_FLAG
+28      ZC_CH
+29      ZC_OP
+30~+31  ZC_COUNT
```

MIDB (64 bytes)

```
+00~+01  Não usado
+02      YM_TIM 1
+03      YM_TIM 2
+04~+17  Não usados
+18      YMA_BIAS
+19~+24  Não usados
+25      YMA_AUDIO
+26~+31  Não usados
+32~+33  YMA_TRANS
+34      YMA_LFO
+35      YMA_RAM
+36      ZMA_FLAG
+37~+38  YMA_PDB
+39      ZMA_PH_FILTER
+40      ZMA_PH_TL
+41~+42  ZMA_PH_AR
+43~+44  ZMA_PH_DIR
+45      ZMA_PH_SL
+46~+47  ZMA_PH_D 2 R
+48~+49  ZMA_PH_RR
+50~+51  ZMA_PH_EG
+52      ZMA_PH_STAT
+53~+63  Não usados
```

PDB (PCM Data Block)

```
+00         PDB_DEV Define o dispositivo PCM/ADPCM
+01         Não utilizado
+02 ~ +03   PDB_ADDR Endereço inicial dos dados
+04 ~ +05   PDB_SIZE Tamanho do bloco de dados
+06 ~ +07   PDB_SAMPLE Frequência de amostragem
                      (1800 a 16000 para ADPCM
                      ou 1800 a 12000 para PCM)
+08 ~ +09   PDB_PCM Valor inicial quando o ADPCM
                   é rastreado e convertido em PCM.
+10 ~ +11   PDB_STEP Largura de quantização inicial
                    quando o ADPCM é rastreado e
                    Convertido em PCM
+12 ~ +15   Não utilizados
```

As rotinas da Music BIOS são as seguintes:

SV_RESET (0090H/MBIOS)
Função: Inicializar a MBIOS.
Entrada: Nenhuma.
Saída: Nenhuma.
Registradores: Nenhum.
Obs.: As interrupções são desabilitadas no retorno. Antes de reabilitá-las, deve ser definido o hook MBIOS.

SV_DI (0093H/MBIOS)
Função: Desativa as interrupções do usuário.
Entrada: Nenhuma.
Saída: Nenhuma.
Registradores: Nenhum.

SV_EI (0096H/MBIOS)
Função: Permitir as interrupções do usuário.
Entrada: Nenhuma.
Saída: Nenhuma.
Registradores: Nenhum.

SV_ADW (0099H/MBIOS)
Função: Escrever um byte de dados em um registrador do Y8950.
Entrada: IY – Especificação master/slave por endereço MIDB.
A – Byte de dados a ser escrito.
C – Número do registrador.
Saída: CY = 1 → houve tentativa de escrita em um dispositivo "slave" inexistente.
Registradores: Todos.

SV_ADW_DI (009CH/MBIOS)
Função: Escrever um byte de dados em um registrador do Y8950, desabilitando interrupções no retorno.
Entrada: IY – Especificação master/slave por endereço MIDB.
A – Byte de dados a ser escrito.
C – Número do registrador.
Saída: CY = 1 → houve tentativa de escrita em um dispositivo "slave" inexistente.
IFF = 0 → Interrupções desabilitadas.
Registradores: Todos.

SV_SETUP (00ABH/MBIOS)

Função: Configuração inicial de várias funções.

Entrada: A – Código da função.

0 – SM_AUDIO → configuração de tom.
1 – SC_CHDB → inicializa área de trabalho CHDB.
2 – SM_INST → inicializa a função de instrumento.
3 – SM_MK → inicializa leitura do teclado musical.

Outros parâmetros dependem da função.

Saída: CY = 1 → Configuração falhou (geralmente pela rotina ser chamada através de interrupções).

Registradores: Todos.

SM_AUDIO (00ABH/MBIOS)

Função: Definir o modo do tom musical do sintetizador FM.

Entrada: A = 0.

C –

b7	b6	b5	b4	b3	b2	b1	b0
0	0	0	0	0	N	M	S

S (b0): 0 – Modo FM slave; 1 – Modo CSM slave
M (b1): 0 – Modo FM master; 1 – Modo CSM master
N (b2): 0 – 9 canais definíveis; 1 – 6 canais + 5 pcs bateria

DE – Canal de tom do sintetizador FM.

bit0 = 1 → instrumento no canal 0
bit1 = 1 → instrumento no canal 1
⋮
bit8 = 1 → instrumento no canal 8

(No modo 6 canais + 5 pcs bateria, apenas os canais 0 a 5 podem ser atribuídos).

Saída: Nenhuma.

Registradores: Todos.

Obs.: Esta rotina chama internamente SC_CHDB e SM_INST.

SC_CHDB (00ABH/MBIOS)

Função: Inicializa a área de trabalho do CHDB.

Entrada: A = 1.

IX – Endereço do CHDB a ser inicializado.

Saída: Nenhuma.
Registradores: Todos.

SM_INST (00ABH/MBIOS)
Função: Inicializa o tom do instrumento com o timbre nº 0.
Entrada: A = 2.
Saída: Nenhuma.
Registradores: Todos.

SM_MK (00ABH/MBIOS)
Função: Inicializa a leitura do teclado musical.
Entrada: A = 3.
B - 1 → conecta o teclado ao instrumento.
0 → não conecta o teclado.
C - Velocidade quando as teclas são pressionadas. 0 é o mais fraco e 15 o mais forte. A velocidade é referenciada em SV_MK (music keyboard scan).
Saída: Nenhuma.
Registradores: Todos.

SV_REAL (00AEH/MBIOS)
Função: Executa operações em tempo real. Esta chamada é dividida em várias funções designadas por códigos que são os seguintes:

```
00 RM_MOVE_DI Transf. de dados ADPCM/PCM
01 RM_TRACE_DI Rastreio de dados ADPCM
02 RM_CONV_PCM_DI Conversão ADPCM para PCM
03 RM_CONV_ADPCM_DI Conversão PCM em ADPCM
04 RMA_DAC_BIAS Volume para reprodução PCM
05 RMA_DAC_DI Reprodução de dados PCM
06 RMA_ADC_DI Gravação dados PCM
07 RMA_ADPCM_BIAS Configu reprodução ADPCM
08 RMA_ADPLAY_DI Reprodução de dados ADPCM
09 RMA_ADREC_DI Gravação dados ADPCM
10 RMA_BREAK  Interrup. reprodução/gravação
11 RMA_ADPLAY Reprodução de dados ADPCM
12 RMA_ADREC Gravação dados ADPCM
13 RMA_PHASE_SET_DI Converte 256 bytes PCM
14 RMA_PHASE_EG Configura a envoltória
15 RMA_PHASE_EVENT Amostragem do pitch
```

```
16 RM_TIMER  Ativa/desativa interrup. temp.
17 RM_TIM1   Configura o timer 1
18 RM_TIM2   Configura o timer 2
19 RM_TEMPO  Define o ciclo do timer 2
20 RM_DAMP   Força parada do gerador FM
21 RM_PERC   Toca som de ritmo
22 RMA_MK    Retorna estado teclado musical
23 RMA_LFO   Configura o vibrato
24 RMA_TRANS Configura transição de sons
25 RMA_CSM_DI Reprodução de dados do CSM
26 RM_READ_DI Transf. 256 bytes ADPCM/PCM
27 RM_WRITE_DI Transf. 256 bytes ADPCM/PCM
28 RM_UTEMPR Converte o pitch temperamento
29 RM_CTEMPR Configuração de temperamento
30 RM_PITCH  Define o tom atual/subsequente
31 RM_TSRAN  Configura transposição do som
32 RC_NOTE   Liga/desliga voz FM
33 RC_LEGATO Liga/desliga legato da voz FM
34 RC_DAMP   Interrompe a voz do FM
35 RC_KON    Liga a voz do gerador FM
36 RC_LEGATO_ON Liga legato da voz FM
37 RC_KOFF   Desliga a voz do gerador FM
38 RCA_PARAM Configuração em tempo real FM
39 RCA_VOICE Configura voz para o canal FM
40 RCA_VPARAM Configura parâmetros de voz
41 RCA_VOICEP Configura voz para o canal FM
42 RMA_ADPLAYLP Reprod. dados ADPCM repete
43 RMA_ADPLY_SAMPLE Reprodução ADPCM
44 RM_PVEL   Define velocidade som de ritmo
 :
48 RI_DAMP   Força parada do gerador FM
49 RI_ALLOFF Ativa todos os canais FM
50 RI_EVENT  Converte uma Nota
51 RI_PCHB   Definição da posição do pitch
52 RI_PCHBR  Configurando o grau do pitch
53 RIA_PARAM Definição em tempo real p/ FM
54 RIA_VOICE Configuração de voz do FM
55 RIA_VPARAM Definição de voz para o FM
56 RIA_VOICEP Config. tonalidade p/ FM
```

Entrada: A – Código da função.
Outros parâmetros dependem da função chamada.

Saída: CY = 1 → erro nos parâmetros de entrada.
Outros parâmetros dependem da função chamada.

Registradores: Depende da função chamada.

RC_NOTE (00AEH/MBIOS)

Função: Liga uma voz no gerador FM e desliga automaticamente após um tempo especificado.

Entrada: A = 32.
IX – Endereço do CHDB com dados da voz FM.
DE – Intervalo (0 ~ 32.767). O valor central é 15.360 e um semitom corresponde a 256.
C – Velocidade (0~15). 0 é o mais fraco e 15 o mais forte.
B – Timer. Desliga quando SV_TEMPO é chamado esse número de vezes.

Saída: Nenhuma.

Registradores: Todos.

RC_LEGATO (00AEH/MBIOS)

Função: Liga uma voz no gerador FM e desliga automaticamente após um tempo especificado. Ao contrário de RC_NOTE, esta função não inicia a envoltória.

Entrada: A = 33.
IX – Endereço do CHDB com dados da voz FM.
DE – Intervalo (0 ~ 32.767). O valor central é 15.360 e um semitom corresponde a 256.
C – Velocidade (0~15). 0 é o mais fraco e 15 o mais forte.
B – Timer. Desliga quando SV_TEMPO é chamado esse número de vezes.

Saída: Nenhuma.

Registradores: Todos.

RC_DAMP (00AEH/MBIOS)

Função: Força a parada da voz FM que está tocando.

Entrada: A = 34.
IX – Endereço do CHDB com dados da voz FM.

Saída: Nenhuma.

Registradores: Todos.

RC_KON (00AEH/MBIOS)

Função: Liga uma voz FM.

Entrada: A = 35.
IX – Endereço do CHDB com dados da voz FM.

DE – Intervalo (0 ~ 32.767). O valor central é 15.360 e um semitom corresponde a 256.
C – Velocidade (0~15). 0 é o mais fraco e 15 o mais forte.
Saída: Nenhuma.
Registradores: Todos.

RC_LEGATO_ON (00AEH/MBIOS)
Função: Liga uma voz FM. Ao contrário de RC_KON, esta função não inicia a envoltória.
Entrada: A = 36.
IX – Endereço do CHDB com dados da voz FM.
DE – Intervalo (0 ~ 32.767). O valor central é 15.360 e um semitom corresponde a 256.
C – Velocidade (0~15). 0 é o mais fraco e 15 o mais forte.
Saída: Nenhuma.
Registradores: Todos.

RC_KOFF (00AEH/MBIOS)
Função: Desliga uma voz FM.
Entrada: A = 37.
IX – Endereço do CHDB com dados da voz FM.
Saída: Nenhuma.
Registradores: Todos.

RCA_PARAM (00AEH/MBIOS)
Função: Ajustar os parâmetros em tempo real para uma voz FM.
Entrada: A = 38.
IX – Endereço do CHDB com dados da voz FM.
C – Offset do parâmetro a ser ajustado na lista CHDB.
DE – Dados de configuração.
Os dados que podem ser configurados com esta função são os seguintes:

YCA_TRANS	YCA_TRIG	YCA_PITCH
YCA_VOL	YCA_VEL	

Saída: Nenhuma.
Registradores: Todos.

RCA_VOICE (00AEH/MBIOS)
Função: Associar um instrumento a uma voz do FM.

Entrada: A = 39.
IX – Endereço do CHDB com dados da voz FM.
C – Número do padrão do instrumento na ROM (0~63).
Os instrumentos disponíveis são os seguintes:

```
0  Piano 1             32 Piano 3
1  Piano 2             33 Electric Piano 2
2  Violin              34 Santool 2
3  Flute 1             35 Brass
4  Clarinet            36 Flute 2
5  Oboe                37 Clavicode 2
6  Trumpet             38 Clavicode 3
7  Pipe Organ 1        39 Koto 2
8  Xylophone           40 Pipe Organ 2
9  Organ               41 PohdsPLA
10 Guitar              42 RohdsPRA
11 Santool 1           43 Orch L
12 Electric Piano 1    44 Orch R
13 Clavicode 1         45 Synth Violin
14 Harpsicode 1        46 Synth Organ
15 Harpsicode 2        47 Synthe Brass
16 Vibraphone          48 Tube
17 Koto 1              49 Shamisen
18 Taiko               50 Magical
19 Engine 1            51 Huwawa
20 UFO                 52 Wander Flat
21 Synthesizer bell    53 Hardrock
22 Chime               54 Machine
23 Synthesizer bass    55 Machine V
24 Synthesizer         56 Comic
25 Synth Percussion    57 SE-Comic
26 Synth Rhythm        58 SE-Laser
27 Harm Drum           59 SE-Noise
28 Cowbell             60 SE-Star 1
29 Close Hi-hat        61 SE-Star 2
30 Snare Drum          62 Engine 2
31 Bass Drum           63 Silence
```

Saída: Nenhuma.
Registradores: Todos.

RCA_VPARAM (00AEH/MBIOS)
Função: Ajustar parâmetros de uma voz FM.
Entrada: A = 40.

IX – Endereço do CHDB com dados da voz FM.
C – Offset do parâmetro a ser ajustado na lista CHDB.
DE – Dados de configuração.
Os dados que podem ser configurados com esta função são os seguintes:

```
CAO0_LS       CAO1_LS       YCAO0_MULTI
CAO0_AR       YCAO1_AR      CAO1_MULTI
CAO0_RR       YCAO1_RR      YCA_VTRANS
CAO0_VELS     YCAO1_VELS    YCA_FB
CAO0_VTL      YCAO1_VTL
```

Saída: Nenhuma.
Registradores: Todos.

RCA_VOICEP (00AEH/MBIOS)
Função: Definir uma voz FM com dados de tom.
Entrada: A = 41.
IX – Endereço do CHDB com dados da voz FM.
BC – Apontador para os dados, que ocupam 32 bytes com a seguinte estrutura:

```
0~7 V_NAME  Nome do som
8~9 V_TRANS Valor de transposição
10  V-ARG   Várias configurações:
    bit7 - Nível trêmolo:
           0- 1dB; 1- 4,8 dB
    bit6 - Nível vibrato:
           0- 7%; 1- 14%
    bit5 - Define trêmolo/vibrato:
           0- não; 1- configura
    bit4 - Define tom fixo:
           0- tom normal; 1- tom fixo
    bit3~bit1 - Nível de feedback:
           000 - 0       100 - π/2
           001 - π/16    101 - π
           010 - π/8     110 - 2π
           011 - π/4     111 - 4π
    bit0 - Tipo de conexão entre oper.:
           0- serial; 1- paralelo
11~15 - Sem uso
16  VO0_MULTI - Dados a serem configu-
    rados para os registradores 20H
    (voz 0) a 35H (voz 1):
    bit7 - Modulação de amplitute:
           0- sem; 1- com
```

bit6 - Vibrato:
0- sem; 1- com
bit5 - EG-TYP (tipo de envoltória):
0- percussivo; 1- constante
bit4 - KSR (Key Scale Rate):
0- sem; 1- com
bit3~bit0 - Múltiplo:

00-½	04-4	08-8	12-12
1-1	05-5	09-9	13- 12
02-2	06-6	10-10	14-15
03-3	07-7	11-10	15-15

17 VO0_TL - Dados a serem configurados para os registradores 40H (voz 0) a 55H (voz 1):
bit7~bit6 - KSL (Key Scale Level):
00 - 0 dB/oitava
01 - 1,5 dB/oitava
10 - 3 dB/oitava
11 - 6 dB/oitava
bit7~bit6 - Nível total:
bit0 - 0,75 dB
bit1 - 1,5 dB
bit2 - 3 dB
bit3 - 6 dB
bit4 - 12 dB
bit5 - 24 dB

18 VO0_AR - Dados a serem configurados para os registradores 60H (voz 0) a 75H (voz 1):
bit7~bit4 - Attack Rate:
0dB a 96dB: 1111 - 0 mS
1110 - 0,2 mS
0000 - 2826 mS
10% a 90%: 1111 - 0 mS
1110 - 0,11 mS
0000 - 1482 mS
bit7~bit4 - Decay Rate:
0dB a 96dB: 1111 - 0 mS
1110 - 2,4 mS
0000 - 39280 mS
10% a 90%: 1111 - 0 mS
1110 - 0,51 mS
0000 - 8212 mS

```
19   VO0_RR - Dados a serem configura-
     dos para os registradores 80H
     (voz 0) a 95H (voz 1):
     bit7~bit4 - Sustain Level:
           bit7 - 24 dB
           bit6 - 12 dB
           bit5 - 6 dB
           bit4 - 3 dB
    bit3~bit0 - Release Rate:
           bit0 - 24 dB
           bit1 - 12 dB
           bit2 - 6 dB
           bit3 - 3 dB
20   VO0_VELS - Sensibilidade à veloci-
     dade realizada via software atra-
     vés da MBIOS.
     bit7~bit4 - Sem uso.
     bit3~bit0 - Sensibilidade:
           0000 - Inválido
           0001 - Menor
           1111 - Maior
21~23 - Sem uso.
24   VO1_MULTI (igual a VO0_MULTI mas
     atua no operador 1)
25   VO1_TL (igual a VO0_TL mas atua no
     operador 1)
26   VO1_AR (igual a VO0_AR mas atua no
     operador 1)
27   VO1_RR (igual a VO0_RR mas atua no
     operador 1)
28   VO1_VELS (igual a VO0_VELS mas atua
          no operador 1)
29~31 - Sem uso.
```

RM_TIMER (00AEH/MBIOS)

Função: Ativar/desativar funções do temporizador.

Entrada: A = 16.

C – bit7~bit2 – Sem uso.

bit1 – temporizador 2:

0 – Desativar; 1 – Ativar.

bit0 – temporizador 1:

0 – Desativar; 1 – Ativar.

Saída: Nenhuma.

Registradores: Todos.

RM_TIM1 (00AEH/MBIOS)

Função: Definir o valor do temporizador nº 1.

Entrada: A = 17.

C – Período com passo de 80 uS. Corresponde a 20,48 mS quando C=0 e 80 uS quando C=255.

Saída: Nenhuma.

Registradores: Todos.

RM_TIM2 (00AEH/MBIOS)

Função: Definir o valor do temporizador nº 2.

Entrada: A = 18.

C – Período com passo de 80 uS. Corresponde a 20,48 mS quando C=0 e 80 uS quando C=255.

Saída: Nenhuma.

Registradores: Todos.

RM_TEMPO (00AEH/MBIOS)

Função: Definir o ciclo do temporizador nº 2.

Entrada: A = 19.

C – Número de semínimas por minuto.

Saída: Nenhuma.

Registradores: Todos.

RM_DAMP (00AEH/MBIOS)

Função: Força parada de todos os canais ativos do gerador FM.

Entrada: A = 20.

Saída: Nenhuma.

Registradores: Todos.

RM_VEL (00AEH/MBIOS)

Função: Define a velocidade das cinco peças de bateria (ritmo). Esta função pode definir mais de uma peça por vez.

Entrada: A = 44.

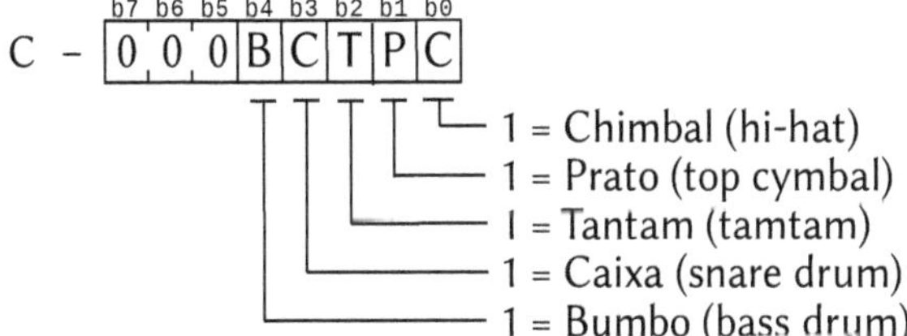

E – Velocidade. 0 é o mais forte e 31 o mais fraco.

Saída: Nenhuma.

Registradores: Todos.

RM_PERC (00AEH/MBIOS)

Função: Ativa o som peças de bateria (ritmo). Várias peças podem ser tocadas simultaneamente.

Entrada: A = 21.

C –

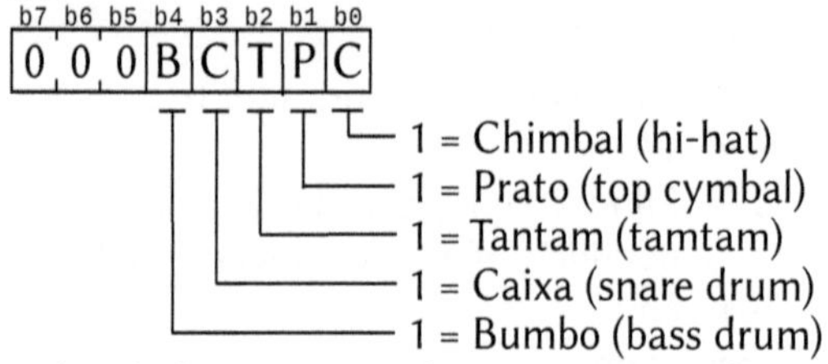

b7	b6	b5	b4	b3	b2	b1	b0
0	0	0	B	C	T	P	C

b0: 1 = Chimbal (hi-hat)
b1: 1 = Prato (top cymbal)
b2: 1 = Tantam (tamtam)
b3: 1 = Caixa (snare drum)
b4: 1 = Bumbo (bass drum)

E – Velocidade. 0 é o mais forte e 31 o mais fraco.

Saída: Nenhuma.

Registradores: Todos.

RMA_MK (00AEH/MBIOS)

Função: Retorna o estado do teclado musical.

Entrada: A = 22.

DE – Apontador para um buffer de 9 bytes.

IY – Apontador do MIDB indicando master/slave.

Saída: O buffer apontado por DE contém a seguinte estrutura, onde uma tecla pressionada corresponde a um bit setado:

	bit7	bit6	bit5	bit4	bit3	bit2	bit1	bit0
0 →	0	C	B	A#	0	A	G#	G
1 →	0	F#	F	E	0	D#	D	C#
2 →	0	C	B	A#	0	A	G#	G
3 →	0	F#	F	E	0	D#	D	C#
4 →	0	C	B	A#	0	A	G#	G
5 →	0	F#	F	E	0	D#	D	C#
6 →	0	C	B	A#	0	A	G#	G
7 →	0	F#	F	E	0	D#	D	C#
8 →	0	C	0	0	0	0	0	0

Obs.: A Nota "C" (dó) do byte 8 corresponde à segunda oitava e "C" do byte 0 corresponde à sexta oitava.

Registradores: Todos.

RMA_LFO (00AEH/MBIOS)

Função: Configura os níveis do vibrato e do trêmolo.

Entrada: A = 23.

```
          b7 b6 b5 b4 b3 b2 b1 b0
     C - |0 |0 |0 |0 |0 |0 |V |T |
                             |  └── Trêmolo:  0=1dB,  1=4,8 dB
                             └───── Vibrato:  0=7%,   1=14%
```

IY – Apontador do MIDB indicando master/slave.

Saída: Nenhuma.

Registradores: Todos.

RMA_TRANS (00AEH/MBIOS)

Função: Define a transição do som atual para o som subsequente.

Entrada: A = 24.

DE – Valor de transposição, em unidades correspondentes a 1% de 100/256 (~0,0039).

IY – Apontador do MIDB indicando master/slave.

Saída: Nenhuma.

Registradores: Todos.

RM_UTEMPR (00AEH/MBIOS)

Função: Converte o tom de temperamento para o tom do temperamento definido.

Entrada: A – 28.

D – Intervalo (A Nota dó [C] central é 60).

Saída: DE – Tom convertido.

Registradores: Todos.

RM_CTEMPR (00AEH/MBIOS)

Função: Seleciona o temperamento.

Entrada: A = 29.

C – Temperamento:

00 – Pythagoras
01 – Meanone
02 – Werk Meister
03 – Werk Meister (modificado)
04 – Werk Meister (another)
05 – Kirunberger
06 – Kirunberger (modificado)
07 – Valoty Young
08 – Lamoo
09 – Temperamento balanceado (valor inicial)

10 – C (dó menor)
11 – C# (dó maior)
12 – D (ré menor)
13 – D# (ré maior)
14 – E (mi)
15 – F (fá menor)
16 – F# (fá maior)
17 – G (sol menor)
18 – G# (sol maior)
19 – A (lá menor)
20 – A# (lá maior)
21 – B (sol)

Saída: Nenhuma.
Registradores: Todos.

RM_PITCH (00AEH/MBIOS)
Função: Ajusta o tom da Nota atual e subsequentes.
Entrada: A = 30.
BC – Canal master.
DE – Canal slave.
O pitch deve estar no intervalo 410~459, sendo que o valor inicial é 440.
Saída: Nenhuma.
Registradores: Todos.

RM_TSRAN (00AEH/MBIOS)
Função: Define a transição entre o som atual e o som subsequente. O valor de transição deve estar entre –12.799 e +12.799. O valor inicial é 0 e os valores estão em centésimos.
Entrada: A = 31.
BC – Canal master.
DE – Canal slave.
Saída: Nenhuma.
Registradores: Todos.

RI_DAMP (00AEH/MBIOS)
Função: Força a parada de todos os canais FM.
Entrada: A = 48.
Saída: Nenhuma.
Registradores: Todos.

RI_ALLOFF (00AEH/MBIOS)
Função: Desliga todos os canais FM atribuídos.
Entrada: A = 49.
Saída: Nenhuma.
Registradores: Todos.

RI_EVENT (00AEH/MBIOS)
Função: Ativar/desativar tons, convertendo o temperamento.
Entrada: A = 50.
Quando keyon:
D – Pitch (60 – Nota Dó [C] central) + 80H
E – Velocidade (0=maior, 15=menor)
Quando keyoff:
D – Pitch (60 – Nota Dó [C] central)
Saída: Nenhuma.
Registradores: Todos.

RI_PCHB (00AEH/MBIOS)
Função: Define a posição do pitch bender.
Entrada: A = 51.
DE – Posição do pitch bender (os 16 bits são válidos em complemento de 2, onde 7FFFH define a posição mais alta, 0 a central e 8000H a posição mais baixa).
Saída: Nenhuma.
Registradores: Todos.
Obs.: Esta função chama RCA_PARAM (38) internamente.

RI_PCHBR (00AEH/MBIOS)
Função: Define o grau que o pitch bender dará ao pitch.
Entrada: A = 52.
C – Grau (0 a 12 vezes).
Saída: Nenhuma.
Registradores: Todos.

RIA_PARAM (00AEH/MBIOS)
Função: Ajusta os parâmetros em tempo real para a voz FM ativa. Os parâmetros que podem ser ajustados por esta função são YCA_TRANS e YCA_VOL.

Entrada: A = 53.
IY – Apontador do MIDB indicando master/slave.
C – Offset do parâmetro em CHDB.
DE – Parâmetros de configuração.
Saída: Nenhuma.
Registradores: Todos.

RIA_VOICE (00AEH/MBIOS)
Função: Atribui um número de instrumento a um canal FM.
Entrada: A = 54.
IY – Apontador do MIDB indicando master/slave e para a voz FM a ser atribuída.
C – Número do instrumento (0 a 63).
Saída: Nenhuma.
Registradores: Todos.

RIA_VPARAM (00AEH/MBIOS)
Função: Define os parâmetros de um canal FM.
Entrada: A = 55.
IY – Apontador do MIDB indicando master/slave e para a voz FM a ser atribuída.
C – Offset do parâmetro em CHDB.
DE – Parâmetros de configuração.
Os parâmetros que podem ser definidos por esta função são os seguintes:

```
CAO0_LS      CAO1_LS       YCAO0_MULTI
CAO0_AR      YCAO1_AR      CAO1_MULTI
CAO0_RR      YCAO1_RR      YCA_VTRANS
CAO0_VELS    YCAO1_VELS    YCA_FB
CAO0_VTL     YCAO1_VTL
```

Saída: Nenhuma.
Registradores: Todos.

RIA_VOICEP (00AEH/MBIOS)
Função: Define um instrumento para um canal FM.
Entrada: A = 56.
IY – Apontador do MIDB indicando master/slave e para a voz FM a ser definida.
BC – Endereço dos dados do instrumento.

Saída: Nenhuma.
Registradores: Todos.

RM_MOVE_DI (00AEH/MBIOS)
Função: Transfere dados PCM/ADPCM entre dispositivos.
Entrada: A = 0.
IX – Endereço do PDB indicando a origem. Os seguintes campos dão relevantes:
PDB_DEV (Número do dispositivo)
PDB_ADDR (Endereço inicial)
PDB_SIZE (Tamanho dos dados de transferência)
IY – Endereço do PDB indicando o destino. Os seguintes campos são relevantes:
PDB_DEV (Número do dispositivo)
PDB_ADDR (Endereço inicial)
Saída: CY = 1 → erro na transferência.
Registradores: Todos.

RM_READ_DI (00AEH/MBIOS)
Função: Transfere 256 bytes de dados PCM/ADPCM para a RAM.
Entrada: A = 26
DE – Endereço destino na RAM.
IX – Endereço do PDB indicando a origem. Os seguintes campos dão relevantes:
PDB_DEV (Número do dispositivo)
PDB_ADDR (Endereço inicial)
Saída: CY = 1 → erro na transferência.
Registradores: Todos.

RM_WRITE_DI (00AEH/MBIOS)
Função: Transfere 256 bytes de dados da RAM para o dispositivo PCM/ADPCM
Entrada: A = 27.
DE – Endereço fonte na RAM.
IX – Endereço do PDB indicando o destino. Os seguintes campos dão relevantes:
PDB_DEV (Número do dispositivo)
PDB_ADDR (Endereço inicial)
Saída: CY = 1 → erro na transferência.
Registradores: Todos.

RM_TRACE_DI (00AEH/MBIOS)

Função: Rastrear os dados ADPCM com base no valor de previsão inicial e na largura de quantização para localizar o próximo valor predito e a próxima largura de quantização.

Entrada: A = 1.

C – Modo para início de rastreio:

0 → previsão inicial em 8000H e largura de quantização em 007FH. Especificar os seguintes dados no PDB:
PDB_DEV (número do dispositivo)
PDB_ADDR (endereço inicial)
PDB_SIZE (tamanho da transferência)

1 → previsão inicial e largura de quantização. Além dos dados para C=0, também devem ser especificados:
PDB_PCM (valor predito inicial)
PDB_STEP (largura inicial de quantização)

Saída: Os seguintes campos retornam válidos no PDB:
PDB_ADDR (próximo endereço de início)
PDB_PCM (próximo valor previsto)
PDB_STEP (próxima largura de quantização)
Se CY = 1, houve erro no rastreio.

Registradores: Todos.

RM_CONV_PCM_DI (00AEH/MBIOS)

Função: Converter dados ADPCM em dados PCM com base no valor de previsão inicial e na largura de quantização.

Entrada: A = 2.

C – Modo para início de rastreio:

0 → previsão inicial em 8000H e largura de quantização em 007FH.

1 → previsão inicial e largura de quantização especificados no PDB.

IX – Endereço do PDB origem com os dados ADPCM. Os seguintes campos devem ser preenchidos:
PDB_DEV (número do dispositivo)
PDB_ADDR (endereço inicial)
PDB_SIZE (valor de conversão)
PDB_SAMPLE (frequência de amostragem)
Se C=1, preencher também:
PDB_PCM (valor predito inicial)
PDB_STEP (largura inicial de quantização)

IY – Endereço do PDB destino com os dados PCM. Os seguintes campos devem ser preenchidos:
PDB_DEV (número do dispositivo)
PDB_ADDR (endereço inicial)

Saída: Os seguintes campos retornam válidos no PDB origem:
PDB_PCM (próximo valor previsto)
PDB_STEP (próxima largura de quantização)
Se CY = 1, houve erro na conversão.

Registradores: Todos.

RM_CONV_ADPCM_DI (00AEH/MBIOS)

Função: Converter dados PCM em dados ADPCM com base no valor de previsão inicial e na largura de quantização para dados ADPCM.

Entrada: A = 3.
C – Modo para início de rastreio:
0 ⟶ previsão inicial em 8000H e largura de quantização em 007FH.
1 ⟶ previsão inicial e largura de quantização especificados no PDB.
IX – Endereço do PDB origem com os dados PCM:
PDB_DEV (número do dispositivo)
PDB_ADDR (endereço inicial)
PDB_SIZE (valor de conversão)
PDB_SAMPLE (frequência de amostragem)
Se C=1, preencher também:
PDB_PCM (valor predito inicial)
PDB_STEP (largura inicial de quantização)
IY – Endereço do PDB destino com os dados ADPCM:
PDB_DEV (número do dispositivo)
PDB_ADDR (endereço inicial)

Saída: Os seguintes campos retornam válidos no PDB origem:
PDB_SIZE (tamanho após conversão)
PDB_SAMPLE (cópia da freq. amostragem da fonte PCM)
PDB_PCM (próximo valor previsto)
PDB_STEP (próxima largura de quantização)
Se CY = 1, houve erro na conversão.

Registradores: Todos.

RM_DAC_BIAS (00AEH/MBIOS)

Função: Define o volume para reprodução PCM (define o registrador 17H do Y8950).

Entrada: A = 4.

IY – Apontador para o MIDB indicando master/slave e canal PCM (dispositivo) 0 ou 1.

C – Volume (1 a 7). O volume 7 é o máximo.

Saída: Nenhuma.

Registradores: Todos.

RMA_DAC_DI (00AEH/MBIOS)

Função: Reproduzir dados PCM.

Entrada: A = 5.

IY – Apontador para o MIDB indicando master/slave.

C – Especificação de filtro (consultar ZMA_PH_FILTER).

IX – Endereço do PDB com os dados de reprodução. Os seguintes campos devem ser definidos:

PDB_DEV (número do dispositivo)

PDB_ADDR (endereço inicial)

PDB_SIZE (tamanho)

PDB_SAMPLE (frequência de amostragem)

Saída: CY = 1 ⟶ erro na reprodução.

Registradores: Todos.

RMA_ADC_DI (00AEH/MBIOS)

Função: Gravar dados PCM.

Entrada: A = 6.

IY – Apontador para o MIDB indicando master/slave.

C – Especificação de filtro (consultar ZMA_PH_FILTER).

IX – Endereço do PDB com os dados de gravação. Os seguintes campos devem ser definidos:

PDB_DEV (número do dispositivo)

PDB_ADDR (endereço inicial)

PDB_SIZE (tamanho)

PDB_SAMPLE (frequência de amostragem)

Saída: CY = 1 ⟶ erro na gravação.

Registradores: Todos.

RMA_ADPCM_BIAS (00AEH/MBIOS)

Função: Define o volume para reprodução ADPCM.
Entrada: A = 7.
IY – Apontador para o MIDB indicando master/slave e canal PCM (dispositivo) 0 ou 1.
C – Volume (0 a 63). O volume 63 é o máximo.
Saída: Nenhuma.
Registradores: Todos.

RMA_ADPLAY_DI (00AEH/MBIOS)

Função: Reproduzir dados ADPCM no modo não local.
Entrada: A – 8.
IY – Apontador para o MIDB indicando master/slave.
C – Especificação de filtro (consultar ZMA_PH_FILTER).
IX – Endereço do PDB com os dados de reprodução. Os seguintes campos devem ser definidos:
PDB_DEV (número do dispositivo)
PDB_ADDR (endereço inicial)
PDB_SIZE (tamanho)
PDB_SAMPLE (frequência de amostragem)
Saída: CY = 1 ⟶ erro na reprodução.
Registradores: Todos.

RMA_ADPLAY_DI (00AEH/MBIOS)

Função: Gravar áudio ADPCM no modo não local.
Entrada: A = 9.
IY – Apontador para o MIDB indicando master/slave.
C – Especificação de filtro (consultar ZMA_PH_FILTER).
IX – Endereço do PDB com os dados de gravação. Os seguintes campos devem ser definidos:
PDB_DEV (número do dispositivo)
PDB_ADDR (endereço inicial)
PDB_SIZE (tamanho)
PDB_SAMPLE (frequência de amostragem)
Saída: CY = 1 ⟶ erro na gravação.
Registradores: Todos.

RMA_ADPAY_SAMPLE (00AEH/MBIOS)

Função: Altera a frequência de amostragem durante a reprodução no modo local.
Entrada: A = 43.
IY – Apontador para o MIDB indicando master/slave.
DE – Frequência de amostragem.
Saída: Nenhuma.
Registradores: Todos.

RMA_BREAK (00AEH/MBIOS)

Função: Interrompe gravação ou reprodução no modo local.
Entrada: A = 10.
IY – Apontador para o MIDB indicando master/slave.
Saída: Nenhuma.
Registradores: Todos.

RMA_ADPLAY (00AEH/MBIOS)

Função: Reproduzir dados ADPCM no modo local.
Entrada: A – 11.
IY – Apontador para o MIDB indicando master/slave.
C – Especificação de filtro (consultar ZMA_PH_FILTER).
IX – Endereço do PDB com os dados de reprodução. Os seguintes campos devem ser definidos:
PDB_DEV (número do dispositivo)
PDB_ADDR (endereço inicial)
PDB_SIZE (tamanho)
PDB_SAMPLE (frequência de amostragem)
Saída: CY = 1 ⟶ erro na reprodução.
Registradores: Todos.

RMA_ADREC (00AEH/MBIOS)

Função: Reproduzir dados ADPCM no modo local.
Entrada: A = 12.
IY – Apontador para o MIDB indicando master/slave.
C – Especificação de filtro (consultar ZMA_PH_FILTER).

IX – Endereço do PDB com os dados de gravação. Os seguintes campos devem ser definidos:
PDB_DEV (número do dispositivo)
PDB_ADDR (endereço inicial)
PDB_SIZE (tamanho)
PDB_SAMPLE (frequência de amostragem)

Saída: CY = 1 → erro na gravação.

Registradores: Todos.

RMA_ADPLAYLP (00AEH/MBIOS)

Função: Reproduzir dados ADPCM no modo local com loop. No final, a reprodução é reiniciada indefinidamente. Para interromper, execute RMA_BREAK (Função 10).

Entrada: A = 42.
IY – Apontador para o MIDB indicando master/slave.
C – Especificação de filtro (consultar ZMA_PH_FILTER).
IX – Endereço do PDB com os dados de reprodução. Os seguintes campos devem ser definidos:
PDB_DEV (número do dispositivo)
PDB_ADDR (endereço inicial)
PDB_SIZE (tamanho)
PDB_SAMPLE (frequência de amostragem)

Saída: CY = 1 → erro na reprodução.

Registradores: Todos.

RMA_PHASE_SET_DI (00AEH/MBIOS)

Função: Pegar 256 bytes de dados PCM na RAM principal, converter em dados ADPCM e armazenar na RAM externa:

End RAM ext	Pitch	núm. formas onda
0000H ~ 07FFH	24H ~ 36H	16
0800H ~ 0FFFH	37H ~ 42H	32
1000H ~ 17FFH	43H ~ 4EH	64
1800H ~ 1FFFH	4FH ~ 5AH	128

Entrada: A = 13.
IY – Apontador para o MIDB indicando master/slave.
C – Especificação de filtro (consultar ZMA_PH_FILTER).
DE – Endereço dos dados PCM.

Saída: Nenhuma.

Registradores: Todos.
Obs.: Antes da conversão, RMA_BREAK (Func. 10) é executada.

RMA_PHASE_EG (00AEH/MBIOS)

Função: Definir os dados da envoltória.
Entrada: A = 14.
IY – Apontador para o MIDB indicando master/slave.
DE – Endereço dos dados da envoltória (7 bytes):
+0 – Valor do timer 1
+1 – Nível total (Total level)
+2 – Taxa de ataque (Attack rate)
+3 – Taxa de decaimento #1 (Decay rate #1)
+4 – Nível de sustentação (Sustain Level)
+5 – Taxa de decaimento #2 (Decay rate #2)
+6 – Taxa de liberação (Release rate)
Saída: Nenhuma.
Registradores: Todos.

RMA_PHASE_EVENT (00AEH/MBIOS)

Função: Ligar a amostragem do tom especificado ou desligar a simulação de amostragem pelo teclado.
Entrada: A = 15.
IY – Apontador para o MIDB indicando master/slave.
D – Key on: intervalo+80H (nota dó [C] central é 60)
Key off: intervalo (nota dó [C] central é 60)
A faixa válida é 24H ~ 5AH.
Saída: Nenhuma.
Registradores: Todos.

RMA_CSM_DI (00AEH/MBIOS)

Função: Reprodução de dados CSM.
Entrada: A = 25.
IY – Apontador para o MIDB indicando master/slave.
B – Volume (0 a 127, onde 0 é o voluma máximo).
C – Especificação de filtro (consultar ZMA_PH_FILTER).
DE – Endereço dos dados CSM com a seguinte estrutura:

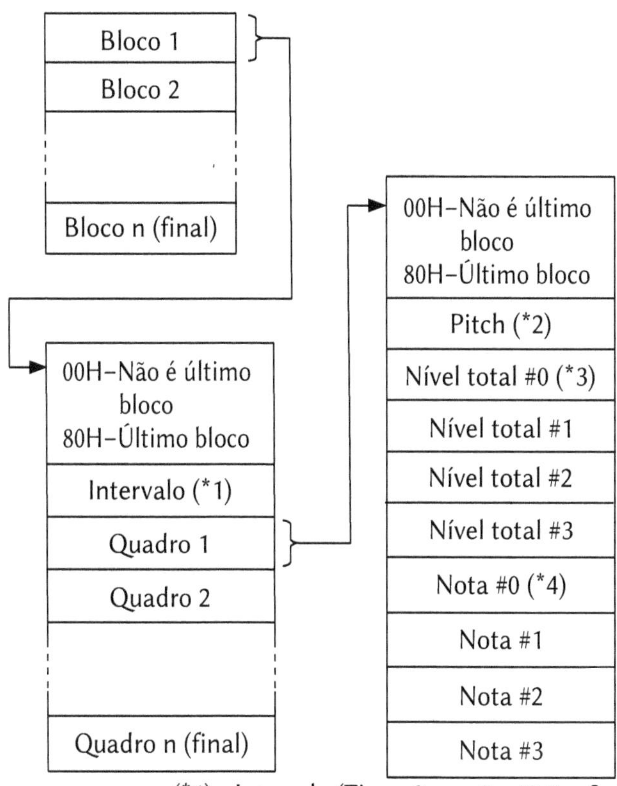

(*1) Intervalo (Timer 2 → 0 = 81,9 mS / 255 = 0,32 mS)
(*2) Pitch (Timer 1 → 0 = 20,9 mS / 255 = 0,08 mS)
(*3) Nível total (dados de volume de cada canal)
0 = máximo / 127 = mínimo
(*4) Nota (dados de pitch de cada canal)
Os 4 bits superiores especificam a oitava no intervalo de 0 a 7 e os 4 inferiores a escala:

```
00 - C#        08 - G
01 - D         09 - G#
02 - D#        10 - A
03 - Nenhum    11 - Nenhum
04 - E         12 - A#
05 - F         13 - B
06 - F#        14 - C
07 - Nenhum    15 - Nenhum
```

Saída: Nenhuma.
Registradores: Todos.

SV_IRQ (00B4H/MBIOS)
Função: Manipulação de interrupção do MSX-Audio (é necessário configurar o hook HKEYI (FD9AH).
Entrada: Nenhuma.
Saída: Nenhuma.
Registradores: Nenhum.

8.5.6 – MSX-JE

EXTBIO (FFCAH/Work Area)
Função: Acessa funções estendidas da BIOS
Entrada: A = 00H.
D = 16H – Dispositivo de manipulação do MSX-JE.
E = 00H – Retorna o apontador para a tabela de endereços de entrada das rotinas do MSX-JE.
B – ID do slot da tabela de endereços.
HL – Endereço de um buffer de 64 bytes para a tabela (deve estar na página 3).
Saída: CY = 1 → não há MSX-JE.
CY = 0 → HL é incrementado de 4 a cada MSX-JE encontrado e apontará para o final de uma tabela que reserva 4 bytes para cada MSX-JE. O valor original de HL aponta para o início da tabela, que tem a seguinte estrutura:
+00H – Vetor de capacidade
+01H – ID do slot
+02H – Endereço mais baixo
+03H – Endereço mais alto
O byte vetor de capacidade tem a seguinte estrutura:
bit 0 – 0 → compatível com MSX-JE
1 → incompatível
bit 1 – 0 → existe interface de terminal virtual
1 → não existe interface
bit 2 – 0 → existe interface de dicionário
1 → não existe dicionário
bit 3 – 0 → existe função de registro e excl. dicionário
1 → não existe função de registro e exclusão
bit 4 ~ bit 7 → sempre 0.

O ID de slot (+01H) e o endereço (+02H,+03H) especificam o ponto de entrada para as funções do MSX-JE. A chamada deve ser feita através da rotina CALSLT (0030H) da Main-ROM, colocando o número da função no registrador A.

Registradores: Todos.

8.5.6.1 – Chamando as funções do MSX-JE

INQUIRY (Função 01H)

Função: Retorna o tamanho da área de trabalho.

Entrada: A = 01H.

Saída: HL – Limite máximo de tamanho da área de trabalho utilizada pelo MSX-JE.

DE – Limite inferior do tamanho da área de trabalho utilizada pelo MSX-JE.

BC – Tamanho mínimo necessário para o MSX-JE usar a função de aprendizado

INVOKE (Função 02H)

Função: Inicializa a área de trabalho.

Entrada: A = 02H.

HL – Endereço da área de trabalho protegida pelo AP.

DE – Tamanho da área de trabalho protegida pelo AP.

Saída: Nenhuma.

RELEASE (Função 03H)

Função: Libera a memória protegida pelo AP.

Entrada: A = 03H.

HL – Endereço da área de trabalho protegida pelo AP.

Saída: Nenhuma.

CLEAR (Função 04H)

Função: Limpa o buffer para conversão Kana – Kanji.

Entrada: A = 04H.

HL – Endereço da área de trabalho protegida pelo AP.

Saída: Nenhuma.

SET_TTB (Função 05H – opcional)
Função: Passar o texto e ler os dados que a converter do AP para o MSX–JE, configurando-os no buffer interno do MSX-JE. Essa função faz com que o MSX–JE reconverta o texto fornecido.
Entrada: A – 05H.
HL – Endereço da área de trabalho.
DE – Endereço do texto a ser convertido novamente.
BC – Endereço do TTB (Transferable Text Block).
Saída: A = 255 → Função não suportada.

DISPATCH (Função 06H – opcional)
Função: Passar o controle da CPU do AP para o MSX–JE.
Entrada: A = 06H.
HL – Endereço da área de trabalho.
Saída: HL – Endereço do STB (Screen image Text Block).
A – estado de retorno:
bit 0 = 1 → o AP exibe o STB.
bit 1 = 1 → o AP pode obter resultado da conversão.
bit 2 = 1 → a conversão do MSX-JE terminou.
estados possíveis com os bits combinados:
000 – o MSX-JE ignora chave (não há entrada de chave).
001 – entrada ou conversão em andamento.
01x – feita conversão parcial.
10x – conversão interrompida e finalizada.
11x – totalmente convertido.

GET_RESULT (Função 07H)
Função: Retorna o resultado da conversão.
Entrada: A – 07H.
HL – Endereço da área de trabalho.
Saída: HL – Endereço inicial do resultado da conversão, terminado com um byte 00H.

GET_TTB (Função 08H – opcional)
Função: Adquire os dados do texto obtido por GET_RESULT.
Entrada: A = 08H.
HL – Endereço da área de trabalho.
Saída: HL – Endereço do TTB (Transferable Text Block). Se esta função não for suportada, (HL) apontará para um byte 00H.

INQUIRY_WINDOW_SIZE (Função 09H – opcional)

Função: Define o formato da janela.
Entrada: A = 09H.
HL – Endereço da área de trabalho.
E – Comprimento máximo da "tail".
B – Altura máxima da janela.
C – Largura máxima da janela.
Saída: HL – Endereço dos dados de especificação da janela.
+00H – Tipo de janela:
1 – Independente.
2 – "tail".
+01H – Lagura da janela (1~255).
+02H – Altura da janela (1~255).

CONFLICT_DETECT (Função 0AH – opcional)

Função: Evitar conflitos de colisão de chaves.
Entrada: A = 0AH.
HL – Endereço da área de trabalho.
Saída: A – 00H → conflito não detectado.
FFH → conflito detectado.

8.5.6.2 – Interface do dicionário do MSX-JE

HAN_ZEN (Função 40H)

Função: Converte uma string de caracteres de um byte em uma string de caracteres de dois bytes.
Entrada: A = 40H.
HL – Endereço da área de trabalho.
DE – Endereço da string de origem (de um byte).
BC – Endereço da string de caracteres de dois bytes.
Saída: A = 0 → Conversão bem-sucedida.
A ≠ 0 → Erro na conversão.

ZEN_HAN (Função 41H)

Função: Converte uma string de caracteres de dois bytes em uma string de caracteres de um byte.
Entrada: A = 41H.
HL – Endereço da área de trabalho.
DE – Endereço da string de origem (de dois byte).
BC – Endereço da string de caracteres de um byte.

Saída: A = 0 → Conversão bem-sucedida.
A ≠ 0 → Erro na conversão.

HAN_KATA (Função 42H)

Função: Converte uma string de caracteres de um byte do alfabeto romano, katakana ou uma combinação delas em uma string de caracteres katakana de dois bytes.

Entrada: A = 42H.
HL – Endereço da área de trabalho.
DE – Endereço da string de origem (de um byte).
BC – Endereço da string de caracteres katakana.

Saída: A = 0 → Conversão bem-sucedida.
A ≠ 0 → Erro na conversão.

HAN_HIRA (Função 43H)

Função: Converte uma string de caracteres de um byte do alfabeto romano, katakana ou uma combinação delas em uma string de caracteres hiragana de dois bytes.

Entrada: A = 43H.
HL – Endereço da área de trabalho.
DE – Endereço da string de origem (de um byte).
BC – Endereço da string de caracteres hiragana.

Saída: A = 0 → Conversão bem-sucedida.
A ≠ 0 → Erro na conversão.

KATA_HIRA (Função 44H)

Função: Converte uma string de caracteres katakana de dois bytes em uma string de caracteres hiragana de dois bytes.

Entrada: A = 44H.
HL – Endereço da área de trabalho.
DE – Endereço da string katakana de dois bytes.
BC – Endereço da string de caracteres hiragana.

Saída: A = 0 → Conversão bem-sucedida.
A ≠ 0 → Erro na conversão.

HIRA_KATA (Função 45H)

Função: Converte uma string de caracteres hiragana de dois bytes em uma string de caracteres katakana de dois bytes.

Entrada: A - 45H.
HL - Endereço da área de trabalho.
DE - Endereço da string katakana de dois bytes.
BC - Endereço da string de caracteres hiragana.
Saída: Nenhuma.

OPEN_DIC (Função 46H)
Função: Reservado para futuras expansões.
Entrada: A = 46H.
HL - Endereço da área de trabalho.
DE = 0000H
Saída: A - Sempre retorna 5.

HENKAN (Função 47H)
Função: Converte uma string de caracteres katakana e hiragana de 2 bytes em uma string mista Kanji-Kana.
Entrada: A = 47H.
HL - Endereço da área de trabalho.
DE - Endereço da string katakana/hiragana.
Saída: A - número de conversões possíveis. Se não houver nenhuma, retorna 0. As strings convertidas devem ser obtidas pela função JI_KOHO (48H).

JI_KOHO (Função 48H)
Função: Adquire a próxima conversão obtida por HENKAN (47H).
Entrada: A = 48H.
HL - Endereço da área de trabalho.
DE - Endereço da próxima string Kanji-Kana convertida.
BC - Endereço da string Kanji-Kana secundária.
Saída: A = 0 → nenhuma conversão Kanji-Kana adquirida.
A > 0 → número da conversão Kanji-Kana adquirida.

ZEN_KOHO (Função 49H)
Função: Adquire a conversão anterior obtida por HENKAN (47H).
Entrada: A = 49H.
HL - Endereço da área de trabalho.
DE - Endereço da string Kanji-Kana anterior convertida.
BC - Endereço da string Kanji Kana secundária.
Saída: A = 0 → nenhuma conversão Kanji-Kana adquirida.
A > 0 → número da conversão Kanji-Kana adquirida.

JI_BLOCK (Função 4AH)

Função: Cria um grupo de conversões Kanji-Kana de menor prioridade ao lado do grupo principal.
Entrada: A = 4AH.
HL – Endereço da área de trabalho.
Saída: A = 0 → Grupo não criado.
A > 0 → Número de conversões Kanji-Kana de menor prioridade.

ZEN_BLOCK (Função 4BH)

Função: Cria um grupo de conversões Kanji-Kana de maior prioridade ao lado do grupo principal.
Entrada: A = 4BH.
HL – Endereço da área de trabalho.
Saída: A = 0 → Grupo não criado.
A > 0 → Número de conversões Kanji-Kana de maior prioridade.

KAKUTEI1 (Função 4CH)

Função: Confirma o resultado da conversão Kanji-Kana.
Entrada: A = 4CH.
HL – Endereço da área de trabalho.
E – Número da conversão Kanji-Kana dentro do grupo
BC – Endereço do buffer de conversão Kanji-Kana.
Saída: BC – 0AH + "natto curry"

KAKUTEI2 (Função 4DH)

Função: Confirma o resultado da conversão Kanji-Kana.
Entrada: A = 4DH.
HL – Endereço da área de trabalho.
E – Número da conversão Kanji-Kana dentro do grupo
BC – Endereço do buffer de conversão Kanji-Kana.
Saída: A – Tamanho em bytes da string Kanki-Kana.
BC – 04H + "natto"

CLOSE_DIC (Função 4EH)

Função: Função não implementada.
Entrada: A = 4EH.
Saída: A – Sempre 0.

TOUROKU (Função 4FH)

Função: Fornece os dados de leitura, dados de palavras e parte do texto, e inclui a palavra especificada no dicionário.

Entrada: A - 4FH.
HL - Endereço da área de trabalho.
DE - Endereço do buffer de leitura.
BC - Endereço do buffer de inclusão de palavras.

Saída: A - 00H → palavra incluída com sucesso.
01H → espaço livre insuficiente.
02H → overflow na paridade das palavras.
04H → dados de leitura incorretos.
08H → dados de palavra incorretos.
10H → parte do texto está incorreta.
FFH → não suportado.

SAKUJO (Função 50H)

Função: Fornece os dados de leitura, dados de palavras e parte do texto, excluindo a palavra especificada do dicionário.

Entrada: A - 50H.
HL - Endereço da área de trabalho.
DE - Endereço do buffer de leitura.
BC - Endereço do buffer de exclusão de palavras.

Saída: A - 00H → palavra excluída com sucesso.
01H → palavra a ser excluída não foi encontrada.
04H → dados de leitura incorretos.
08H → dados de palavra incorretos.
10H → parte do texto está incorreta.
FFH → não suportado.

8.5.7 - MSX UNAPI

EXTBIO (FFCAH/Work Area)

Função: Acessa funções estendidas da BIOS.

Entrada: A = 00H - obtém o número de implementações da API especificada.
A > 00H - Retorna os parâmetros da API especificada.
D = 22H - Dispositivo de manipulação do MSX UNAPI.
E = 22H - Retorna dados da API especificada.
(F487H) - Identificador de especificação da API (string alfanumérica de até 15 caracteres terminada em 00H, sem distinção de maiúsculas e minúsculas).

Saída: A = 00H – B → Número de implementações da API especificada.
A > 00H – A → ID do slot da rotina da implementação.
B → Segmento da mapper da implementação (FFH – Não está na mapper).
HL → Endereço do ponto de entrada das rotinas da implementação (se estiver na página física 3, os valores de A e B são desconsiderados).
Registradores: AF, BC, HL.

8.5.7.1 – RAM Helper

EXTBIO (FFCAH/Work Area)
Função: Acessa funções estendidas da BIOS.
Entrada: A = FFH → API: RAM helper
D = 22H → Dispositivo de manipulação do MSX UNAPI.
E = 22H → Retorna parâmetros da API.
HL = 0000H
Saída: HL = 0000H → RAM helper não instalada.
HL > 0000H → Endereço da tabela de salto na página 3.
BC – Endereço da tabela de mapeamento.
A – Número de entradas na tabela de salto.
A tabela de salto tem a seguinte estrutura:

```
+00H CALMAP  chama rotina mapper
+03H RDBYTE  lê byte da RAM
+06H CALSEG  chama rotina na RAM
```

Registradores: AF, BC, HL.

CALMAP (HL+00H) – Valor de HL obtido via EXTBIO
Função: Chama uma rotina em um segmento de RAM mapeada.
Entrada: IYh – ID de slot.
IYl – Número do segmento da mapper.
IX – Endereço da rotina (deve ser na página física 1).
AF, BC, DE, HL – Parâmetros para a rotina chamada.
Saída: AF, BC, DE, HL, IX, IY – Parâmetros de retorno da rotina.
Registradores: Depende da rotina chamada.

RDBYTE (HL+03H) – Valor de HL obtido via EXTBIO
Função: Lê um byte de um segmento da RAM mapeada.

Entrada: A – ID do slot.
B – número do segmento.
HL – Endereço a ser lido (os dois bits mais altos são ignorados).
Saída: A -byte lido no endereço especificado.
Registradores: A.

CALSEG (HL+06H) – Valor de HL obtido via EXTBIO
Função: Chama uma rotina um um segmento da RAM mapeada usando parâmetros em linha.
Entrada: AF, BC, DE e HL podem conter parâmetros para a rotina chamada (não usar IX e IY).
Parâmetros de chamada em linha, no seguinte formato:

```
CALL <endereço da rotina>
DB   ID da rotina
DB   número do segmento
```

ID da rotina:

b7	b6	b5	b4	b3	b2	b1	b0
M	M	E	E	E	E	E	E

b5–b0 (E): Rotina a ser chamada na tabela de salto (0 a 63)
b7–b6 (M): Slot da mapper especificado na tabela de mapper (0 a 3)

• A tabela de salto inicia no endereço 4000H, sendo que o índice 0 significa 4000H, o índice 1 significa 4003H e assim por diante até o valor 63, de três em três bytes.
• A tabela da mapper ocupa 8 bytes reservando dois bytes para cada mapper, podendo gerenciar até 4 mappers (0 a 3), e tem a seguinte estrututura:
+0 – ID do slot da primeira mapper
+1 – Número de segmentos disponíveis na 1ª mapper
+2 – ID do slot da segunda mapper
+3 – Número de segmentos disponíveis na 2ª mapper
+4 – ID do slot da terceira mapper
+5 – Número de segmentos disponíveis na 3ª mapper
+6 – ID do slot da quarta mapper
+7 – Número de segmentos disponíveis na 4ª mapper
Obs.: se a mapper tiver 4 Mbytes, o número de segmentos será FEH, pois o valor FFH é reservado para o sistema.

Saída: AF, BC, DE, HL, IX e IY podem conter valores válidos.
Registradores: Depende da rotina chamada.

8.5.7.2 - API para cartuchos Ethernet

EXTBIO (FFCAH/Work Area)
Função: Acessa funções estendidas da BIOS.
Entrada: A = 00H – obtém o número de implementações da API especificada.
A > 00H – Retorna os parâmetros da API especificada.
D = 22H – Dispositivo de manipulação do MSX UNAPI.
E = 22H – Retorna dados da API especificada.
(F487H) = "ETHERNET"
Saída: A = 00H → B – Número de implementações da API.
A > 00H → A – ID do slot da rotina da implementação.
B – Segmento da mapper da implementação (FFH → Não está na mapper).
HL – Endereço do ponto de entrada das rotinas da implementação (se estiver na página física 3, os valores de A e B são desconsiderados).
Registradores: AF, BC, HL.

ETH_GETINFO (HL/ExtBIOS) – Valor de HL obtido via EXTBIO
Função: Retorna a versão e o nome da implementação.
Entrada: A = 0.
Saída: HL – Endereço da string do nome da implementação.
B – Versão da implementação da API (primária).
C – Versão da implementação da API (secundária).
D – Especificação da versão da API (primária).
E – Especificação da versão da API (secundária).
Registradores: Todos.

ETH_RESET (HL/ExtBIOS) – Valor de HL obtido via EXTBIO
Função: Retorna o hardware e as variáveis de estado à sua condição inicial (condição logo após o reset do micro).
Entrada: A = 1.
Saída: Nenhuma.
Registradores: Todos.

ETH_GET_HWADD (HL/ExtBIOS) – Valor de HL obtido via EXTBIO
Função: Retorna o endereço da Ethernet.
Entrada: A = 2.
Saída: L-H-E-D-C-B – Endereço.
Registradores: Todos.

ETH_GET_NETSTAT (HL/ExtBIOS) – Valor de HL obtido via EXTBIO
Função: Verifica o estado de conexão à rede.
Entrada: A = 3.
Saída: A – 0 → não há conexão com uma rede ativa.
1 → existe conexão com rede ativa.
Registradores: Todos.

ETH_NET_ONOFF (HL/ExtBIOS) – Valor de HL obtido via EXTBIO
Função: Habilita ou desabilita a rede.
Entrada: A = 4.
B – 0 → retorna o estado atual da rede.
1 → habilita a rede.
2 → desabilita a rede.
Saída: A – 1 → rede habilitada.
2 → rede desabilitada.
Registradores: Todos.

ETH_DUPLEX (HL/ExtBIOS) – Valor de HL obtido via EXTBIO
Função: Configura o modo duplex.
Entrada: A = 5
B – 0 → retorna o modo corrente.
1 → seleciona modo half-duplex.
2 → seleciona modo full-duplex.
Saída: A – 1 → modo half-duplex selecionado.
2 → modo half-duplex selecionado.
3 → modo desconhedido ou modo duplex não é aplicável.

ETH_FILTERS (HL/ExtBIOS) – Valor de HL obtido via EXTBIO
Função: Configura os filtros de recepção de frames.
Entrada: A = 6.
B – bit 7 – 0 → nenhuma ação.
1 → retorna configuração atual.
bit 6 – Reservado.
bit 5 – Reservado.

bit 4 – 0 → desabilita modo promíscuo.
1 → habilita modo promíscuo.
bit 3 – Reservado.
bit 2 – 0 → rejeita frames "broadcast".
1 → aceita frames "broadcast".
bit 1 – 0 → rejeita frames menores que 64 bytes.
1 → aceita frames menores que 64 bytes.
Bit 0 – Reservado.

Saída: A – Configuração de filtro após a execução (mesmo formato do registrador B na entrada)

Registradores: Todos.

ETH_IN_STATUS (HL/ExtBIOS) – Valor de HL obtido via EXTBIO

Função: Verifica a disponibilidade dos frames recebidos.
Entrada: A = 7.
Saída: A – 0 → Não ha frames recebidos disponíveis.
1 → Ao menos um frame recebido está disponível.
BC – Tamanho do frame mais antigo disponível.
HL – Bytes 12 e 13 do frame mais antigo disponível.
Registradores: Todos.

ETH_GET_FRAME (HL/ExtBIOS) – Valor de HL obtido via EXTBIO

Função: Recupera o frame mais antigo.
Entrada: A = 8.
HL – 0 → descarta o frame.
Outro valor → endereço de destino do frame.
Saída: A – 0 → frame recuperado ou descartado.
1 → não há frames recebidos disponíveis.
BC – Tamanho do frame recuperado.

ETH_SEND_FRAME (HL/ExtBIOS) – Valor de HL obtido via EXTBIO

Função: Envia um frame.
Entrada: A = 9.
HL – Endereço de destino do frame na memória.
BC – Tamanho do frame.
D – 0 → Execução síncrona
1 → Execução assíncrona.
Saída: A – 0 → Frame enviado ou transmissão iniciada.
1 → Tamanho do frame inválido.
2 → Ignorado.
3 → Portadora perdida.

4 → Número excessivo de colisões.
5 → Modo assíncrono não suportado.
Registradores: Todos.

ETH_OUT_STATUS (HL/ExtBIOS) – Valor de HL obtido via EXTBIO
Função: Recupera o frame mais antigo.
Entrada: A = 10.
Saída: A – 0 → Nenhum frame enviado desde o último reset.
1 → Transmitindo neste momento.
2 → Transmissão finalizada com sucesso.
3 → Portadora perdida.
4 → Número excessivo de colisões.
Registradores: Todos.

ETH_SET_HWADD (HL/ExtBIOS) – Valor de HL obtido via EXTBIO
Função: Seleciona o endereço da Ethernet.
Entrada: A = 11.
L-H-E-D-C-B – Endereço Ethernet a ser setado.
Saída: L-H-E-D-C-B – Endereço Ethernet após a execução.
Registradores: Todos.

8.5.8 – MemMan

EXTBIO (FFCAH/Work Area)
Função: Acessa funções estendidas da BIOS.
Entrada: A = 00H
D = 4DH → Dispositivo de manipulação do MEMMAN.
E = 32H → Retorna informações sobre entradas alternativas para funções do MemMan.
B = 0 → Endereço de entrada para FastUse0 (func. 0)
1 → Endereço de entrada para FastUse1 (func. 1)
2 → Endereço de entrada para FastUse2 (func. 2)
3 → Endereço de entrada para FastTsrCall (fn. 63)
4 → Endereço de entrada para BasicCall
5 → Endereço de entrada para FastCurSeg (fn. 32)
6 → Endereço de entrada para o manipulador de funções do MemMan
7 → Retorna a versão do MemMan (VerMM: #H.L)
8 → Endereço de entrada para FastXTsrCall (f. 61)
Saída: HL – Endereço ou versão.
Registradores: Todos.

8.5.8.1 – Fast Calls (Entradas alternativas preferenciais)

FastUse0 (HL/ExtBIOS) – Valor de HL obtido via EXTBIO
Função: Habilita um segmento na página física 0 (0000H~3FFFH). A habilitação somente será possível se o segmento contiver os pontos de entrada para as rotinas padrão de troca de slots.
Entrada: HL – Número do segmento.
Saída: A – 00H ⟶ segmento habilitado com sucesso.
FFH ⟶ falha na habilitação do segmento.
Obs.: Esta função é idêntica à função 0 (Use0).

FastUse1 (HL/ExtBIOS) – Valor de HL obtido via EXTBIO
Função: Habilita um segmento na página física 1 (4000H~7FFFH).
Entrada: HL – Número do segmento.
Saída: A – 00H ⟶ segmento habilitado com sucesso.
FFH ⟶ falha na habilitação do segmento.
Obs.: Esta função é idêntica à função 1 (Use1).

FastUse2 (HL/ExtBIOS) – Valor de HL obtido via EXTBIO
Função: Habilita um segmento na página física 2(8000H~BFFFH).
Entrada: HL – Número do segmento.
Saída: A – 00H ⟶ segmento habilitado com sucesso.
FFH ⟶ falha na habilitação do segmento.
Obs.: Esta função é idêntica à função 2 (Use2).

FastTsrCall (HL/ExtBIOS) – Valor de HL obtido via EXTBIO
Função: Chama uma rotina de driver da TSR.
Entrada: BC – Código ID da função TSR.
AF, DE, HL – Parâmetros para a TSR.
Saída: AF, BC, DE, HL – Parâmetros de retorno da TSR.
Obs.: Esta função é idêntica à função 63 (TsrCall), exceto que aqui o registrador DE pode ser usado sem problemas.

BasicCall (HL/ExtBIOS) – Valor de HL obtido via EXTBIO
Função: Chama uma rotina da Main-ROM.
Entrada: IX – Endereço da rotina na página física 0 ou 1.
AF, BC, DE, HL – Parâmetros a passar para a rotina.
Saída: AF, BC, DE, HL – Parâmetros de retorno da rotina.
Obs.: As interrupções são desabilitadas.

FastCurSeg (HL/ExtBIOS) – Valor de HL obtido via EXTBIO
Função: Retorna o número de segmento atual de uma página.
Entrada: B – Página física (0, 1, 2 ou 3).
Saída: HL – Número do segmento.
A – Tipo de segmento: 00H – PSEG; FFH – FSEG.
Obs.: Esta função é idêntica à função 32 (CurSeg).

MemMan (HL/ExtBIOS) – Valor de HL obtido via EXTBIO
Função: Chama diretamente uma função do MemMan.
Entrada: E – Número da função.
AF, BC, HL – Parâmetros a passar para a rotina.
Saída: AF, BC, DE, HL – Parâmetros de retorno da rotina.

VerMM (HL/ExtBIOS) – Valor de HL obtido via EXTBIO
Função: Retorna o número da versão do MemMan.
Entrada: Nenhuma.
Saída: HL – Versão no formato "H.L".

FastXTsrCall (HL/ExtBIOS) – Valor de HL obtido via EXTBIO
Função: Chama a entrada de driver de uma TSR.
Entrada: IX – Código ID da entrada TSR chamada.
AF, BC, DE, HL – Parâmetros a passar para a rotina.
Saída: AF, BC, DE, HL – Parâmetros de retorno da rotina.
Obs.: Esta função é idêntica à função 61 (XtrsCall).

8.5.8.2 – Funções do MemMan

Use0 (FFCAH/Work Area) – Execução via EXTBIO
Função: Acessa funções estendidas da BIOS.
Entrada: A = 00H.
D = 4DH → Dispositivo de manipulação do MEMMAN.
E = 00H → Função Use0. Habilita um segmento na página física 0 (0000H~3FFFH). A habilitação somente será possível se o segmento contiver os pontos de entrada para as rotinas padrão de troca de slots.
HL – Número do segmento.
Saída: A – 00H → Segmento habilitado com sucesso.
FFH → Falha na habilitação do segmento.
Obs.: Usar preferencialmente a entrada FastUse0 da função 32H (Info) do MemMan.

Use1 (FFCAH/Work Area) – Execução via EXTBIO

Função: Acessa funções estendidas da BIOS.

Entrada: A = 00H.
D = 4DH → Dispositivo de manipulação do MEMMAN.
E = 01H → Função Use0. Habilita um segmento na página física 1 (4000H~7FFFH).
HL – Número do segmento.

Saída: A – 00H → segmento habilitado com sucesso.
FFH → falha na habilitação do segmento.

Obs.: Usar preferencialmente a entrada FastUse1 da função 32H (Info) do MemMan.

Use2 (FFCAH/Work Area) – Execução via EXTBIO

Função: Acessa funções estendidas da BIOS.

Entrada: A – 00H.
D – 4DH → Dispositivo de manipulação do MEMMAN.
E – 02H → Função Use2. Habilita um segmento na página física 2 (8000H~BFFFH).
HL – Número do segmento.

Saída: A – 00H → Segmento habilitado com sucesso.
FFH → Falha na habilitação do segmento.

Obs.: Usar preferencialmente a entrada FastUse2 da função 32H (Info) do MemMan.

Alloc (FFCAH/Work Area) – Execução via EXTBIO

Função: Acessa funções estendidas da BIOS.

Entrada: A = 00H.
D = 4DH → Dispositivo de manipulação do MEMMAN.
E = 0AH → Função Alloc. Aloca um segmento.
B – Código de preferência do segmento:

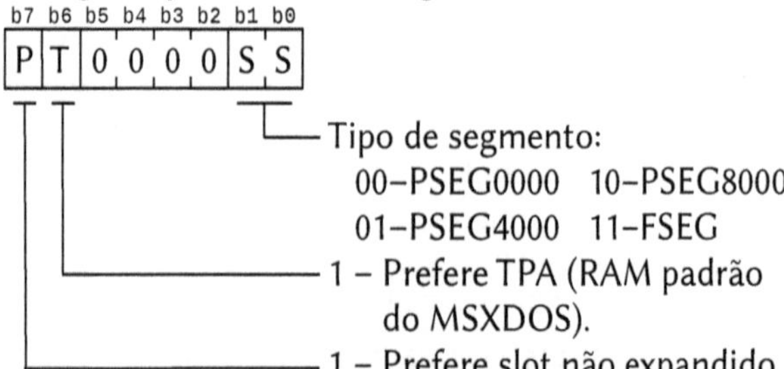

Saída: HL – Número do segmento (0000H – sem segmentos livres)

SetRes (FFCAH/Work Area) – Execução via EXTBIO

Função: Acessa funções estendidas da BIOS.

Entrada: A = 00H.

D = 4DH → Dispositivo de manipulação do MEMMAN.

E = 0BH → Função SetRes. Atribui a um segmento o status "reservado".

HL – Número do segmento.

Saída: Nenhuma.

DeAlloc (FFCAH/Work Area) – Execução via EXTBIO

Função: Acessa funções estendidas da BIOS.

Entrada: A = 00H.

D = 4DH → Dispositivo de manipulação do MEMMAN.

E = 14H → Função DeAlloc. Libera um segmento.

HL – Número do segmento.

Saída: Nenhuma.

IniChk (FFCAH/Work Area) – Execução via EXTBIO

Função: Acessa funções estendidas da BIOS.

Entrada: A – Código de controle.

D = 4DH → Dispositivo de manipulação do MEMMAN.

E = 1EH → Função IniChk. Inicializa o MemMan antes de um programa.

Saída: A – Código de controle + "M".

DE – Número da versão no formato "D.E".

Status (FFCAH/Work Area) – Execução via EXTBIO

Função: Acessa funções estendidas da BIOS.

Entrada: A = 00H.

D = 4DH → Dispositivo de manipulação do MEMMAN.

E = 1FH → Função Status. Retorna informações de status do MemMan.

Saída: HL – Número se segmentos disponíveis.

BC – Número de segmentos livres.

DE – Número de segmentos controlados simultaneamente pelo MemMan e pelo DOS2.

A – Estado de conexão do hardware:

bit0 = 0 → Suporte à mapper do DOS2 não disponível.

1 → Suporte à mapper do DOS2 instalado.

bit1 ~ bit 7 → sempre 0.

CurSeg (FFCAH/Work Area) – Execução via EXTBIO
Função: Acessa funções estendidas da BIOS.
Entrada: A = 00H.
D = 4DH → Dispositivo de manipulação do MEMMAN.
E = 20H → Função CurSeg. Retorna o número do segmento em uma página.
B – Número da página física (0, 1, 2 ou 3).
Saída: HL – Número do segmento.
A – Tipo de segmento: 00H – PSEG; FFH – FSEG.
Obs.: Usar preferencialmente a entrada FastCurSeg da função 32H (Info) do MemMan.

StoSeg (FFCAH/Work Area) – Execução via EXTBIO
Função: Acessa funções estendidas da BIOS.
Entrada: A = 00H.
D = 4DH → Dispositivo de manipulação do MEMMAN.
E = 28H → Função StoSeg. Armazena o estado do segmento atual.
HL – Endereço de um buffer de 9 bytes.
Saída: Nenhuma.

RstSeg (FFCAH/Work Area) – Execução via EXTBIO
Função: Acessa funções estendidas da BIOS.
Entrada: A = 00H.
D = 4DH → Dispositivo de manipulação do MEMMAN.
E = 29H → Função RstSeg. Reativa o estado de um segmento que foi armazenado.
HL – Buffer de estado de 9 bytes.
Saída: Nenhuma.

XtsrCall (FFCAH/Work Area) – Execução via EXTBIO
Função: Acessa funções estendidas da BIOS.
Entrada: A = 00H.
D = 4DH → Dispositivo de manipulação do MEMMAN.
E = 3DH → Função XTsrCall. Chama uma entrada do driver TSR.
IX – Código ID da entrada TSR chamada.
AF, BC, HL – Parâmetros a passar para a rotina.
Saída: AF, BC, DE, HL – Parâmetros de retorno da rotina.
Obs.: Usar preferencialmente a entrada FastXtrsCall da função 32H (Info) do MemMan.

GetTsrID (FFCAH/Work Area) – Execução via EXTBIO

Função: Acessa funções estendidas da BIOS.

Entrada: A = 00H.
D = 4DH → Dispositivo de manipulação do MEMMAN.
E = 3EH → Função GetTsrID. Determina código ID da TSR.
HL – Apontador para TsrName. As posições não usadas devem ser preenchidas com espaços.

Saída: CY = 0 → Não encontrado.
CY = 1 → ID encontrado.
BC → código ID da TSR.

TsrCall (FFCAH/Work Area) – Execução via EXTBIO

Função: Acessa funções estendidas da BIOS.

Entrada: A = 00H.
D = 4DH → Dispositivo de manipulação do MEMMAN.
E = 3FH → Função TsrCall. Chama uma entrada do driver TSR.
BC – Código ID da entrada TSR chamada.
AF, HL – Parâmetros a passar para a rotina.

Saída: AF, BC, DE, HL – Parâmetros de retorno da rotina.

Obs.: Usar preferencialmente a entrada FastTrsCall da função 32H (Info) do MemMan.

HeapAlloc (FFCAH/Work Area) – Execução via EXTBIO

Função: Acessa funções estendidas da BIOS.

Entrada: A = 00H.
D = 4DH → Dispositivo de manipulação do MEMMAN.
E = 46H → Função HeapAlloc. Aloca espaço na "heap".
HL – Tamanho do espaço a ser alocado.

Saída: HL – 0000H → memória insuficiente para alocação.
Outro valor → endereço inicial do espaço alocado.

HeapDeAlloc (FFCAH/Work Area) – Execução via EXTBIO

Função: Acessa funções estendidas da BIOS.

Entrada: A – 00H.
D – 4DH → Dispositivo de manipulação do MEMMAN.
E – 47H → Função HeapDeAlloc. Libera espaço alocado na "heap".
HL – Tamanho do espaço a ser alocado.

Saída: Nenhuma.

HeapMax (FFCAH/Work Area) – Execução via EXTBIO
Função: Acessa funções estendidas da BIOS.
Entrada: A = 00H.
D = 4DH → Dispositivo de manipulação do MEMMAN.
E = 48H → Função HeapMax. Retorna o tamanho máximo de espaço disponível na "heap".
Saída: HL – Espaço disponível na "heap".

8.5.9 – Comandos de sistema

EXTBIO (FFCAH/Work Area)
Função: Acessa funções estendidas da BIOS
Entrada: A = 00H.
D = FFH → Dispositivo de sistema.
E = 00H → Retorna o endereço inicial, o ID do slot e o código do fabricante do dispositivo.
B – ID do slot da tabela de parâmetros.
HL – Endereço da tabela de parâmetros.
Saída: CY = 1 se não houver dispositivos.
CY = 0 → há dispositivos.
B – ID do slot da tabela de parâmetros.
HL – Endereço inicial da tabela de parâmetros.
Cada dispositivo ocupa 5 bytes na tabela apontada por HL, com a seguinte estrutura:
+00H – Reservado. Sempre 0.
+01H – Código do fabricante.
+02H – Endereço MSB da tabela de salto.
+03H – Endereço LSB da tabela de salto.
+04H – ID do slot do dispositivo.
Os fabricantes são os seguintes:
00 – ASCII
01 – Microsoft
02 – Canon
03 – Casio Computer
04 – Fujitsu
05 – General Fujitsu
06 – Hitachi, Ltd.
07 – Kyocera
08 – Matsushita (Panasonic)

09 – Mitsubishi Electric Corporation
10 – NEC
11 – Yamaha (Nippon Gakki)
12 – Japan Victor Company (JVC)
13 – Philips
14 – Pioneer
15 – Sanyo Electric
16 – Sharp Japan
17 – Sony
18 – Spectravideo
19 – Toshiba
20 – Mitsumi Electric
21 – Telematika
22 – Gradiente Brazil
23 – Sharp do Brazil
24 – GoldStar (LG)
25 – Daewoo
26 – Samsung
128 – Image Scanner (Matsushita)
170 – Darky (SuperSoniqs)
171 – Darky (SuperSoniqs) second setting
212 – 1chipMSX / Zemmix Neo (KdL firmware)
254 – MPS2 (ASCII)

8.6 – ROTINAS DA INTERFACE DE DISCO

8.6.1 – Inicialização da interface

As rotinas abaixo são executadas uma única vez durante a inicialização do sistema ao ser ligado ou após um reset, na sequência INIHRD, DRIVES, INIENV. O endereço de chamada delas é diferente para cada interface.

INIHRD (????H/Interface de disco).
Função: Inicializa o hardware assim que o controle for passado ao cartucho da interface de disco.
Entrada: Nenhuma.
Saída: Nenhuma.
Registradores: Todos.

DRIVES (????H/Interface de disco).
Função: Verifica os drives físicos conetados ao sistema.
Entrada: Flag Z = 0 → Duas unidades lógicas são atribuídas a uma unidade física.
1 → Apenas uma unidade lógica é atribuída a uma unidade física.
Saída: L – Número de drives conectados.
Registradores: F, HL, IX, IY.

INIENV (????H/Interface de disco).
Função: Inicializa a área de trabalho da interface de disco.
Entrada: Nenhuma.
Saída: Nenhuma.
Registradores: Todos.

8.6.2 – Rotinas padrão da interface

MALLOC (01CBH/Interface de disco)
Função: Aloca um buffer para um segmento para o MSXDOS2.
Entrada: Número de bytes a reservar.
Saída: A > 0 → Erro na alocação.
A = 0 → Alocação realizada.
HL → Endereço inicial do buffer.
(HL-2, HL-1) → tamanho do buffer + 2.
Registradores: Todos.

DEALOC (2D0FH/Interface de disco)
Função: Realoca um buffer para um segmento para o MSXDOS2.
Entrada: HL – Endereço inicial do buffer.
(HL-2, HL-1) → tamanho do buffer + 2.
Saída: Desconhecido.
Registradores: Todos.

DSKIO (4010H/Interface de disco)
Função: Leitura/escrita direta de setores.
Entrada: HL – Apondador para a TPA (área de transferência).
DE – Número do primeiro setor a ler ou escrever.
B – Número de setores a ler ou escrever.
A – número do drive (0=A:, 1=B:, 2=C:, etc).

C – ID da formatação do disco:
F0H – 63 setores por trilha (para HD´s)
F8H – 80 trilhas, 9 setores por trilha, face simples.
F9H – 80 trilhas, 9 setores por trilha, face dupla.
FAH – 80 trilhas, 8 setores por trilha, face simples.
FBH – 80 trilhas, 8 setores por trilha, face dupla.
FCH – 40 trilhas, 9 setores por trilha, face simples.
FDH – 40 trilhas, 9 setores por trilha, face dupla.
CY – 0 → Leitura.
1 → Escrita.

Saída: B – Número de setores efetivamente transferidos.
CY – 1 → Transferência executada com sucesso.
0 → Erro na transferência. O código de erro retorna no registrador A.
A – Código de erro:
00 – protegido contra escrita.
02 – Não pronto.
04 – Erro de CRC (setor não acessível).
06 – Erro de busca.
08 – Cluster não encontrado.
10 – Falha na escrita.
12 – Erro de disco.
Somente MSXDOS2 ou superior:
18 – Disco não DOS.
20 – Versão do MSXDOS incorreta.
22 – Disco não formatado.
24 – Disco trocado.
Restantes: erro de disco.

Registradores: Todos.

DSKCHG (4013H/Interface de disco)
Função: Verificar o estado de troca do disco.
Entrada: A – Número do drive (0=A:, 1=B:, 2=C:, etc).
B – Sempre 00H.
C – ID da formatação do disco (igual a DISKIO/4010H).
HL – Apontador para o DPB respectivo.

Saída: CY = 1 → Erro na execução.
A – Código de erro (igual a DISKIO/4010H).
CY = 0 → verificado com sucesso.
B – 00H → estado desconhecido.
01H → disco não trocado.
FFH → disco trocado.
Registradores: Todos.

GETDPB (4016H/Interface de disco)
Função: Preenche o DPB da unidade de disco.
Entrada: A – número do drive.
B – primeiro byte da FAT (ID do disco).
C – ID da formatação do disco (igual a DISKIO/4010H).
HL – Apontador para o DPB a ser preenchido (18 bytes).
Saída: HL – Endereço inicial do DPB preenchido:

```
DRIVE   +00H Número drive (0=A:, etc)
MEDIA   +01H Tipo de mídia (F8H~FFH)
SECSIZ  +02H Tamanho do setor
DIRMSK  +04H (SECSIZ/32) - 1
DIRSHFT +05H Número de bits 1 em DIRMSK
CLUSMSK +06H Setores por cluster - 1
CLUSHFT +07H Núm bits 1 em CLUSMSK - 1
FIRFAT  +08H Primeiro setor da FAT
FATCNT  +0AH Número de FATs
MAXENT  +0BH N° entradas diretório raiz
FIRREC  +0CH Primeiro setor área dados
MAXCLUS +0EH Total de clusters + 1
FATSIZ  +10H Número de setores por FAT
FIRDIR  +11H Primeiro setor diretório
FATDIR  +13H Endereço da FAT na RAM
```

Registradores: Todos.

CHOICE (4019H/Interface de disco)
Função: Retorna o endereço da mensagem de formatação do disco.
Entrada: Nenhuma.
Saída: HL – Endereço da mensagem, que termina com um byte 00H. Se não houver escolha (somente um tipo de formatação é suportado), HL retorna 0000H.
Registradores: Todos.

DSKFMT (401CH/Interface de disco)

Função: Formatar um disco.

Entrada: A – Escolha da formatação pelo usuário (rotina CHOICE /4019H). Pode variar a 1 a 9.

D – Número do drive (00H=A:, 01H=B:, etc).

HL – Endereço inicial da área de trabalho usada pela rotina de formatação.

BC – Tamanho da área de trabalho usada pela rotina de formatação.

Saída: CY – 0 → Formatação concluída com sucesso.

1 → Erro durante a formatação.

A – Código de erro:

00 – protegito contra escrita.
02 – Não pronto.
04 – Erro de dados (CRC).
06 – Erro de busca.
08 – Registro não encontrado.
10 – Falha de escrita/gravação
12 – parâmetro inválido.
14 – Memória insuficiente.
16 – outros erros.

Registradores: Todos.

MTROFF (401FH/Interface de disco)

Função: Parar o motor dos drives.

Entrada: Nenhuma.

Saída: Nenhuma.

Registradores: Todos.

Obs.: Esta função está implementada em apenas algumas interfaces. Se a interface não tiver esta função implementada, o valor do endereço 401FH será 00H. Portanto, é necessário verificar se a função existe lendo o endereço 401FH antes de chamá-la.

CALBAS (4022H/Interface de disco)

Função: Chamar o interpretador BASIC.

Entrada: Nenhuma.

Saída: Nenhuma.

Registradores: Todos.

FORMAT (4025H/Interface de disco)
Função: Formatar um disco apresentando mensagem.
Entrada: Nenhuma.
Saída: Nenhuma.
Registradores: Todos.

STPDRV (4029H/Interface de disco)
Função: Parar o motor dos drives.
Entrada: Nenhuma.
Saída: Nenhuma.
Registradores: Todos.

SLTDOS (402DH/Interface de disco)
Função: Retorna o ID do slot do Kernel do DOS.
Entrada: Nenhuma.
Saída: A – ID do slot (igual a RDSLT (000CH/Main)).
Registradores: Todos.

HIGMEM (4030H/Interface de disco)
Função: Retorna o endereço mais alto disponível na RAM.
Entrada: Nenhuma.
Saída: HL – Endereço.
Registradores: Todos.

BLKDOS (40FFH/Interface de disco)
Este endereço contém número do bloco ativo do BDOS. O sistema ocupa um total de 64Kb, que é dividido em 4 segmentos de ROM de 16Kb. Eles podem ser trocados apenas na página 1 e são numerados com 0, 1, 2 ou 3.

8.6.3 – Rotinas para acesso a Hard-Disks padrão IDE

IDBYT (7F80H/Interface IDE)
Função: ID da interface em 3 bytes. ("ID#" para interfaces IDE).

RDLBLK (7F89H/Interface IDE)
Função: Lê setores lógicos do disco ou dispositivo.

Entrada: CDE – Número do setor.
HL – Endereço na RAM para os dados lidos.
B – Quantidade de setores a ler.
A – ID do dispositivo:

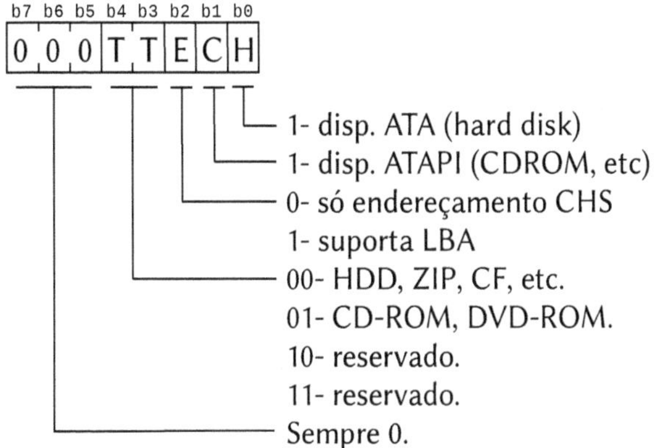

Saída: HL – apontador para os dados lidos.
CY = 1 → Erro na leitura.
A – Código de erro para dispositivos IDE:
00 – Protegido contra escrita.
02 – Não pronto.
04 – Erro de CRC (setor não acessível).
06 – Erro de busca.
08 – Cluster não encontrado.
10 – Falha na escrita.
12 – Erro de disco.
Somente MSXDOS2 ou superior:
18 – Disco não DOS.
20 – Versão do MSXDOS incorreta.
22 – Disco não formatado.
24 – Disco trocado.
Restantes: erro de disco.

Registradores: Todos.

Obs.: Esta rotina também pode ler setores do CD-ROM, que têm 2048 bytes em vez de 512 bytes dos HD´s.

WRLBLK(7F8CH/Interface IDE)

Função: Escreve setores lógicos do disco.

Entrada: CDE – Número do setor.
HL – Endereço inicial dos dados a serem escritos.
B – Quantidade de setores a escrever.
A – ID do dispositivo. Igual a RDLBLK (7F89H).

Saída: CY = 1 ⟶ erro na escrita.
A – Código de erro. Igual a RDLBLK (7F89H).

Registradores: Todos.

SELDEV (7FB9H/Interface IDE)

Função: Seleciona mestre/escravo para dispositivos ATAPI.

Entrada: A – bit0 = 0 ⟶ mestre.
1 ⟶ escravo.
bit1~bit7: Reservados. Sempre 0.

Saída: CY = 1 se houver erro de time-out.

Registradores: A, BC, IX.

PACKET (7FBCH/Interface IDE)

Função: Enviar uma sequência de comandos ATAPI para o dispositivo selecionado.

Entrada: HL – Apontador para o pacote de comandos ATAPI de 12 bytes (não pode estar na página 1 – 4000H~7FFFH).
DE – Endereço para transferência de dados (se houver).

Saída: CY = 1 ⟶ Erro na execução.
Z = 1 ⟶ Erro de time-out.
A – Código de erro. Igual a RDSECT (7F89H).

Registradores: Todos.

Atenção: Esta entrada tem função diferente em interfaces SCSI.

DRVADR (7FBFH/Interface IDE)

Função: Retorna o endereço da área de trabalho.

Entrada: A – Número da unidade (0 a 7).
0~5 – Número do drive (0=A: ~ 5 – F:)
6 – Infobytes do dispositivo Y.
7 – 18 bytes de espaço livre (usado internamente para envio de sequência de comandos ATAPI).

Saída: HL – Apontador para o início dos dados:

+00H – Codebyte do dispositivo:

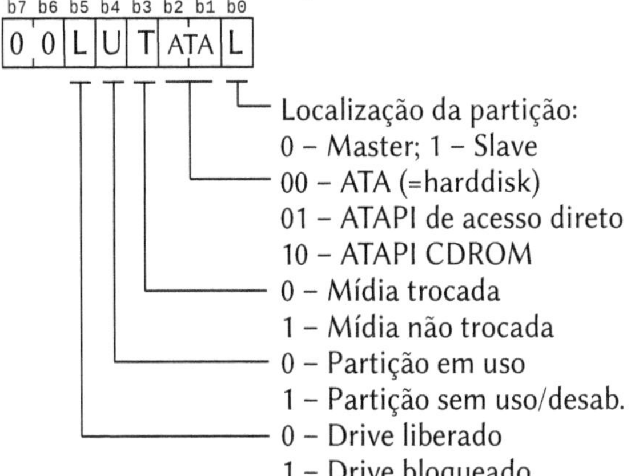

+01H~+03H – Setor de início da partição (bits 0~23).

+04H~+06H – Tamanho da partição em setores menos 1 (bits 0~23).

+07H – Informação adicional sobre a partição.

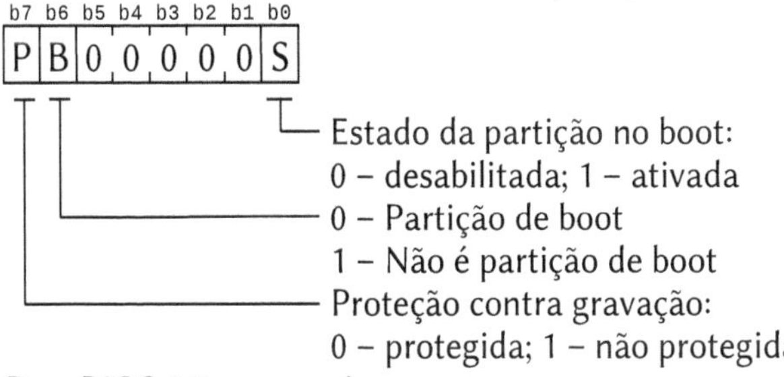

Para BIOS 3.0 ou superior:

+08H – Setor de início da partição (bits 24~31).

+08H – Tamanho da partição em setores menos um (bits 24~31).

Registradores: AF, BC, DE, HL, IX.

8.6.4 – Rotinas adicionadas pelo NEXTOR

GSLOT1 (402DH / Kernel NEXTOR)

Função: Retorna o slot do driver atual.

Entrada: Nenhuma.

Saída: A – Identificador do slot.

Registradores: AF.

Nota: Esta rotina não pode ser chamada diretamente. Deve ser chamada por meio de CALBNK (4042H), da seguinte forma:

```
XOR  A
LD   IX,GSLOT1
CALL CALBNK
```

RDBANK (403CH / Kernel NEXTOR)

Função: Lê um byte em qualquer banco do Kernel.

Entrada: A – Número do banco.
HL – Endereço (deve estar na página física 1).

Saída: A – Byte lido.

Registradores: AF.

Nota: Esta rotina não pode ser chamada diretamente. Deve ser chamada por meio de CALBNK (4042H), da seguinte forma:

```
LD   A,<número do banco>
LD   HL,<endereço do byte>
LD   IX,RDBANK
CALL CALBNK
```

CALLB0 (403FH / Kernel NEXTOR)

Função: Alternar temporariamente o banco principal do Kernel (normalmente o banco 0, mas será 3 quando executado no modo MSX-DOS 1), e então chamar a rotina cujo endereço está em CODE_ADD (F1D0H).

Entrada: CODE_ADD – Endereço da rotina a ser chamada.
AF, BC, DE, HL, IX, IY – Parâmetros para a rotina.

Saída: AF, BC, DE, HL, IX, IY – Retornam dados da rotina.

Registradores: Todos.

CALBNK (4042H / Kernel NEXTOR)

Função: Chamar rotina em outro banco do Kernel.

Entrada: A – Número do banco.
IX – Endereço de rotina (deve estar na página física 1).
AF' – Parâmetro de entrada para a rotina chamada. (será passado como AF para a rotina chamada).
BC, DE, HL, IY – Parâmetros para a rotina chamada.

Saída: AF, BC, DE, HL, IX, IY – Valores de saída da rotina.

Registradores: Todos.

GWORK (4045H / Kernel NEXTOR)

Função: Obter o endereço da entrada SLTWRK de 8 bytes para o slot passado ou para o slot atual na página 1. Os primeiros dois bytes desta área conterão um ponteiro para a área de trabalho da página 3 alocada para este driver (conforme solicitado na rotina DRV_INIT), ou zero se nenhuma área de trabalho foi alocada.

Entrada: A - Número do slot (0 para o slot atual na página 1).

Saída: A - Slot atual da página 1 (se 0 na entrada). Inalterado se não for 0 na entrada).

IX - Endereço da entrada SLTWRK de 8 bytes

Registradores: F

Nota: Esta rotina não pode ser chamada diretamente. Deve ser chamada por meio de CALBNK (4042H), da seguinte forma:

```
LD   A,<número do slot ou 0>
EX   AF,AF'
XOR  A
LD   IX,GWORK
CALL CALBNK
```

K_SIZE (40FEH / Kernel NEXTOR)

Função: Este endereço contém um byte que informa quantos bancos formam o Kernel Nextor (ou alternativamente, o primeiro número de banco do driver).

CUR_BANK (40FFH / Kernel NEXTOR)

Função: Este endereço contém um byte com o número do banco atual. Para o primeiro banco de drivers, esse valor é o mesmo de K_SIZE e aumenta em um para cada banco de drivers adicional (se houver).

CHGBNK (7FD0H / Kernel NEXTOR)

Função: Fazer com que o banco especificado seja visível na página 1 do Z80. Esta rotina está disponível em todos os bancos e não apenas no banco 0. Normalmente, o código do driver não precisará usar esta rotina, mas usará CALBNK em seu lugar.

Entrada: A - Número do banco

Saída: Nenhuma

Registradores: AF

PROMPT (41E8H / Kernel NEXTOR v2.1.0)

Função: Exibir a mensagem "Insira o disco para a unidade X: e pressione uma tecla quando pronto" e aguarda a ação solicitada.

Entrada: Nenhuma.

Saída: Nenhuma.

Registradores: Todos.

Nota: Esta rotina não pode ser chamada diretamente. Deve ser chamada por meio de CALLB0 (403FH), da seguinte forma:

```
PROMPT:   EQU 041E8H
CODE_ADD: EQU 0F1D0H
CALLB0:   EQU 0403FH
LD   HL,PROMPT
LD   (CODE_ADD),HL
CALL CALLB0
```

OBS.: O número do drive "zero-based" é obtido de TARGET (F33FH) e o hook HPROMPT (F24FH) é chamado com o número do drive "zero-based" em A antes que a rotina seja executada.

8.6.4.1 – Rotinas para drivers de dispositivos de disco

DRV_SIGN (4100H / Kernel NEXTOR)

Função: Assinatura de driver válida. Usada pelo Kernel na inicializa ção para verificar se o banco de driver contém um driver válido. Consiste na string "NEXTOR_DRIVER", sem as aspas, terminada em zero e em maiúsculas.

DRV_FLAGS (410EH / Kernel NEXTOR)

Função: Byte de sinalizadores contendo informações sobre o driver:

bit 0: 0 – Driver baseado em drive.
       1 – Driver baseado em dispositivo.

bit 1: Reservado, deve ser zero.

bit 2: 1 – O driver implementa a rotina DRV_CONFIG (usado pelo Nextor a partir da versão 2.0.5).

bits 3-7: Reservados, sempre zero.

RESERVADO (410FH / Kernel NEXTOR)

Função: Byte reservado, deve ser zero.

DRV_NAME (4110H / Kernel NEXTOR)

Função: String contendo o nome do driver. Deve consistir em 32 caracteres ASCII imprimíveis (códigos 32 a 126). Deve ser justificada à esquerda e preenchida à direita com espaços.

DRV_TIMI (4130H / Kernel NEXTOR)

Função: Ponto de entrada para a rotina de interrupção do driver, chamada 50 ou 60 vezes por segundo dependendo da frequência do VDP selecionada. Se o driver não precisar de interrupção, essa entrada deve ser preenchida com RETs. Esta entrada só será chamada se DRV_INIT retornar CY=1 em sua primeira execução.

Entrada: Nenhuma.

Saída: Nenhuma.

Registradores: Nenhum.

DRV_VERSION (4133H / Kernel NEXTOR)

Função: Retornar a versão do driver.

Entrada: Nenhuma.

Saída: A – Número da versão principal.
B – Número da versão secundária.
C – Número de revisão.

Registradores: Todos.

DRV_INIT (4136H / Kernel NEXTOR)

Função: Rotina de inicialização do driver. Os drivers baseados em drive devem retornar o número de unidades de drive necessárias na saída da primeira execução desta rotina. Os drivers baseados em dispositivo podem opcionalmente solicitar um número inicial de drives a serem alocados no momento da inicialização, implementando a rotina DRV_CONFIG, substituindo assim o procedimento de mapeamento automático. Esta rotina é chamada pelo Kernel duas vezes:

*__1.__ Primeira execução, para coleta de informações.

Entrada: A = 0.
B = Número de letras de unidade disponíveis.
HL = Tamanho máximo da área de trabalho alocável na página 3.

C = Sinalizadores de inicialização:
bit 5: Solicita uma contagem reduzida da unidade.

Saída: A = Número de unidades de acionamento controladas (apenas para motoristas baseados em unidade).
HL = Tamanho da área de trabalho necessária na página 3
C = Sinalizadores de inicialização:
bit 5: Solicita uma contagem reduzida da unidade.
CY = 1 se DRV_TIMI deve ser conectado ao temporizador de interrupção do, 0 caso contrário.

*2. Segunda execução, para área de trabalho e inicialização do hardware.

Entrada: A = 1.
B = Número de letras de unidade realmente alocadas para este controlador.

Registradores: Todos.

Nota: Se 8 bytes ou menos forem necessários, esta rotina deve retornar HL = 0 em sua primeira execução, e o espaço de 8 bytes reservado pelo sistema para este slot em SLTWRK deve ser usado como área de trabalho:

```
XOR  A
EX   AF,AF'
XOR  A
LD   IX,GWORK
CALL CALBNK
; IX aponta para área de trabalho
; de 8 bytes
```

Se mais de 8 bytes forem necessários, esta rotina deve retornar o espaço necessário em HL, obtendo ponteiro para o espaço alocado a partir dos primeiros dois bytes do espaço reservado pelo sistema para este slot em SLTWRK:

```
XOR  A
EX   AF,AF'
XOR   A
LD   IX,GWORK
CALL CALBNK
LD   L,(IX)
LD   H,(IX+1)
; Use o espaço apontado por HL como
; área de trabalho
```

DRV_BASSTAT (4139H / Kernel NEXTOR)

Função: Entrada para o manipulador de instruções estendidas BASIC ("CALLs"). Funciona da mesma maneira que os manipuladores padrão, exceto que se as instruções tratadas tiverem parâmetros, a rotina CALBAS do MSX BIOS não pode ser usada diretamente; em vez disso, deve ser usada a rotina CALLB0 na página 0 do Kernel. Se o driver não manipular instruções estendidas BASIC, ele deve setar o sinalizador de transporte (CY=1) e retornar.

Entrada: Depende da rotina chamada.

Saída: Depende da rotina chamada.

Registradores: Depende da rotina chamada.
CY = 1 se não houver manipulador de instrução.

DRV_BASDEV (413CH / Kernel NEXTOR)

Função: Entrada para o manipulador de dispositivos estendidos do BASIC. Funciona da mesma maneira que os manipuladores padrão. Se o driver não manipular dispositivos estendidos BASIC, ele deve fazer CY=1 retornar.

Entrada: Depende da rotina chamada.

Saída: Depende da rotina chamada.

Registradores: Depende da rotina chamada.
CY = 1 se não houver manipulador de instrução.

DRV_EXTBIO (413FH / Kernel NEXTOR)

Função: Manipulador da BIOS estendida. Funciona da mesma maneira que os manipuladores padrão, exceto que deve retornar um valor em D'(D no conjunto de registradores alternativos).

Entrada: Depende da rotina chamada.

Saída: D' = 0 → Retornar imediatamente.
D' = 0 → Executar Kernel e/ou manipulador da BIOS estendida do sistema.
Outros registradores: depende da rotina chamada.

DRV_DIRECT0 (4142H / Kernel NEXTOR)
DRV_DIRECT1 (4145H / Kernel NEXTOR)
DRV_DIRECT2 (4148H / Kernel NEXTOR)
DRV_DIRECT3 (414BH / Kernel NEXTOR)

DRV_DIRECT5 (414EH / Kernel NEXTOR)

Função: Entradas para chamadas diretas ao driver. As chamadas para qualquer um dos cinco pontos de entrada disponíveis nos endereços 7850h a 785Ch no ROM do Kernel (banco 0 ou 3) serão mapeadas para uma chamada para o ponto de entrada DRV_DIRECT correspondente. Todos os registradores, exceto IX e AF', são passados sem modificações.

Entrada: Depende da rotina chamada.

Saída: Depende da rotina chamada.

Registradores: Depende da rotina chamada.

DRV_CONFIG (4151H / Kernel NEXTOR v2.0.5)

Função: Permitir que o driver forneça informações sobre a configuração no momento da inicialização. Atualmente, todas as configurações definidas se aplicam apenas a drivers baseados em dispositivo. Esta rotina é chamada duas vezes.

Entrada: A – Índice de configuração.
BC, DE, HL – Depende da configuração.

Saída: A = 0 – Ok.
1 – Configuração não disponível para o índice fornecido ou índice de configuração desconhecido
BC, DE, HL = Depende da configuração.

*__1.__ Para obter o número de unidades no momento da inicialização.

Entrada: A = 1.
B = 0 para o modo DOS 2, 1 para o modo DOS 1
C = Sinalizadores de inicialização
bit 5: O usuário está solicitando uma contagem resumida da unidade.

Saída: B – Número de unidades.

*__2.__ Obter a configuração padrão para a unidade

Entrada: A = 2.
B = 0 para o modo DOS 2, 1 para o modo DOS 1.
C = Nº relativo da unidade no momento da inicialização.

Saída: B = Índice do dispositivo.
C = Índice LUN.

RESERVADO (4155H a 415FH / Kernel NEXTOR)

Área está reservada para expansão futura (preenchida com zeros).

DRV_DSKIO (4160H / Kernel NEXTOR)

Função: Ler ou gravar setores do dispositivo de armazenamento de massa associado a uma unidade de drive. Ao contrário das rotinas padrão do MSX-DOS, esta rotina nunca receberá uma solicitação para transferir dados de / para a página 1.

Entrada: A – Unidade de drive, começando em 0
CY – 0 para leitura, 1 para escrita
B – Número de setores para ler / escrever
C – Primeiro número do setor para leitura / gravação (bits 22-16) se o bit 7 não estiver definido ou Byte de ID de mídia se o bit 7 definido.
DE – Primeiro setor para leitura/gravação (bits 15-0).
HL – Endereço de origem/destino para a transferência.

Saída: CY = 1 se houve erro na operação
A – código de erro (apenas em caso de erro):
0 – protegido contra gravação
2 – Não está pronto
4 – Erro de dados (CRC)
6 – Erro de busca
8 – Registro não encontrado
10 – Falha de gravação
12 – Outros erros
B – Número de setores realmente lidos (somente em caso de erro)

DRV_DSKCHG (4163H / Kernel NEXTOR)

Função: Obter informações sobre o estado de alteração da mídia associada a uma determinada unidade de drive.

Entrada: A – Unidade de drive, começando em 0.
B = C – Descritor de mídia.
HL – Endereço base para DPB -1.

Saída: CY = 1 se houver erro.
A – Código de erro (apenas em caso de erro).
Os mesmos códigos de DRV_DSKIO são usados.
B – Estados da mídia (caso CY = 0):
1 – A mídia não mudou desde a última vez que esta rotina foi chamada.
0 – Desconhecido.
-1 – A mídia mudou desde a última vez que esta rotina foi chamada.

Nota: Se o estado da mídia for "Alterado" ou "Desconhecido", a rotina deve gerar um DPB para o disco e copiá-lo para o endereço passado em HL mais um. O formato do DPB está descrito na rotina DRV_GETDPB.

DRV_GETDPB (4166h)

Função: Obter um DPB (Drive Parameter Block) para a mídia associada a uma determinada unidade de driver.

Entrada: A = unidade de driver, começando em 0.
B = C = Descritor de mídia.
HL – Endereço base para DPB–1.

Saída: HL aponta para o DPB preenchido (O DPB deve ser copiado para o endereço passado em HL mais um).
O formato do DPB de 18 bytes é o seguinte:
HL+00: Byte do descritor de mídia (F0h a FFh)
+01: Tamanho do setor em 2 bytes (deve ser potência de 2).
+03: Máscara de diretório (tamanho do setor/32 –1).
+04: Mudança de diretório (nº bits 1 na másc. Diretório).
+05: Máscara de cluster (setores por cluster – 1).
+06: Mudança de cluster (nº de bits 1 másc. de cluster + 1).
+07: Número do primeiro setor da FAT.
+08: Número de FATs.
+0A: Número de entradas do diretório (máximo 254).
+0B: Número do primeiro setor de dados (2 bytes).
+0D: Número máximo do cluster (nº de clusters +1).
+0F: Número total de setores.
+10: Número do primeiro setor do diretório raiz.

DRV_CHOICE (4169h)

Função: Retorna uma string de escolha de formato para um disco.

Entrada: Nenhuma.

Saída: HL – Endereço da string de escolha no slot do Kernel. Esta rotina é chamada pelo Kernel quando um comando FORMAT é executado, a fim de mostrar as opções de formatação para o usuário.

DRV_FORMAT (416Ch)

Função: Formata um disco e inicializa seu setor de boot, FAT e diretório raiz.

Entrada: A – Escolha de formatação, de 1 a 9 (ver DRV_CHOICE).
D – Unidade de drive, começando em 0.
HL – Endereço da área de trabalho na memória.
DE – Tamanho da área de trabalho.
Saída: CY – 1 se houver erro..
A – Código de erro (apenas em caso de erro):
0 – Protegido contra gravação .
2 – Não pronto.
4 – Erro de CRC.
6 – Erro de busca.
8 – Registro não encontrado.
10 – Falha de escrita.
12 – Parâmetro ruim.
14 – Memória insuficente.
16 – Outros erros.

DRV_MTOFF (416Fh)
Função: Parar o motor de todos os drives. Útil apenas para unidades de disquete.
Entrada: Nenhuma.
Saída: Nenhuma.

8.6.4.2 – Rotinas para drivers de outros dispositivos

DEV_RW (4160h)
Função: Ler ou gravar setores absolutos de ou para um dispositivo.
Entrada: CY – 0 para leitura; 1 para escrita.
A – Índice de dispositivo (1 a 7).
B – Número de setores a ler ou escrever.
C – Índice de unidade lógica (1 a 7).
HL – Endereço para transferência (não pode ser na página 1).
DE – Endereço para armazenamento do número do setor de 4 bytes (não pode ser na página 1).
Saída: A – Código de erro (mesmos códigos do MSXDOS2):
00H: Não houve erro.
B5H: Número inválido de dispositivo/unidade lógica.
F3H: Erro de busca.
F7H: Disco não formatado.
F8H: Protegido contra escrita ou unidade só leitura.

F9H: Setor não encontrado.
FAH: Erro de CRC durante a leitura.
FCH: Não pronto.
FDH: Erro de disco.
FEH: Erro de escrita.
FFH: Disco incompatível.
B – Número de setores efetivamente lidos ou escritos (somente em caso de erro).

DEV_INFO (4163h)

Função: Retornar informações sobre um dispositivo.
Entrada: A – Índice do dispositivo (1 a 7)
B – 0 → Informações básicas.
1 → String contendo o nome do fabricante.
2 → String contendo o nome do dispositivo.
3 → String contendo o número de série.
HL – Apontador para buffer (não pode ser na página 1).
Saída: A – Código de erro:
0 → Não houve erro.
1 → Dispositivo / informação não disponível ou índice inválido.
HL – Buffer preenchido com a string de texto ou com informações básicas no seguinte formato:
+0: Número de unidades lógicas (1 a 8). Deve ser 1 se não houver unidades lógicas.
+1: Sinalizadores com os recursos do dispositivo (00H na versão atual).

DEV_STATUS (4166h)

Função: Verificar a disponibilidade e alterar o estado de um dispositivo ou unidade lógica.
Entrada: A – Índice do dispositivo (1 a 7)
B – Número da unidade lógica (1 a 7) ou 0 para retornar o estado do próprio dispositivo
Saída: A – Estado para a unidade lógica especificada ou para o dispositivo se 0 foi especificado:
0 – O dispositivo ou unidade lógica não está disponível, ou o número dispositivo / unidade lógica é inválido.
1 – O dispositivo ou unidade lógica está disponível e não mudou desde a última verificação de estado.

2 – O dispositivo ou unidade lógica está disponível e mudou desde a última verificação de estado (para dispositivos, o dispositivo foi desconectado e outro foi conectado ao qual foi atribuído o mesmo índice; para unidades lógicas, a mídia foi alterada).
3 – O dispositivo ou unidade lógica está disponível, mas não é possível determinar se foi alterado ou não desde a última verificação de estado.

LUN_INFO (4169h)

Função: Obter informações para uma unidade lógica.

Entrada: A – Índice do dispositivo (1 a 7).
B – Índice de unidade lógica (1 a 7).
HL – Apontador para buffer (não pode ser na página 1).

Saída: A – 0 → Ok, buffer preenchido com as informações.
1 → Dispositivo ou unidade lógica não disponível ou inválido.
HL – Buffer de 12 bytes preenchido.
+0: Tipo de mídia:
0 – Bloquear dispositivo.
1 – Leitor ou gravador de CD ou DVD.
2-254 – Não utilizado (reservado para uso futuro).
255 – Outro tipo.
+1: Tamanho do setor em 2 bytes (0 se esta informação não se aplica ou não está disponível).
+3: Total de setores disponíveis em 4 bytes (0 se esta informação não se aplica ou não está disponível).
+7: Sinalizadores da unidade lógica:
bit 0: 1 se a mídia for removível.
bit 1: 1 se a mídia for somente leitura.
bit 2: 1 se a unidade lógica for uma unidade de disquete.
bit 3: 1 se a unidade lógica não deve ser usada para mapeamento automático.
bits 4-7: Não utilizados (sempre 0).
+8: Número de cilindros (2 bytes).
+10: Número de cabeças (1 byte).
+11: Número de setores por trilha (1 byte).

8.6.5 – Rotinas para acesso a Hard-Disks padrão SCSI

IDBYT (7F80H/Interface SCSI)
Função: ID da interface em 3 bytes. (Ex.: "HD#").

INISYS (7F83H/Interface SCSI)
Função: Inicia a interface SCSI.
Entrada: Nenhuma.
Saída: Nenhuma.
Registradores: Todos.

TRMACT (7F86H/Interface SCSI)
Função: Termina as ações do HDD.
Entrada: Nenhuma.
Saída: A – Status da interface SCSI. Igual a RDLBLK (7F89H).
D – Status dispositivo atual. Igual a RDLBLK (7F89H).
E – Mensagens. Igual a RDLBLK (7F89H).
Registradores: AF, DE.

RDLBLK (7F89H/Interface SCSI)
Função: Lê setores lógicos do disco ou dispositivo.
Entrada: CDE – Número do setor.
HL – Endereço na RAM para os dados lidos.
B – Quantidade de setores a ler.
A – ID do dispositivo:

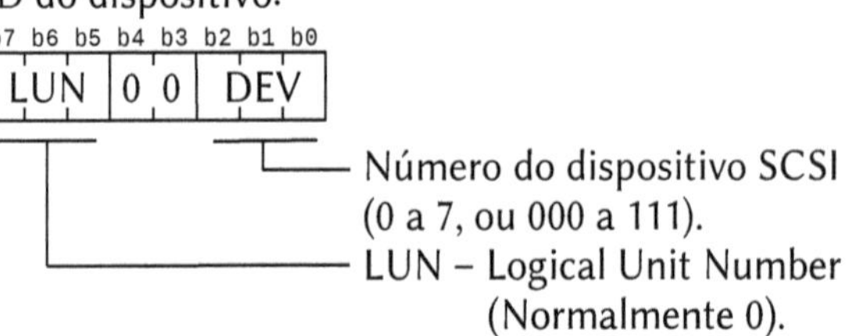

Saída: HL – apontador para os dados lidos.
A – Status da interface SCSI.
00H – Não houve erro.
02H – Verificar condição.
04H – Condição "MET".
08H – Dispositivo ocupado.
0CH – Conflito de reserva.

10H – Condição intermediária.
14H – Condição intermediária "MET".
18H – Conflito de reserva.
22H – Comando terminado.
28H – Fila cheia.
30H – ACA ativa.
40H – Operação abortada.

D – Status do dispositivo atual.

00H – Não houve erro.
02H – Verificar condição.
04H – Condição "MET".
08H – Dispositivo ocupado.
0CH – Conflito de reserva.
10H – Condição intermediária.
14H – Condição intermediária "MET".
18H – Conflito de reserva.
22H – Comando terminado.
28H – Fila cheia.
30H – ACA ativa.
40H – Operação abortada.

E – Mensagens:

00H – Comando completo.
01H, xx, 00H – Modificar apontadores dados.
01H, xx, 01H – Pedido de transf. síncrona de dados.
01H, xx, 03H – Pedido de transf. total de dados.
02H – Salvar apontadores de dados.
03H – Restaurar apontadores.
04H – Desconectar.
05H – Erro na inicialização.
06H – Abortar.
07H – Mensagem rejeitada.
08H – Sem operação.
09H – Erro de paridade na mensagem.
0AH – Comando anexado completo.
0BH – Comando anexado completo (com flag).
0CH – Reset no barramento do dispositivo.
0DH – Abort TAG.

0EH – Fila limpa/vazia.
0FH – Iniciar recuperação.
10H – liberar recuperararação.
11H – Encerrar processo de I/O.
20H – Tag de fila simples.
21H – Tag de cabeçalho de fila
22H – Tag de fila ordenada.
23H – Ignorar resíduo.
80H ~ 0FFH – Identificar.

Registradores: Todos.

Obs.: Esta rotina também pode ler setores do CD-ROM, que têm 2048 bytes em vez de 512 bytes dos HD´s.

WRLBLK (7F8CH/Interface SCSI)

Função: Escreve setores lógicos do disco.

Entrada: CDE – Número do setor.
HL – Endereço inicial dos dados a serem escritos.
B – Quantidade de setores a escrever.
A – ID do dispositivo. Igual a RDLBLK (7F89H).

Saída: HL – Apontador para os dados lidos.
A – Status SCSI. Igual a RDLBLK (7F89H).
D – Status do dispositivo. Igual a RDLBLK (7F89H).
E – Mensagens. Igual a RDLBLK (7F89H).

Registradores: Todos.

RQSENS (7F8FH/Interface SCSI)

Função: Retorna informações "*sense*" sobre o dispositivo SCSI.

Entrada: A – ID do dispositivo. Igual a RDLBLK (7F89H).

Saída: A – Código de erro do DOS.
IX – Apontador para um buffer preenchido com os dados "*sense*":
+00H – Código de erro:
70H – Formato fixo, "*sense*" atual
71H – Formato fixo, "*sense*" anterior
72H – Formato do descritor, "*sense*" atual
73H – Formato do descritor, "*sense*" anterior
+01H – Número do segmento.

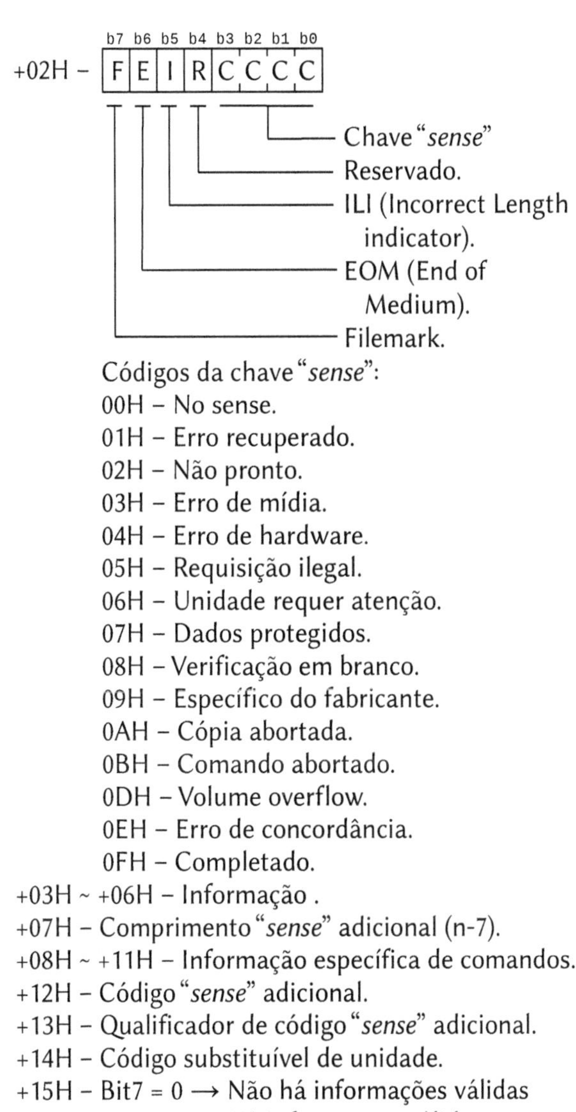

Códigos da chave "*sense*":

00H – No sense.
01H – Erro recuperado.
02H – Não pronto.
03H – Erro de mídia.
04H – Erro de hardware.
05H – Requisição ilegal.
06H – Unidade requer atenção.
07H – Dados protegidos.
08H – Verificação em branco.
09H – Específico do fabricante.
0AH – Cópia abortada.
0BH – Comando abortado.
0DH – Volume overflow.
0EH – Erro de concordância.
0FH – Completado.

+03H ~ +06H – Informação .
+07H – Comprimento "*sense*" adicional (n-7).
+08H ~ +11H – Informação específica de comandos.
+12H – Código "*sense*" adicional.
+13H – Qualificador de código "*sense*" adicional.
+14H – Código substituível de unidade.
+15H – Bit7 = 0 ⟶ Não há informações válidas
1 ⟶ Há informações válidas.
+15H (bit6 ~ bit0) ~ +17H – Informações específicas do fabricante.

Registradores: AF, BC, DE.

INQIRY (7F92H/Interface SCSI)
Função: Retorna informações sobre o dispositivo SCSI.

Entrada: HL – Endereço do buffer para as informações lidas.
A – ID do dispositivo.
Saída: CY = 1 ⟶ Erro na leitura.
A – Status SCSI. Igual a RDLBLK (7F89H).
D – Status dispositivo. Igual a RDLBLK (7F89H).
E – Mensagens. Igual a RDLBLK (7F89H).
CY = 0 ⟶ HL – Aponta para o início do buffer:
+00H – Código do dispositivo.
+01H – bit7 ⟶ RMB (mídia removível).
bit6~bit0 ⟶ tipo de dispositivos.
+02H – Versão da interface:
00H – Não especificada
01H – SCSI 1
02H – SCSI 2
+03H – bit7~bit4 ⟶ reservados
bit3~bit0 ⟶ formato dados resposta
+04H – Comprimento adicional, contém quantos bytes seguintes são válidos.
+05H ~ +07H – Reservados.
+08H ~ +15H – Nome (Ex. SEAGATE).
+16H ~ +31H – ID do dispositivo (em ASCII).
+32H – Revisão do hardware.
+33H – Revisão do firmware.
+34H – Revisão da ROM.
+35H – Reservado.
Registradores: Todos.

RDSIZE (7F95H/Interface SCSI)
Função: Retorna o espaço total do dispositivo SCSI.
Entrada: HL – Endereço do buffer para as informações lidas.
A – ID do dispositivo. Igual a RDLBLK (7F89H).
Saída: CY = 1 ⟶ Erro na leitura.
A – Status SCSI. Igual a RDLBLK (7F89H).
D – Status dispositivo. Igual a RDLBLK (7F89H).
E – Mensagens. Igual a RDLBLK (7F89H).
CY = 0 ⟶ Dados lidos com sucesso.
(HL+0)~(HL+3) ⟶ nº total setores (MSB/LSB).
(HL+4)~(HL+7) ⟶ tamanho do setor em bytes (MSB/LSB). Normalmente 512 (00H-00H-02H-00H).
Registradores: Todos.

MDSENS (7F98H/Interface SCSI)
Função: Retorna os parâmetros "*sense*" do modo atual.
Entrada: HL – Endereço do buffer para as informações lidas.
A – ID do dispositivo. Igual a RDLBLK (7F89H).

	b7	b6	b5	b4	b3	b2	b1	b0
B –	P	P	C	C	C	C	C	C

b5–b0 (C): Código de página
b7–b6 (P): Campo de controle de página

Saída: CY = 1 → erro na leitura.
A – Status SCSI. Igual a RDLBLK (7F89H).
D – Status dispositivo. Igual a RDLBLK (7F89H).
E – Mensagens. Igual a RDLBLK (7F89H).
CY = 0 → HL – Aponta para o início do buffer:
+00H – parâmetros de operação (SEAGATE).
+01H – parâmetros de recuperação de erros.
+02H – parâmetros desconectados.
+03H – parâmetros de formato.
+04H – parâmetros de geometria.
+05H ~ +1FH – Reservados.
+20H – Número de série do drive.
+3FH – Retorna todas as páginas.
Registradores: Todos.

MDSEL (7F9BH/Interface SCSI)
Função: Seleção de modo. Usado para inicializar o HD.
Entrada: HL – Endereço do buffer.
A – ID do dispositivo. Igual a RDLBLK (7F89H).
B – Tamanho da lista de parâmetros.
Saída: CY = 1 → erro na leitura.
A – Status SCSI. Igual a RDLBLK (7F89H).
D – Status dispositivo. Igual a RDLBLK (7F89H).
E – Mensagens. Igual a RDLBLK (7F89H).
CY = 0 → HL – Aponta para a lista de parâmetros.
Registradores: AF, BC, HL, IX.

HDFORM (7F9EH/Interface SCSI)
Função: Formatar a unidade SCSI.
Entrada: A – ID da unidade.

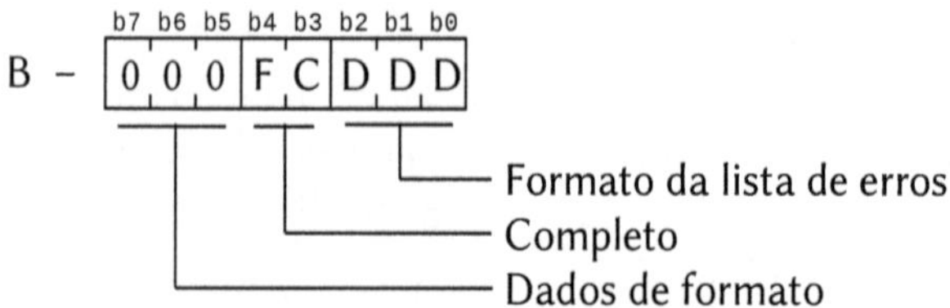

DE – Interleave (MSB-LSB).
HL – Endereço de dados.

Saída: CY = 1 → erro na leitura.
A – Status SCSI. Igual a RDLBLK (7F89H).
D – Status dispositivo. Igual a RDLBLK (7F89H).
E – Mensagens. Igual a RDLBLK (7F89H).
CY = 0 → Formatado com sucesso.

Registradores: AF, BC, DE, HL.

TESTRD (7FA1H/Interface SCSI)
Função: Testa se o dsipositivo SCSI está pronto.
Entrada: A – ID do dispositivo. Igual a RDLBLK (7F89H).
Saída: A – 85H → o dispositivo está pronto.
42H → o dispositivo NÃO está pronto.
Registradores: Todos.

SFBOOT (7FA4H/Interface SCSI)
Função: Executa "*softboot*" do dispositivo SCSI.
Entrada: Nenhuma.
Saída: Nenhuma.
Registradores: Todos.
Obs.: Esta entrada não deve ser usada.

INSWRK (7FA7H/Interface SCSI)
Função: Monta a tabela de dispositivos SCSI (instala a área de trabalho).
Entrada: Nenhuma.
Saída: Nenhuma.
Registradores: Todos.
Obs.: Esta entrada não deve ser usada (rotina interna).

CLRLIN (7FAAH/Interface SCSI)
Função: Limpa até o fim da linha (imprime sequência ESC).
Entrada: Nenhuma.
Saída: Nenhuma.
Registradores: Todos.

VERIFY (7FADH/Interface SCSI)
Função: Verificação.
Entrada: A – ID do dispositivo. Igual a RDLBLK (7F89H).
B – Tamanho a ser verificado (em blocos).
CDE – Número do bloco lógico.
HL – Endereço.
Saída: A – Status SCSI. Igual a RDLBLK (7F89H).
D – Status dispositivo. Igual a RDLBLK (7F89H).
E – Mensagens. Igual a RDLBLK (7F89H).
Registradores: AF, BC, HL, IX.

STRSTP (7FB0H/Interface SCSI)
Função: Inicia ou para o drive.
Entrada: A – ID do dispositivo. Igual a RDLBLK (7F89H).
B – 0 → Para o drive.
1 → Inicia o drive.
Saída: A – Status SCSI. Igual a RDLBLK (7F89H).
D – Status dispositivo. Igual a RDLBLK (7F89H).
E – Mensagens. Igual a RDLBLK (7F89H).
Registradores: Todos.

SNDDGN (7FB3H/Interface SCSI)
Função: Envia diagnósticos.
Entrada: A – ID do dispositivo. Igual a RDLBLK (7F89H).
Saída: A – Status SCSI. Igual a RDLBLK (7F89H).
D – Status dispositivo. Igual a RDLBLK (7F89H).
E – Mensagens. Igual a RDLBLK (7F89H).
Registradores: Todos.

RESERV (7FB6H/Interface SCSI)
Função: Reservado.

RESER2 (7FB9H/Interface SCSI)
Função: Reservado.

COPY (7FBCH/Interface SCSI)
Função: Lê lista "*padrão*".
Entrada: A – ID do dispositivo. Igual a RDLBLK (7F89H).
DE – Comprimento da lista de parâmetros.
HL – Endereço dos dados.

Saída: A – Status SCSI. Igual a RDLBLK (7F89H).
D – Status dispositivo. Igual a RDLBLK (7F89H).
E – Mensagens. Igual a RDLBLK (7F89H).
Atenção: Esta entrada tem função diferente em interfaces IDE. Não é aconselhável usar esta chamada.

RDEFCT (7FBFH/Interface SCSI)
Função: Retorna dados corrompidos.
Entrada: A – ID do dispositivo. Igual a RDLBLK (7F89H).

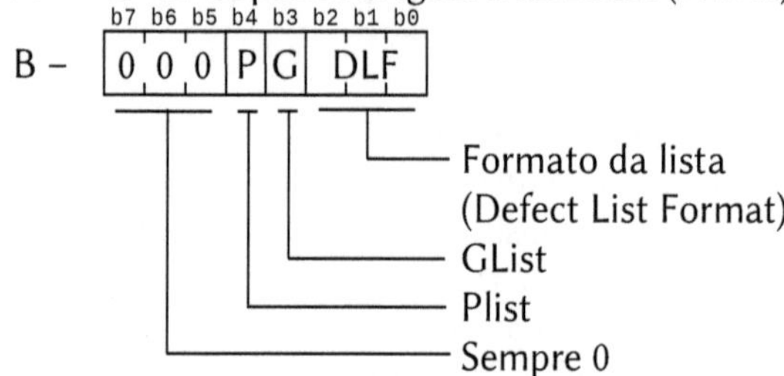

DE – Tamanho do espaço alocado.
HL – Endereço dos dados.
Saída: A – Status SCSI. Igual a RDLBLK (7F89H).
D – Status dispositivo. Igual a RDLBLK (7F89H).
E – Mensagens. Igual a RDLBLK (7F89H).
Registradores: Todos.

GETWRK (7FC2H/Interface SCSI)
Função: Retorna o endereço da área de trabalho.
Entrada: Nenhuma.
Saída: HL = IX = Apontador para o início da área de trabalho. São reservados 8 bytes para cada unidade lógica (podem haver até 6 unidades lógicas, de A: até F:). A estrutura para cada unidade é a seguinte:

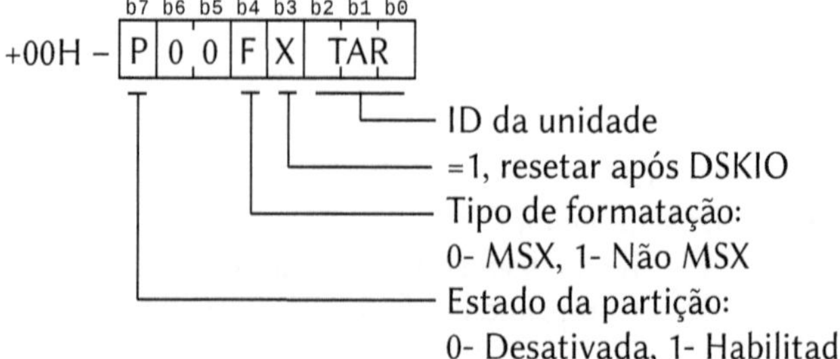

+01H ~ +03H – Primeiro setor da partição.
+04H ~ +05H – Número de setores da partição.

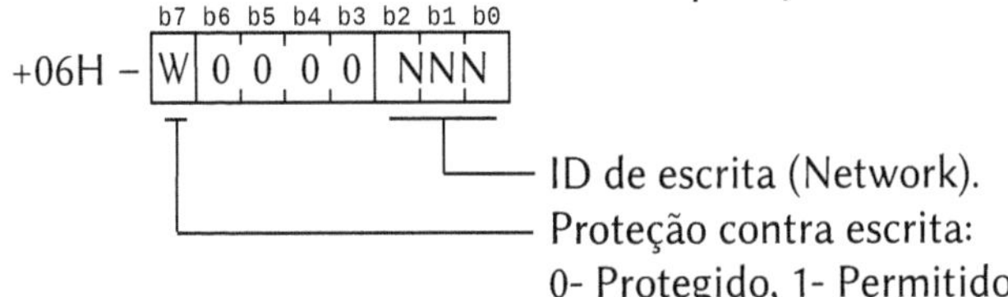

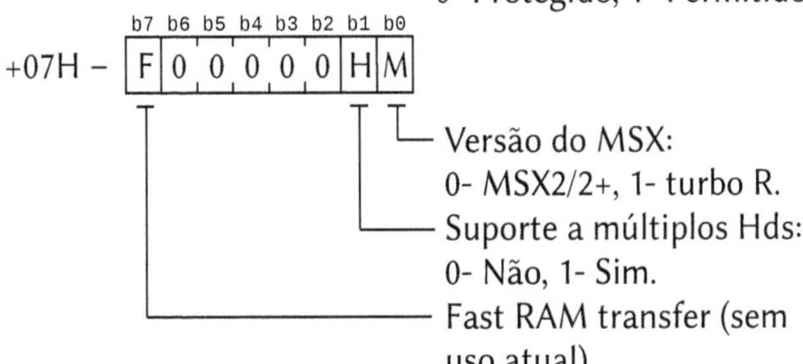

Registradores: AF, BC, HL, IX.

PRTINF (7FC5H/Interface SCSI)
Função: Retorna informações sobre a partição.
Entrada: A – Número do drive
Saída: HL = IX = Apontador para o início da área de trabalho do drive especificado. São 8 bytes com estrutura idêntica à GETWRK (7FC2H).
Registradores: AF, BC, DE, HL, IX.

GTUNIT (7FC8H/Interface SCSI)
Função: Retorna o número de unidades ativas.
Entrada: Nenhuma.
Saída: A – número de unidades ativas.
C – Vector ID.
D – Host ID.
Registradores: AF, BC, DE.

HOSTID (7FCBH/Interface SCSI)
Função: Seleciona o Host ID.
Entrada: A – Host ID (4 ~ 7)
Saída: CY = 1 se houve erro.
Registradores: AF, D.

TARGID (7FCEH/Interface SCSI)
Função: Seleciona o Target ID.
Entrada: A – Target ID (0 ~ 3)
Saída: CY = 1 se houver erro.
Registradores: AF, D.

GTTARG (7FD1H/Interface SCSI)
Função: Retorna o Target ID.
Entrada: Nenhuma.
Saída: A – Target ID.
Registradores: AF.

GTHOST (7FD4H/Interface SCSI)
Função: Retorna o Host ID.
Entrada: Nenhuma.
Saída: A – Host ID.
Registradores: AF.

GTSENS (7FD7H/Interface SCSI)
Função: Retorna dados "*sense*".
Entrada: A – ID do dispositivo. Igual a RDLBLK (7F89H).
Saída: A – Chave "sense".
C – Código "sense" adicional.
D – Target Status
IX – Endereço dados "sense". Igual a RQSENS (7F8FH).
Registradores: AF, BC, DE.

MEDREM (7FDAH/Interface SCSI)
Função: Prevenir remoção de mídia.
Entrada: A – ID do dispositivo. Igual a RDLBLK (7F89H).
B – 0 → Permite remoção.
1 → Impede remoção.
Saída: A – Status SCSI. Igual a RDLBLK (7F89H).
D – Status dispositivo. Igual a RDLBLK (7F89H).
E – Mensagens. Igual a RDLBLK (7F89H).
Registradores: Todos.

8.7 - ROTINAS DA MSX-MUSIC (FM/OPLL)

WRTOPL (4110H/FM-BIOS)

Função: Escreve um byte de dados em um registrador do OPLL.
Entrada: A - Registrador do OPLL.
E - Byte de dados a ser escrito.
Saída: Nenhuma.
Registradores: Nenhum.

INIOPL (4113H/FM-BIOS)

Função: Inicializa a área de trabalho da FM-BIOS/OPLL.
Entrada: HL - Início da área de trabalho (deve ser par).
Saída: Nenhuma.
Registradores: Todos.

MSTART (4116H/FM-BIOS)

Função: Começa a tocar a música.
Entrada: HL - Endereço da fila musical.
A - 0 → Loop infinito.
1~254 → Número de repetições.
255 → Reservado. Não usar.
A fila musical tem a estrutura descrita abaixo.
Cabeçalho para 6 vozes FM + 5 peças de bateria:

```
+00 ~ +01  0EH, 00H
+02 ~ +03  Endereço para FM1CH
+04 ~ +05  Endereço para FM2CH
+06 ~ +07  Endereço para FM3CH
+08 ~ +09  Endereço para FM4CH
+10 ~ +11  Endereço para FM5CH
+12 ~ +13  Endereço para FM6CH
+14 ...    Área de dados
```

Cabeçalho para 9 vozes FM:

```
+00 ~ +01  12H, 00H
+02 ~ +03  Endereço para FM1CH
+04 ~ +05  Endereço para FM2CH
+06 ~ +07  Endereço para FM3CH
+08 ~ +09  Endereço para FM4CH
+10 ~ +11  Endereço para FM5CH
+12 ~ +13  Endereço para FM6CH
+14 ~ +15  Endereço para FM7CH
+16 ~ +17  Endereço para FM8CH
+18 ~ +19  Endereço para FM9CH
+20 ...    Área de dados
```

Área de dados para a melodia:

+00H ~ +5FH	Especifica o tom. Este número representa todas as escalas musicais, incluindo o "pitch"
+60H ~ +6FH	Volume
+70H ~ +7FH	Instrumento
+80H	Liberação do "Sustain"
+81H	Manutenção do "Sustain"
+82H	Habilita instrumento da ROM (0 a 63)
+83H	Especificar instrumento do usuário
+84H	Desligar o legato
+85H	Ligar o legato
+86H	Designação Q (1 a 8). Quando o legato estiver ligado, a designação Q não é executada.
+87H ~ +FEH	Não utilizados
+FFH	Final dos dados para cada voz

Área de dados para o ritmo:

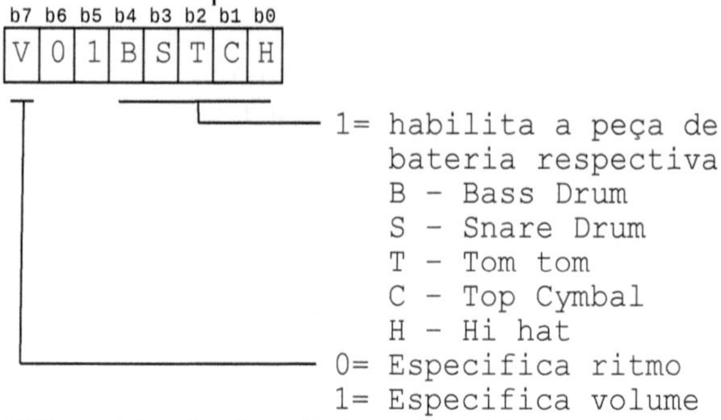

b7	b6	b5	b4	b3	b2	b1	b0
V	0	1	B	S	T	C	H

b4–b0: 1= habilita a peça de bateria respectiva
B - Bass Drum
S - Snare Drum
T - Tom tom
C - Top Cymbal
H - Hi hat

b7: 0= Especifica ritmo
1= Especifica volume

FFH → final dos dados de ritmo

Formato de armazenamento de dados de instrumento:

+0	AM	VIB	EG TYP	KSR	MÚLTIPLO
+1	AM	VIB	EG TYP	KSR	MÚLTIPLO
+2	KSL M		NÍVEL TOTAL		
+3	KSL C	XX	DC	DM	REALIMENTAÇÃO
+4	ATTACK RATE			DECAY RATE	
+5	ATTACK RATE			DECAY RATE	
+6	SUSTAIN LEVEL			RELEASE RATE	
+7	SUSTAIN LEVEL			RELEASE RATE	

Saída: Nenhuma.
Registradores: Todos.

MSTOP (4119H/FM-BIOS)
Função: Parar a música.
Entrada: Nenhuma.
Saída: Nenhuma.
Registradores: Todos.

RDDATA (411CH/FM-BIOS)
Função: Retorna os dados dos instrumentos da ROM.
Entrada: HL – Endereço do buffer para os dados lidos.
A – Número do instrumento (0 a 63).
Saída: Nenhuma.
Registradores: F.

OPLDRV (411FH/FM-BIOS)
Função: Entrada para o driver OPLL. É a rotina que toca a música, devendo ser chamada pelo manipulador de interrupções através do hook HTIMI.
Entrada: Nenhuma.
Saída: Nenhuma.
Registradores: Nenhum.

TSTBGM (4122H/FM-BIOS)
Função: Verifica se ainda há dados na fila musical.
Entrada: Nenhuma.
Saída: A = 0 → não há música sendo tocada
A ≠ 0 → há música sendo tocada.
Registradores: AF.

9 - MSX-HID (Human Interface Device)

Fórmula para o byte de ID único:

```
HIDID=(byte1<<4|0xF)&(byte2|0xC0)&(byte1<<2|0x3F)&0xFF
```

9.1 - FINGERPRINTS DE DISPOSITIVOS MSX

Dispositivo	Fingerprint
Não conectado ou joystick MSX:	3Fh,3Fh,3Fh
Mouse:	30h,30h,30h
Trackball:	38h,38h,38h
Touchpad(1):	39h,3Dh,39h
Touchpad(2):	3Dh,3Dh,3Dh
Caneta ótica:	2Fh,2Fh,2Fh
Paddle Arkanoid Vaus:	3Eh,3Eh,3Eh
Dispositivos codificados por tempo:	xxh,3Fh,3Fh
(onde cada bit de "xx" é zero para cada canal analógico)	
Paddle MSX:	3Eh,3Fh,3Fh
Pad musical Yamaha MMP-01:	3Ch,3Fh,3Fh
Adaptador de joystick IBM-PC DA15:	3Ah,3Fh,3Fh
Adaptador de dual-paddle Atari:	36h,3Fh,3Fh
Controlador analógico de eixo duplo:	30h,3Fh,3Fh

9.2 - FINGERPRINTS DE DISPOSITIVOS SEGA COMPATÍVEIS

Dispositivo	Fingerprint
Joypad Megadrive de 3 botões:	3Fh,33h,3Fh
Joypad Megadrive de 6 botões:	3Fh,33h,3Fh,33h,3Fh,30h
Megadrive Multi-Tap:	33h,3Fh,33h
Joypad digital Saturn:	3Ch,3Fh,3Ch
Mouse Saturn:	30h,3Bh,30h
Dispositivo Sega 3line-handshake:	31h,31h,31h

9.3 - FINGERPRINTS DE DISP. QUE PODEM CONFLITAR

Dispositivo	Fingerprint
Micomsoft XE1-AP em modo analógico:	2Fh,2Fh,2Fh
Sega-Mouse (Megadrive):	30h,30h,30h

9.4 - FINGERPRINTS DE DISPOSITIVOS CASEIROS

Ninja-tap:	3Fh,1Fh,3Fh
Óculos 3D:	3Fh,37h,3Fh
Óculos 3D + caneta ótica:	2Fh,27h,2Fh
Adaptador passivo para mouse PS/2:	3Fh,3Eh,3Fh

9.5 - FINGERPRINTS RESERVADOS (NÃO USAR)

→ Quaisquer fingerprints que possam ser produzidas por um joystick MSX padrão.

→ Quaisquer fingerprints que definam o pino 6 e o pino 7 da porta do joystick para 0 simultaneamente nos dois primeiros bytes.

10 - MEMÔNICOS Z80/R800

10.1 - GRUPO DE CARGA DE 8 BITS

Memônico	Operação	C Z P/V S N H	Binário	Hex	TZ	Z1	TR	RW
LD r,r'	r ← r'	• • • • • • •	01 r r'	--	04	05	01	01
LD r,n	r ← n	• • • • • • •	00 r 110 ← n →	-- --	07	08	02	02
LD u,u'	u ← u'	• • • • • • •	11 011 101 01 u u'	DD --	08	10	02	02
LD v,v'	v ← v'	• • • • • • •	11 111 101 01 v v'	FD --	08	10	02	02
LD u,n	u ← n	• • • • • • •	11 011 101 00 u 110 ← n →	DD -- --	11	13	03	03
LD v,n	u ← n	• • • • • • •	11 111 101 00 v 110 ← n →	FD -- --	11	13	03	03
LD r,(HL)	r ← (HL)	• • • • • • •	01 r 110	--	07	08	02	04
LD r,(IX+d)	r ← (IX+d)	• • • • • • •	11 011 101 01 r 110 ← d →	DD -- --	19	21	05	07
LD r,(IY+d)	r ← (IY+d)	• • • • • • •	11 111 101 01 r 110 ← d →	FD -- --	19	21	05	07
LD (HL),r	(HL) ← r	• • • • • • •	01 110 r	--	07	08	02	04
LD (IX+d),r	(IX+d) ← r	• • • • • • •	11 011 101 01 110 r ← d →	DD -- --	19	21	05	07
LD (IY+d),r	(IY+d) ← r	• • • • • • •	11 111 101 01 110 r ← d →	FD -- --	19	21	05	07
LD (HL),n	(HL) ← n	• • • • • • •	00 110 110 ← n →	36 --	10	11	03	05
LD (IX+d),n	(IX+d) ← n	• • • • • • •	11 011 101 01 110 110 ← d → ← n →	DD 36 -- --	19	21	05	07

Memônico	Operação	C Z P/V S N H	Binário	Hex	TZ	Z1	TR	RW
LD (IY+d),n	(IY+d) ← n	• • • • • •	11 111 101 01 110 110 ← d → ← n →	FD 36 -- --	19	21	05	07
LD A,(BC)	A ← (BC)	• • • • • •	00 001 010	0A	07	08	02	04
LD A,(DE)	A ← (DE)	• • • • • •	00 011 010	1A	07	08	02	04
LD A,(nn)	A ← (nn)	• • • • • •	00 111 010 ← n → ← n →	1A -- --	13	14	04	06
LD (BC),A	(BC) ← A	• • • • • •	00 000 010	02	07	08	02	04
LD (DE),A	(DE) ← A	• • • • • •	00 010 010	22	07	08	02	04
LD (nn),A	(nn) ← A	• • • • • •	00 110 010 ← n → ← n →	32 -- --	13	14	04	06
LD A,I	A ← I	• ↕ I ↕ • •	11 101 101 01 010 111	ED 57	09	11	02	02
LD A,R	A ← R	• ↕ I ↕ • •	11 101 101 01 011 111	ED 5F	09	11	02	02
LD I,A	I ← A	• • • • • •	11 101 101 01 000 111	ED 47	09	11	02	02
LD R,A	R ← A	• • • • • •	11 101 101 01 001 111	ED 4F	09	11	02	02

	000	001	010	011	100	101	110	111
r,r'	B	C	D	E	H	L	•	A
u,u'	B	C	D	E	IXH	IXL	•	A
v,v'	B	C	D	E	IYH	IYL	•	A

TZ - Ciclos T Z80
Z1 - Z80 + M1
TR - Ciclos T R800
RW - R800 + Wait

Notação dos sinalizadores:
• = sinalizador não afetado
↕ = sinalizador afetado de acordo com o resultado da operação
I = O conteúdo de IFF (biestável de ativação de interrupções) é copiado no sinalizador P/V.

10.2 - GRUPO DE CARGA DE 16 BITS

Memônico	Operação	C Z P/V S N H	Binário	Hex	TZ	Z1	TR	RW
LD dd,nn	dd ← nn	• • • • • •	00 dd0 001 ← n → ← n →	-- -- --	10	11	03	03
LD IX,nn	IX ← nn	• • • • • •	11 011 101 00 100 001 ← n → ← n →	DD 21 -- --	14	16	04	04
LD IY,nn	IY ← nn	• • • • • •	11 111 101 00 100 001 ← n → ← n →	FD 21 -- --	14	16	04	04
LD HL,(nn)	H ← (nn+1) L ← (nn)	• • • • • •	00 101 010 ← n → ← n →	2A -- --	16	17	05	07
LD dd,(nn)	dd_H ← (nn+1) dd_L ← (nn)	• • • • • •	11 101 101 01 dd1 011 ← n → ← n →	ED -- -- --	20	22	06	08
LD IX,(nn)	IX_H ← (nn+1) IX_L ← (nn)	• • • • • •	11 011 101 00 101 010 ← n → ← n →	DD 2A -- --	20	22	06	08
LD IY,(nn)	IY_H ← (nn+1) IY_L ← (nn)	• • • • • •	11 111 101 00 101 010 ← n → ← n →	FD 2A -- --	20	22	06	08
LD (nn),HL	(nn+1) ← H (nn) ← L	• • • • • •	00 100 010 ← n → ← n →	22 -- --	16	17	05	07
LD (nn),dd	(nn+1) ← dd_H (nn) ← dd_L	• • • • • •	11 101 101 01 dd0 011 ← n → ← n →	ED -- -- --	20	22	06	08
LD (nn),IX	(nn+1) ← IX_H (nn) ← IX_L	• • • • • •	11 011 101 01 100 010 ← n → ← n →	DD 22 -- --	20	22	06	08

Memônico	Operação	C Z P/V S N H	Binário	Hex	TZ	Z1	TR	RW
LD (nn),IY	(nn+1) ← IY_H (nn) ← IY_L	• • • • • •	11 111 101 01 100 010 ← n → ← n →	FD 22 -- --	20	22	06	08
LD SP,HL	SP ← HL	• • • • • •	11 111 001	F9	06	07	01	01
LD SP,IX	SP ← IX	• • • • • •	11 011 101 11 111 001	DD F9	10	12	02	02
LD SP,IY	SP ← IY	• • • • • •	11 111 101 11 111 001	FD F9	10	12	02	02
PUSH qq	(SP-2) ← qq_L (SP-1) ← qq_H SP ← SP - 2	• • • • • •	11 qq0 101	--	11	12	04	06
PUSH IX	(SP-2) ← IX_L (SP-1) ← IX_H SP ← SP - 2	• • • • • •	11 011 101 11 100 101	DD E5	15	17	05	07
PUSH IY	(SP-2) ← IY_L (SP-1) ← IY_H SP ← SP - 2	• • • • • •	11 111 101 11 100 101	FD E5	15	17	05	07
POP qq	qq_H ← (SP+1) qq_L ← (SP) SP ← SP + 2	• • • • • •	11 qq0 001	--	10	11	03	05
POP IX	IX_H ← (SP+1) IX_L ← (SP) SP ← SP + 2	• • • • • •	11 011 101 11 100 001	DD E1	14	16	04	06
POP IY	IY_H ← (SP+1) IY_L ← (SP) SP ← SP + 2	• • • • • •	11 111 101 11 100 001	FD E1	14	16	04	06

	00	01	10	11
dd	BC	DE	HL	SP
qq	BC	DE	HL	AF

TZ - Ciclos T Z80
Z1 - Z80 + M1
TR - Ciclos T R800
RW - R800 + Wait

Notação dos sinalizadores:
• = sinalizador não afetado

10.3 – GRUPO ARITMÉTICO DE 8 BITS

Memônico	Operação	C Z P/V S N H	Binário	Hex	TZ	Z1	TR	RW
ADD r	A ← A + r	↕ ↕ V ↕ 0 ↕	10 000 r	--	04	05	01	01
ADD p	A ← A + p	↕ ↕ V ↕ 0 ↕	11 011 101 10 000 r	DD --	08	10	02	02
ADD q	A ← A + q	↕ ↕ V ↕ 0 ↕	11 111 101 10 000 r	FD --	08	10	02	02
ADD (HL)	A ← A + (HL)	↕ ↕ V ↕ 0 ↕	10 000 110	86	07	08	02	04
ADD (IX+d)	A←A+(IX+d)	↕ ↕ V ↕ 0 ↕	11 011 101 10 000 110 ← d →	DD 86 --	19	21	05	07
ADD (IY+d)	A←A+(IY+d)	↕ ↕ V ↕ 0 ↕	11 111 101 10 000 110 ← d →	FD 86 --	19	21	05	07
ADD n	A ← A + n	↕ ↕ V ↕ 0 ↕	11 000 110 ← n →	C6	07	08	02	02
ADC r	A ← A+r+CY	↕ ↕ V ↕ 0 ↕	10 001 r	--	04	05	01	01
ADC p	A ← A+p+CY	↕ ↕ V ↕ 0 ↕	11 011 101 10 001 r	DD --	08	10	02	02
ADC p	A ← A+q+CY	↕ ↕ V ↕ 0 ↕	11 111 101 10 001 r	FD --	08	10	02	02
ADC (HL)	A←A+(HL)+CY	↕ ↕ V ↕ 0 ↕	10 001 110	8E	07	08	02	04
ADC (IX+d)	A←A+(IX+d)+CY	↕ ↕ V ↕ 0 ↕	11 011 101 10 001 110 ← d →	DD 8E --	19	21	05	07
ADC (IY+d)	A←A+(IY+d)+CY	↕ ↕ V ↕ 0 ↕	11 111 101 10 001 110 ← d →	FD 8E --	19	21	05	07
ADC n	A ← A+n+CY	↕ ↕ V ↕ 0 ↕	11 001 110 ← n →	CE	07	08	02	02
SUB r	A ← A - r	↕ ↕ V ↕ 1 ↕	10 010 r	--	04	05	01	01
SUB p	A ← A - p	↕ ↕ V ↕ 1 ↕	11 011 101 10 010 r	DD --	08	10	02	02
SUB p	A ← A - q	↕ ↕ V ↕ 1 ↕	11 111 101 10 010 r	FD --	08	10	02	02

Memônico	Operação	C Z P/V S N H	Binário	Hex	TZ	Z1	TR	RW
SUB (HL)	A ← A - (HL)	↕ ↕ V ↕ 1 ↕	10 010 110	96	07	08	02	04
SUB (IX+d)	A←A-(IX+d)	↕ ↕ V ↕ 1 ↕	11 011 101 10 010 110 ← d →	DD 96 --	19	21	05	07
SUB (IY+d)	A←A-(IY+d)	↕ ↕ V ↕ 1 ↕	11 111 101 10 010 110 ← d →	FD 96 --	19	21	05	07
SUB n	A ← A - n	↕ ↕ V ↕ 1 ↕	11 010 110 ← n →	D6	07	08	02	02
SBC r	A ← A-r-CY	↕ ↕ V ↕ 1 ↕	10 011 r	--	04	05	01	01
SBC p	A ← A-p-CY	↕ ↕ V ↕ 1 ↕	11 011 101 10 011 r	DD --	08	10	02	02
SBC p	A ← A-q-CY	↕ ↕ V ↕ 1 ↕	11 111 101 10 011 r	FD --	08	10	02	02
SBC (HL)	A←A-(HL)-CY	↕ ↕ V ↕ 1 ↕	10 011 110	8E	07	08	02	04
SBC (IX+d)	A←A-(IX+d)-CY	↕ ↕ V ↕ 1 ↕	11 011 101 10 011 110 ← d →	DD 8E --	19	21	05	07
SBC (IY+d)	A←A-(IY+d)-CY	↕ ↕ V ↕ 1 ↕	11 111 101 10 011 110 ← d →	FD 8E --	19	21	05	07
SBC n	A ← A-n-CY	↕ ↕ V ↕ 1 ↕	11 011 110 ← n →	CE	07	08	02	02
INC r	r ← r + 1	• ↕ V ↕ 0 ↕	00 r 100	--	04	05	01	01
INC (HL)	(HL)←(HL)+1	• ↕ V ↕ 0 ↕	00 110 100	--	11	12	04	07
INC (IX+d)	(IX+d)← (IX+d)+1	• ↕ V ↕ 0 ↕	11 011 101 00 110 100 ← d →	DD 34 --	23	25	07	10
INC (IY+d)	(IY+d)← (IY+d)+1	• ↕ V ↕ 0 ↕	11 111 101 00 110 100 ← d →	FD 34 --	23	25	07	10
DEC r	r ← r - 1	• ↕ V ↕ 1 ↕	00 r 101	--	04	05	01	01
DEC (HL)	(HL)←(HL)-1	• ↕ V ↕ 1 ↕	00 110 101	--	11	12	04	07

Memônico	Operação	C Z P/V S N H	Binário	Hex	TZ	Z1	TR	RW
DEC (IX+d)	(IX+d)← (IX+d)-1	• ↕ V ↕ 1 ↕	11 011 101 00 110 101 ← d →	DD 34 --	23	25	07	10
DEC (IY+d)	(IY+d)← (IY+d)-1	• ↕ V ↕ 1 ↕	11 111 101 00 110 101 ← d →	FD 34 --	23	25	07	10
MULB r	HL ← A * r	↕ ↕ 0 0 • •	11 101 101 11 r 001	ED --	--	--	14	14

	000	001	010	011	100	101	110	111
r	B	C	D	E	H	L	•	A
p	•	•	•	•	IXH	IXL	•	•
q	•	•	•	•	IYH	IYL	•	•

TZ - Ciclos T Z80

Z1 - Z80 + M1

TR - Ciclos T R800

RW - R800 + Wait

Notação dos sinalizadores:

• = sinalizador não afetado

↕ = sinalizador afetado de acordo com o resultado da operação

0 = sinalizador desligado

1 = sinalizador ligado

V = o sinalizador P/V contém o estouro de capacidade do resultado da operação. V=1 sinaliza estouro de capacidade; V=0 sinaliza que não houve estouro.

P = o sinalizador P/V contém a paridade. P=1 significa que a paridade do resultado é par; P=0 significa que é ímpar.

10.4 – GRUPO ARITMÉTICO DE 16 BITS

Memônico	Operação	C Z P/V S N H	Binário	Hex	TZ	Z1	TR	RW
ADD HL,ss	HL ← HL + ss	↕ • • • 0 ?	00 ss1 001	--	11	12	01	01
ADD IX,pp	IX ← IX + ss	↕ • • • 0 ?	11 011 101 00 pp1 001	DD --	15	17	02	02
ADD IY,rr	IY ← IY + ss	↕ • • • 0 ?	11 111 101 00 rr1 001	FD --	15	17	02	02
ADC HL,SS	HL←HL+ss+CY	↕ ↕ V ↕ 0 ?	11 101 101 01 ss1 010	ED --	15	17	02	02
SBC HL,SS	HL←HL-ss-CY	↕ ↕ V ↕ 1 ?	11 101 101 01 ss0 010	ED --	15	17	02	02
INC ss	ss ← ss + 1	• • • • • •	00 ss0 011	--	06	07	01	01
INC IX	IX ← IX + ss	• • • • • •	11 011 101 00 100 011	DD 23	10	12	02	02
INC IY	IY ← IY + ss	• • • • • •	11 111 101 00 100 011	FD 23	10	12	02	02
DEC ss	ss ← ss - 1	• • • • • •	00 ss1 011	--	06	07	01	01
DEC IX	IX ← IX - ss	• • • • • •	11 011 101 00 101 011	DD 2B	10	12	02	02
DEC IY	IY ← IY - ss	• • • • • •	11 111 101 00 101 011	FD 2B	10	12	02	02
MULW HL,tt	DE:HL ← HL * tt	↕ ↕ 0 0 • •	11 101 101 11 tt0 011	ED --	--	--	36	36

	00	01	10	11
ss	BC	DE	HL	SP
pp	BC	DE	IX	SP
rr	BC	DE	IY	SP
tt	BC	•	•	SP

TZ - Ciclos T Z80
Z1 - Z80 + M1
TR - Ciclos T R800
RW - R800 + Wait

Notação dos sinalizadores:
• = sinalizador não afetado
↕ = sinalizador afetado de acordo com o resultado da operação
0 = sinalizador desligado
1 = sinalizador ligado
? = sinalizador desconhecido
V = o sinalizador P/V contém o estouro de capacidade do resultado da operação. V=1 sinaliza estouro de capacidade; V=0 sinaliza que não houve estouro.

10.5 - GRUPO DE TROCA

Memônico	Operação	C Z P/V S N H	Binário	Hex	TZ	Z1	TR	RW
EX DE,HL	DE ↔ HL	• • • • • •	11 101 011	EB	04	05	01	01
EX AF,AF'	AF ↔ AF'	• • • • • •	00 001 000	08	04	05	01	01
EXX	BC ↔ BC' DE ↔ DE' HL ↔ HL'	• • • • • •	11 011 001	D9	04	05	01	01
EX (SP),HL	H ↔ (SP+1) L ↔ (SP)	• • • • • •	11 100 011	E3	19	20	05	07
EX (SP),IX	IX_H ↔ (SP+1) IX_L ↔ (SP)	• • • • • •	11 011 101 11 100 011	DD E3	23	25	06	08
EX (SP),IY	IY_H ↔ (SP+1) IY_L ↔ (SP)	• • • • • •	11 111 101 11 100 011	FD E3	23	25	06	08

TZ - Ciclos T Z80
Z1 - Z80 + M1
TR - Ciclos T R800
RW - R800 + Wait

Notação dos sinalizadores:
• = sinalizador não afetado

10.6 – GRUPO DE TRANFERÊNCIA DE BLOCO

Memônico	Operação	C Z P/V S N H	Binário	Hex	TZ	Z1	TR	RW
LDI	(DE) ← (HL) DE ← DE+1 HL ← HL+1 BC ← BC-1	• • ↕ • 0 0	11 101 101 10 100 000	ED A0	16	18	04	07
LDIR	(DE) ← (HL) DE ← DE+1 HL ← HL+1 BC ← BC-1 {Até BC=0}	• • 0 • 0 0	11 101 101 10 110 000	ED B0	21 16	23 18	04 04	? 07
LDD	(DE) ← (HL) DE ← DE-1 HL ← HL-1 BC ← BC-1	• • ↕ • 0 0	11 101 101 10 101 000	ED A8	16	18	04	07
LDDR	(DE) ← (HL) DE ← DE-1 HL ← HL-1 BC ← BC-1 {Até BC=0}	• • 0 • 0 0	11 101 101 10 111 000	ED B8	21 16	23 18	04 04	? 07

TZ - Ciclos T Z80
Z1 - Z80 + M1
TR - Ciclos T R800
RW - R800 + Wait

Notação dos sinalizadores:
• = sinalizador não afetado
↕ = sinalizador afetado de acordo com o resultado da operação
0 = sinalizador desligado

OBS. Quando houver duas descrições de ciclos, elas referem às duas condições que a instrução pode assumir. Assim, para LDIR, o tempo em ciclos T para o Z80 é 21; quando BC atinge 0, são gastos 16 ciclos T.

10.7 - GRUPO DE PESQUISAS

Memônico	Operação	C Z P/V S N H	Binário	Hex	TZ	Z1	TR	RW
CPI	A - (HL) HL ← HL+1 BC ← BC-1	• ↕ ↕ ↕ 1 ↕	11 101 101 10 100 001	ED A1	16	18	04	06
CPIR	A - (HL) HL ← HL+1 BC ← BC-1 {Até BC=0 ou A=(HL)}	• ↕ ↕ ↕ 1 ↕	11 101 101 10 110 001	ED B1	21 16	23 18	05 05	? 08
CPD	A - (HL) HL ← HL-1 BC ← BC-1	• ↕ ↕ ↕ 1 ↕	11 101 101 10 101 001	ED A9	16	18	04	06
CPDR	A - (HL) HL ← HL-1 BC ← BC-1 {Até BC=0 ou A=(HL)}	• ↕ ↕ ↕ 1 ↕	11 101 101 10 111 001	ED B9	21 16	23 18	05 05	? 08

TZ - Ciclos T Z80
Z1 - Z80 + M1
TR - Ciclos T R800
RW - R800 + Wait

Notação dos sinalizadores:
• = sinalizador não afetado
↕ = sinalizador afetado de acordo com o resultado da operação
1 = sinalizador ligado

OBS. Quando houver duas descrições de ciclos, elas referem às duas condições que a instrução pode assumir. Assim, para CPIR, o tempo em ciclos T para o Z80 é 21; quando BC atinge 0, são gastos 16 ciclos T.

10.8 – GRUPO DE COMPARAÇÃO

Memônico	Operação	C Z P/V S N H	Binário	Hex	TZ	Z1	TR	RW
CP A,r	A - R	↕ ↕ V ↕ 1 ↕	10 111 r	--	04	05	01	01
CP A,p	A - p	↕ ↕ V ↕ 1 ↕	11 011 101 10 111 p	DD --	08	10	02	02
CP A,q	A - q	↕ ↕ V ↕ 1 ↕	11 111 101 10 111 p	FD --	08	10	02	02
CP A,(HL)	A - (HL)	↕ ↕ V ↕ 1 ↕	10 111 110	BE	07	08	02	04
CP A,(IX+d)	A - (IX+d)	↕ ↕ V ↕ 1 ↕	11 011 101 10 111 110 ← d →	DD BE --	19	21	05	07
CP A,(IY+d)	A - (IY+d)	↕ ↕ V ↕ 1 ↕	11 111 101 10 111 110 ← d →	FD BE --	19	21	05	07
CP A,n	A - n	↕ ↕ V ↕ 1 ↕	11 111 110 ← n →	FE --	07	08	02	02

	000	001	010	011	100	101	110	111
r	B	C	D	E	H	L	•	A
p	•	•	•	•	IXH	IXL	•	•
q	•	•	•	•	IYH	IYL	•	•

TZ - Ciclos T Z80
Z1 - Z80 + M1
TR - Ciclos T R800
RW - R800 + Wait

Notação dos sinalizadores:
↕ = sinalizador afetado de acordo com o resultado da operação
1 = sinalizador ligado
V = o sinalizador P/V contém o estouro de capacidade do resultado da operação. V=1 sinaliza estouro de capacidade; V=0 sinaliza que não houve estouro.

10.9 – GRUPO LÓGICO

Memônico	Operação	C Z P/V S N H	Binário	Hex	TZ	Z1	TR	RW
AND r	A← A ∧ r	0 ↕ P ↕ 0 1	10 100 r	--	04	05	01	01
AND p	A← A ∧ p	0 ↕ P ↕ 0 1	11 011 101 10 100 p	DD --	08	10	02	02
AND q	A← A ∧ q	0 ↕ P ↕ 0 1	11 111 101 10 100 p	FD --	08	10	02	02
AND (HL)	A← A ∧ (HL)	0 ↕ P ↕ 0 1	10 100 110	A6	07	08	02	04
AND (IX+d)	A← A ∧ (IX+d)	0 ↕ P ↕ 0 1	11 011 101 10 100 110 ← d →	DD A6 --	19	21	05	07
AND (IY+d)	A← A ∧ (IY+d)	0 ↕ P ↕ 0 1	11 111 101 10 100 110 ← d →	FD A6 --	19	21	05	07
AND n	A← A ∧ n	0 ↕ P ↕ 0 1	11 100 110 ← n →	E6 --	07	08	02	02
OR r	A← A ∨ r	0 ↕ P ↕ 0 1	10 110 r	--	04	05	01	01
OR p	A← A ∨ p	0 ↕ P ↕ 0 1	11 011 101 10 110 p	DD --	08	10	02	02
OR q	A← A ∨ q	0 ↕ P ↕ 0 1	11 111 101 10 110 p	FD --	08	10	02	02
OR (HL)	A← A ∨ (HL)	0 ↕ P ↕ 0 1	10 110 110	B6	07	08	02	04
OR (IX+d)	A← A ∨ (IX+d)	0 ↕ P ↕ 0 1	11 011 101 10 110 110 ← d →	DD B6 --	19	21	05	07
OR (IY+d)	A← A ∨ (IY+d)	0 ↕ P ↕ 0 1	11 111 101 10 110 110 ← d →	FD B6 --	19	21	05	07
OR n	A← A ∨ n	0 ↕ P ↕ 0 1	11 110 110 ← n →	F6 --	07	08	02	02
XOR r	A← A ⊕ r	0 ↕ P ↕ 0 1	10 110 r	--	04	05	01	01
XOR p	A← A ⊕ p	0 ↕ P ↕ 0 1	11 011 101 10 110 p	DD --	08	10	02	02
XOR q	A← A ⊕ q	0 ↕ P ↕ 0 1	11 111 101 10 110 p	FD --	08	10	02	02
XOR (HL)	A ⊕ (HL)	0 ↕ P ↕ 0 1	10 110 110	B6	07	08	02	04

Memônico	Operação	C Z P/V S N H	Binário	Hex	TZ	Z1	TR	RW
XOR (IX+d)	A ← A ⊕ (IX+d)	0 ↕ P ↕ 0 1	11 011 101 10 110 110 ← d →	DD B6 --	19	21	05	07
XOR (IY+d)	A ← A ⊕ (IY+d)	0 ↕ P ↕ 0 1	11 111 101 10 110 110 ← d →	FD B6 --	19	21	05	07
XOR n	A ← A ⊕ n	0 ↕ P ↕ 0 1	11 110 110 ← n →	F6 --	07	08	02	02

	000	001	010	011	100	101	110	111
r	B	C	D	E	H	L	•	A
p	•	•	•	•	IXH	IXL	•	•
q	•	•	•	•	IYH	IYL	•	•

TZ - Ciclos T Z80
Z1 - Z80 + M1
TR - Ciclos T R800
RW - R800 + Wait

Notação dos sinalizadores:
↕ = sinalizador afetado de acordo com o resultado da operação
0 = sinalizador desligado
1 = sinalizador ligado
P = o sinalizador P/V contém a paridade. P=1 significa que a paridade do resultado é par; P=0 significa que é ímpar.

10.10 – GRUPO DE DESLOCAMENTO E ROTAÇÃO

Memônico	Operação	C Z P/V S N H	Binário	Hex	TZ	Z1	TR	RW
RLCA	CY ← 7 ← 0 ← A	↕ • • • 0 0	00 000 111	07	04	05	01	01
RLA	CY ← 7 ← 0 ← A	↕ • • • 0 0	00 010 111	0F	04	05	01	01
RRCA	7 → 0 → CY A	↕ • • • 0 0	00 001 111	17	04	05	01	01
RRA	7 → 0 → CY A	↕ • • • 0 0	00 011 111	1F	04	05	01	01
RLC r	CY ← 7 ← 0 ← r	↕ ↕ P ↕ 0 0	11 001 011 00 000 r	CB --	08	10	02	02
RLC (HL)	CY ← 7 ← 0 ← (HL)	↕ ↕ P ↕ 0 0	11 001 011 00 000 110	CB 06	15	17	05	08
RLC (IX+d)	CY ← 7 ← 0 ← (IX+d)	↕ ↕ P ↕ 0 0	11 011 101 11 001 011 ← d → 00 000 110	DD CB -- 06	23	25	07	10
RLC (IY+d)	CY ← 7 ← 0 ← (IY+d)	↕ ↕ P ↕ 0 0	11 111 101 11 001 011 ← d → 00 000 110	FD CB -- 06	23	25	07	10
RL r	CY ← 7 ← 0 ← r	↕ ↕ P ↕ 0 0	11 001 011 00 010 r	CB --	08	10	02	02
RL (HL)	CY ← 7 ← 0 ← (HL)	↕ ↕ P ↕ 0 0	11 001 011 00 010 110	CB 16	15	17	05	08
RL (IX+d)	CY ← 7 ← 0 ← (IX+d)	↕ ↕ P ↕ 0 0	11 011 101 11 001 011 ← d → 00 010 110	DD CB -- 16	23	25	07	10
RL (IY+d)	CY ← 7 ← 0 ← (IY+d)	↕ ↕ P ↕ 0 0	11 111 101 11 001 011 ← d → 00 010 110	FD CB -- 16	23	25	07	10
RRC r	7 → 0 → CY r	↕ ↕ P ↕ 0 0	11 001 011 00 001 r	CB --	08	10	02	02

Memônico	Operação	C Z P/V S N H	Binário	Hex	TZ	Z1	TR	RW
RRC (HL)	7 → 0 → CY (HL)	↕ ↕ P ↕ 0 0	11 001 011 00 001 110	CB 0E	15	17	05	08
RRC (IX+d)	7 → 0 → CY (IX+d)	↕ ↕ P ↕ 0 0	11 011 101 11 001 011 ← d → 00 001 110	DD CB -- 0E	23	25	07	10
RRC (IY+d)	7 → 0 → CY (IY+d)	↕ ↕ P ↕ 0 0	11 111 101 11 001 011 ← d → 00 001 110	FD CB -- 0E	23	25	07	10
RR r	7 → 0 → CY r	↕ ↕ P ↕ 0 0	11 001 011 00 011 r	CB --	08	10	02	02
RR (HL)	7 → 0 → CY (HL)	↕ ↕ P ↕ 0 0	11 001 011 00 011 110	CB 1E	15	17	05	08
RR (IX+d)	7 → 0 → CY (IX+d)	↕ ↕ P ↕ 0 0	11 011 101 11 001 011 ← d → 00 011 110	DD CB -- 1E	23	25	07	10
RR (IY+d)	7 → 0 → CY (IY+d)	↕ ↕ P ↕ 0 0	11 111 101 11 001 011 ← d → 00 011 110	FD CB -- 1E	23	25	07	10
SLA r	CY ← 7 ← 0 ← 0 r	↕ ↕ P ↕ 0 0	11 001 011 00 100 r	CB --	08	10	02	02
SLA (HL)	CY ← 7 ← 0 ← 0 (HL)	↕ ↕ P ↕ 0 0	11 001 011 00 100 110	CB 26	15	17	05	08
SLA (IX+d)	CY ← 7 ← 0 ← 0 (IX+d)	↕ ↕ P ↕ 0 0	11 011 101 11 001 011 ← d → 00 100 110	DD CB -- 26	23	25	07	10
SLA (IY+d)	CY ← 7 ← 0 ← 0 (IY+d)	↕ ↕ P ↕ 0 0	11 111 101 11 001 011 ← d → 00 100 110	FD CB -- 26	23	25	07	10
SRA r	7 → 0 → CY r	↕ ↕ P ↕ 0 0	11 001 011 00 101 r	CB --	08	10	02	02

Memônico	Operação	C Z P/V S N H	Binário	Hex	TZ	Z1	TR	RW
SRA (HL)	┌[7 → 0]→[CY] (HL)	↕ ↕ P ↕ 0 0	11 001 011 00 101 110	CB 2E	15	17	05	08
SRA (IX+d)	┌[7 → 0]→[CY] (IX+d)	↕ ↕ P ↕ 0 0	11 011 101 11 001 011 ← d → 00 101 110	DD CB -- 2E	23	25	07	10
SRA (IY+d)	┌[7 → 0]→[CY] (IY+d)	↕ ↕ P ↕ 0 0	11 111 101 11 001 011 ← d → 00 101 110	FD CB -- 2E	23	25	07	10
SRL r	0→[7 → 0]→[CY] r	↕ ↕ P ↕ 0 0	11 001 011 00 111 r	CB --	08	10	02	02
SRL (HL)	0→[7 → 0]→[CY] (HL)	↕ ↕ P ↕ 0 0	11 001 011 00 111 110	CB 3E	15	17	05	08
SRL (IX+d)	0→[7 → 0]→[CY] (IX+d)	↕ ↕ P ↕ 0 0	11 011 101 11 001 011 ← d → 00 111 110	DD CB -- 3E	23	25	07	10
SRL (IY+d)	0→[7 → 0]→[CY] (IY+d)	↕ ↕ P ↕ 0 0	11 111 101 11 001 011 ← d → 00 111 110	FD CB -- 3E	23	25	07	10
RLD	[7 4|3 0] A [7 4|3 0] (HL)	• ↕ P ↕ 0 0	11 101 101 01 101 111	ED 6F	18	20	05	08
RRD	[7 4|3 0] A [7 4|3 0] (HL)	• ↕ P ↕ 0 0	11 101 101 01 100 111	ED 67	18	20	05	08

	000	001	010	011	100	101	110	111
r	B	C	D	E	H	L	•	A

TZ - Ciclos T Z80
Z1 - Z80 + M1
TR - Ciclos T R800
RW - R800 + Wait

Notação dos sinalizadores:
• = sinalizador não afetado
↕ = sinalizador afetado de acordo com o resultado da operação
0 = sinalizador desligado
P = o sinalizador P/V contém a paridade. P=1 significa que a paridade do resultado é par; P=0 significa que é ímpar.

10.11 – GRUPO DE LIGAR, DESLIGAR E TESTAR BITS

Memônico	Operação	C Z P/V S N H	Binário	Hex	TZ	Z1	TR	RW
BIT b,r	Z ← $\overline{r}_b$	0 ↕ ? ? 0 1	11 001 011 01 b r	CB --	08	10	02	02
BIT b,(HL)	Z ← $\overline{(HL)}_b$	0 ↕ ? ? 0 1	11 001 011 01 b 110	CB --	12	04	03	05
BIT b,(IX+d)	Z ← $\overline{(IX+d)}_b$	0 ↕ ? ? 0 1	11 011 101 11 001 011 ← d → 01 b 110	DD CB -- --	20	22	05	07
BIT b,(IY+d)	Z ← $\overline{(IY+d)}_b$	0 ↕ ? ? 0 1	11 111 101 11 001 011 ← d → 01 b 110	FD CB -- --	20	22	05	07
SET b,r	$\overline{r}_b$ ← 1	• • • • • •	11 001 011 11 b r	CB --	08	10	02	02
SET b,(HL)	$\overline{(HL)}_b$ ← 1	• • • • • •	11 001 011 11 b 110	CB --	15	17	05	08
SET b,(IX+d)	$\overline{(IX+d)}_b$ ← 1	• • • • • •	11 011 101 11 001 011 ← d → 11 b 110	DD CB -- --	23	25	07	10
SET b,(IY+d)	$\overline{(IY+d)}_b$ ← 1	• • • • • •	11 111 101 11 001 011 ← d → 11 b 110	FD CB -- --	23	25	07	10
RES b,r	$\overline{r}_b$ ← 0	• • • • • •	11 001 011 10 b r	CB --	08	10	02	02
RES b,(HL)	$\overline{(HL)}_b$ ← 0	• • • • • •	11 001 011 10 b 110	CB --	15	17	05	08
RES b,(IX+d)	$\overline{(IX+d)}_b$ ← 0	• • • • • •	11 011 101 11 001 011 ← d → 10 b 110	DD CB -- --	23	25	07	10

Memônico	Operação	C Z P/V S N H	Binário	Hex	TZ	Z1	TR	RW
RES b,(IY+d)	$\overline{(IY+d)_b} \leftarrow 0$	• • • • • •	11 111 101 11 001 011 ← d → 10 b 110	FD CB -- --	23	25	07	10

	000	001	010	011	100	101	110	111
r	B	C	D	E	H	L	•	A
b	b0	b1	b2	b3	b4	b5	b6	b7

TZ - Ciclos T Z80

Z1 - Z80 + M1

TR - Ciclos T R800

RW - R800 + Wait

Notação dos sinalizadores:
• = sinalizador não afetado
↕ = sinalizador afetado de acordo com o resultado da operação
0 = sinalizador desligado
1 = sinalizador ligado
? = sinalizador desconhecido

10.12 – GRUPO DE SALTO

Memônico	Operação	C Z P/V S N H	Binário	Hex	TZ	Z1	TR	RW
JP nn	PC ← nn	• • • • • •	10 000 011 ← n → ← n →	C3 -- --	10	11	03	05
JP cc,nn	Se cc=verd, PC ← nn	• • • • • •	10 cc 011 ← n → ← n →	-- -- --	10 10	11 11	03 03	03 05
JR e	PC ← PC+e	• • • • • •	00 011 000 ← e-2 →	18 --	12	13	03	03
JR C,e	Se CY=1, PC ← PC+e	• • • • • •	00 111 000 ← e-2 →	38 --	07 12	08 13	02 03	02 03
JR NC,e	Se CY=0, PC ← PC+e	• • • • • •	00 110 000 ← e-2 →	30 --	07 12	08 13	02 03	02 03
JR Z,e	Se Z=1, PC ← PC+e	• • • • • •	00 101 000 ← e-2 →	28 --	07 12	08 13	02 03	02 03
JR NZ,e	Se Z=0, PC ← PC+e	• • • • • •	00 100 000 ← e-2 →	20 --	07 12	08 13	02 03	02 03
JP (HL)	PC ← HL	• • • • • •	11 101 001	E9	04	05	01	03
JP (IX)	PC ← IX	• • • • • •	11 011 101 11 101 001	DD E9	08	10	02	04
JP (IY)	PC ← IY	• • • • • •	11 111 101 11 101 001	FD E9	08	10	02	04
DJNZ e	B ← B-1 Se B0, PC ← PC+e	• • • • • •	00 010 000 ← e-2 →	10 --	08 13	09 14	02 03	02 03

	000	001	010	011	100	101	110	111
cc	NZ	Z	NC	C	PO	PE	P	M

TZ - Ciclos T Z80

Z1 - Z80 + M1

TR - Ciclos T R800

RW - R800 + Wait

Notação dos sinalizadores:
• = sinalizador não afetado

OBS. Quando houver duas descrições de ciclos, elas referem às duas condições que a instrução pode assumir. Assim, para JR C,e, o tempo em ciclos T para o Z80 é 7 quando a condição é falsa e 12 quando é verdadeira.

10.13 - GRUPO DE CHAMADA E RETORNO

Memônico	Operação	C Z P/V S N H	Binário	Hex	TZ	Z1	TR	RW
CALL nn	(SP-1)←PC_H (SP-2)←PC_L PC ← nn	• • • • • •	11 001 101 ← n → ← n →	CD -- --	17	18	05	08 [07]
CALL cc,nn	Se cc=verd, (SP-1)←PC_H (SP-2)←PC_L PC ← nn	• • • • • •	11 cc 100 ← n → ← n →	CD -- --	10 17	11 18	03 05	07 [03] 08
RET	PC_H←(SP+1) PC_L←(SP)	• • • • • •	11 101 001	C9	10	11	03	05
RET cc	Se cc=verd, PC_H←(SP+1) PC_L←(SP)	• • • • • •	11 cc 000	--	05 11	06 12	01 03	01 05
RETI	Retorna da interrupção	• • • • • •	11 101 101 01 001 101	ED 4D	14	16	05	07
RETN	Retorna da interrupção não mascaráv.	• • • • • •	11 101 101 01 000 101	ED 45	14	16	05	07
RST p	(SP-1)←PC_H (SP-2)←PC_L PC_H ← 0 PC_L ← t*8	• • • • • •	11 t 111	--	11	12	04	06 [07]

	000	001	010	011	100	101	110	111
cc	NZ	Z	NC	C	PO	PE	P	M
p	00H	08H	10H	18H	20H	28H	30H	38H

TZ - Ciclos T Z80
Z1 - Z80 + M1
TR - Ciclos T R800
RW - R800 + Wait

Notação dos sinalizadores:
• = sinalizador não afetado

OBS. Quando houver duas descrições de ciclos, elas referem às duas condições que a instrução pode assumir. Assim, para CALL cc,nn, o tempo em ciclos T para o Z80 é 10 quando a condição é falsa e 17 quando é verdadeira.

OBS1. Os testes mostraram que um CALL seguido por uma série de NOPs leva 8 ciclos, enquanto se for seguido por um RET ou POP AF combinados levam 12 ciclos (7 para CALL + 5 para RET/POP AF). Isso também se aplica ao RST (observação aplicável apenas ao valor RW destacado para o R800).

10.14 – GRUPO DE ENTRADA E SAÍDA

Memônico	Operação	C Z P/V S N H	Binário	Hex	TZ	Z1	TR	RW
IN A,(n)	A ← (n)	• • • • • •	11 011 011 ← n →	28 --	11	12	03	10 09
IN r,(C)	r ← (C)	• ↕ P ↕ 0 ↕	11 101 101 01 r 000	ED --	12	14	03	10 09
INI	(HL) ← (C) B ← B-1 HL ← HL+1	• ↕ ? ? 1 ?	11 101 101 10 100 010	ED A2	16	18	04	12 11
INIR	(HL) ← (C) B ← B-1 HL ← HL+1 {Até B=0}	• 1 ? ? 1 ?	11 101 101 10 110 010	ED B2	21 16	23 18	04 03	? 11 12
IND	(HL) ← (C) B ← B-1 HL ← HL-1	• ↕ ? ? 1 ?	11 101 101 10 101 010	ED AA	16	18	04	12 11
INDR	(HL) ← (C) B ← B-1 HL ← HL-1 {Até B=0}	• 1 ? ? 1 ?	11 101 101 10 111 010	ED BA	21 16	23 18	04 03	? 11 12
OUT (n),A	(n) ← A	• • • • • •	11 010 111 ← n →	D3 --	11	03	03	10 9
OUT (C),r	(C) ← r	• • • • • •	11 101 101 01 r 001	ED --	11	12	03	10 9
OUTI	(C) ← (HL) B ← B-1 HL ← HL+1	• ↕ ? ? 1 ?	11 101 101 10 100 011	ED A3	16	18	04	12 11
OTIR	(C) ← (HL) B ← B-1 HL ← HL+1 {Até B=0}	• 1 ? ? 1 ?	11 101 101 10 110 011	ED B3	21 16	23 18	04 03	? 11 12
OUTD	(C) ← (HL) B ← B-1 HL ← HL-1	• ↕ ? ? 1 ?	11 101 101 10 101 011	ED AB	16	18	04	12 11

Memônico	Operação	C Z P/V S N H	Binário	Hex	TZ	Z1	TR	RW
OTDR	(C) ← (HL) B ← B-1 HL ← HL-1 {Até B=0}	• 1 ? ? 1 ?	11 101 101 10 111 011	ED BB	21 16	23 18	04 03	? [11] 12

	000	001	010	011	100	101	110	111
r	B	C	D	E	H	L	F	A

TZ - Ciclos T Z80
Z1 - Z80 + M1
TR - Ciclos T R800
RW - R800 + Wait

Notação dos sinalizadores:
• = sinalizador não afetado
↕ = sinalizador afetado de acordo com o resultado da operação
0 = sinalizador desligado
1 = sinalizador ligado
? = sinalizador desconhecido
P = o sinalizador P/V contém a paridade. P=1 significa que a paridade do resultado é par; P=0 significa que é ímpar.

OBS. Nas instruções INI, IND, OUTI e OUTD o sinalizador Z é ligado quando B-1=0; caso contrário é desligado.
OBS1. Para as instruções IN A,(n) e OUT (n),A, n vai para A0~A7 e A vai para A8~A15. Nas outras instruções, C vai para A0~A7 e B vai para A8~A15.
OBS3. As instruções de E/S são alinhadas ao clock do barramento, portanto, uma espera extra é inserida dependendo do alinhamento. Isso significa que, entre dois OUTs, pode haver uma redução de um ciclo (observação aplicável apenas ao valor RW destacado para o R800).

10.15 – GRUPO DE CONTROLE E DE PROPÓSITO GERAL

Memônico	Operação	C Z P/V S N H	Binário	Hex	TZ	Z1	TR	RW
CCF	CY ← $\overline{CY}$	1 • • • 0 ?	00 111 111	3F	04	05	01	01
CPL	A ← $\overline{A}$	• • • • 1 1	00 101 111	2F	04	05	01	01
DAA	Converte A para BCD	↕ ↕ P ↕ • ↕	00 100 111	27	04	05	01	01
DI	IFF ← 0	• • • • • •	11 110 011	F3	04	05	02	02
EI	IFF ← 1	• • • • • •	11 111 011	FB	04	05	01	01
HALT	CPU parada	• • • • • •	01 110 110	76	04	05	02	02
IM 0	Modo 0 de interrupção	• • • • • •	11 101 101 01 000 110	ED 46	08	10	03	03
IM 1	Modo 1 de interrupção	• • • • • •	11 101 101 01 010 110	ED 56	08	10	03	03
IM 2	Modo 2 de interrupção	• • • • • •	11 101 101 01 011 110	ED 5E	08	10	03	03
NEG	A ← 0 - A	↕ ↕ V ↕ 1 ↕	00 101 101 01 000 100	ED 44	08	10	02	02
NOP	Nenhuma ação	• • • • • •	00 000 000	00	04	05	01	01
SCF	CY ← 1	1 • • • 0 0	00 110 111	37	04	05	01	01

TZ - Ciclos T Z80
Z1 - Z80 + M1
TR - Ciclos T R800
RW - R800 + Wait

Notação dos sinalizadores:
• = sinalizador não afetado
↕ = sinalizador afetado de acordo com o resultado da operação
0 = sinalizador desligado
1 = sinalizador ligado
? = sinalizador desconhecido
V = o sinalizador P/V contém o estouro de capacidade do resultado da operação. V=1 sinaliza estouro de capacidade; V=0 sinaliza que não houve estouro.
P = o sinalizador P/V contém a paridade. P=1 significa que a paridade do resultado é par; P=0 significa que é ímpar.

OBS. IFF indica o circuito biestável de ativação das interrupções.
CY indica o circuito biestável de transporte.

11 - MAPAS DOS REGISTRADORES DOS CHIPS PADRÃO

11.1 - MAPA DOS REGISTRADORES DOS V9918/38/58

Regist.		b7	b6	b5	b4	b3	b2	b1	b0	Descrição Resumida
R#0	W	•	•	•	•	•	•	m3	EV	Regist. de modo #1 (9918)
		b7~b2	Não usados (sempre 00 000)							
		b1	m3: Modos de tela (em conjunto com R#1)							
		b0	EV: 0=desabilita entrada externa; 1=habilita							
		•	DG	IE2	IE1	m5~m3			•	Reg. de modo #1 (9938/58)
		b7	Não usado (sempre 0)							
		b6	DG: 0=normal; 1=color bus como entrada							
		b5	IE2: Interrupção caneta ótica (eliminada no 9958)							
		b4	IE1: 0=ativa interrupção de linha #1; 1=desliga							
		b3~b1	M5~M3: Modos de tela (em conjunto com R#1)							
		b0	Não usado (sempre 0)							
R#1	W	16K	BL	IE0	m2~m1		BC	SI	MA	Registrador de modo #2
		b7	*(9918)* → 0=4027(4K x 1-bit); 1=4108(8K x 1-bit)/4116(16K x 1-bit) *(9938/58)* → Sem uso (sempre 0)							
		b6	BL: 0=tela desligada; 1=tela habilitada							
		b5	IE0: 9918: 0=ativa interrupção; 1=desliga interrup. 9938/58: 0=ativa interrup. linha #0; 1=desliga							
		b4~b3	M2~M1: Modos de tela (em conjunto com R#0)							
			`M5 M4 M3 M2 M1   b4 b3→(de R#25/9958)`							
			`0  0  0  1  0    0  0   Screen 0 Wth 40`							
			`0  1  0  1  0    0  0   Screen 0 Wth 80`							
			`0  0  0  0  0    0  0   Screen 1`							
			`0  0  1  0  0    0  0   Screen 2`							
			`0  0  0  0  1    0  0   Screen 3`							
			`0  1  0  0  0    0  0   Screen 4`							
			`0  1  1  0  0    0  0   Screen 5`							
			`1  0  0  0  0    0  0   Screen 6`							
			`1  0  1  0  0    0  0   Screen 7`							
			`1  1  1  0  0    0  0   Screen 8`							
			`1  1  1  0  0    1  1   Screen 10/11`							
			`1  1  1  0  0    0  1   Screen 12`							

										FAFCH = [• | • | • | x | x | • | • | •] (MODE) — xx=10 → Screen 10; xx=11 → Screen 11
		b2								Bit Cadari
		b1								SI: 0=sprites 8x8; 1=sprites 16x16
		b0								MA: 0=sprites normais; 1=sprites expandidos
R#2	W	0	a16	a15	a14	a13	a12	a11	a10	End. Tab. Nomes dos Padrões
R#3	W	a13	a12	a11	a10	a9	a8	a7	a6	End. Tab. Cores dos Padrões
R#4	W	0	0	a16	a15	a14	a13	a12	a11	End. Tab. Geradora Padrões
R#5	W	a14	a13	a12	a11	a10	a9	a8	a7	End. Tab. Atributos Sprites
R#6	W	0	0	a16	a15	a14	a13	a12	a11	End. Tab. Gerad. Padr. Sprites
R#7	W	f3~f0				b3~b0				f3~f0 – Cor de frente (0~15) b3~b0 – Cor de fundo (0~15)
Registradores adicionados para o V9938										
R#8	W	MS	LP	TP	CB	VR	•	SPD	BW	Registrador de modo #3
		b7								MS: 0=color bus saída; 1=color bus entrada
		b6								LP: 0=desab. caneta ótica; 1=habilita (elim. 9958)
		b5								TP: 0=cor 0 transparente; 1=cor 0 pode ser definida
		b4								CB: 0=color bus saída; 1=color bus entrada
		b3								VR: VRAM 0=16K/1bit, 16K/4bits; 1=64K/1bits, 64K/4bits
		b2								Não usado (sempre 0)
		b1								SPD: 0=liga sprites; 1=desliga sprites
		b0								BW: 0=saída colorida; 1=tons de cinza
R#9	W	LN	•	S1~S0		IL	EO	NT	DC	Registrador de modo #4
		b7								LN: 0=192 linhas; 1=212 linhas
		b6								Não usado (sempre 0)
		b5~b4								S1-S0: 00 – Sincronização interna 01 – Sincronização mixada 10 – Sincronização externa (digitalização) 11 – Sem sincronização
		b3								IL: 0=modo normal; 1=modo entrelaçado
		b2								EO: 0=uma tela; 1=duas telas simultâneas
		b1								NT: 0=NTSC (262 linhas); 1=PAL (313 linhas)
		b0								DC: 0=*DLCLK saída; 1=*DLCLK entrada

Reg.		b7	b6	b5	b4	b3	b2	b1	b0	Descrição
R#10	W	0	0	0	0	0	a16	a15	a14	End. Tab. Cores dos Padrões
R#11	W	0	0	0	0	0	0	a16	a15	End. Tab. Atributos Sprites
R#12	W	f3~f0				b3~b0				f3~f0 – Cor frente p/ blink b3~b0 – Cor fundo p/ blink
R#13	W	e3~e0 unidade: 1/6 segundo				o3~o0 unidade: 1/6 segundo				Tempo de "blink" R#7/R#12 e3~e0 – página par (even) o3~o0 – página ímpar (odd)
R#14	W	0	0	0	0	0	a16	a15	a14	Endereço base da VRAM
R#15	W	•	•	•	•	0 ~ 9				Apontador p/ reg. estado
R#16	W	•	•	•	•	0 ~ 15				Apontador p/ reg. paleta
R#17	W	AI	•	R#0 a R#46						Controle de ponteiro
R#18	W	Vert -8 a +7				Hor -8 a +7				Ajuste de imagem na tela
R#19	W	Número de linha (0 a 255)								Reg. Interrupção de linha
R#20	W	0	0	0	0	0	0	0	0	Burst de cor #1
R#21	W	0	0	1	1	1	0	1	1	Burst de cor #2
R#22	W	0	0	0	0	0	1	0	1	Burst de cor #3
R#23	W	Número de linha (0 a 255)								Ajuste/scroll vertical
R#24	W	---.---								Este registrador não existe
Registradores adicionados para o V9958										
R#25	W	•	CMD	VDS	YAE	YJK	WTE	MSK	SP	Registrador de modo #5
		b7	Não usado (sempre o)							
		b6	0=comandos só nos modos gráficos 5 a 7 1=comandos ativos em todos os modos							
		b5	VDS: 0=saída CPUCLK; 1=saída VDS							
		b4	YAE: 0=só YJK; 1=YJK+RGB							
		b3	YJK: 0=modo RGB; 1=modo YJK							
		b2	WTE: 0-função espera desligada; 1=espera ativa							
		b1	MSK: 0=máscara scroll desligada; 1=máscara ligada							
		b0	SP: 0=scroll horizontal c/ 1 página; 1=scroll c/ 2 pgs							

Reg.		b7	b6	b5	b4	b3	b2	b1	b0	Descrição
R#26	W	•	•	h8	h7	h6	h5	h4	h3	Scroll horizontal
R#27	W	•	•	•	•	•	h2	h1	h0	
Registradores de comando (V9938 e V9958)										
R#32	W	x7	x6	x5	x4	x3	x2	x1	x0	Coordenada horizontal de origem (0 a 511)
R#33	W	•	•	•	•	•	•	•	x8	
R#34	W	y7	y6	y5	y4	y3	y2	y1	y0	Coordenada vertical de origem (0 a 1023)
R#35	W	•	•	•	•	•	•	y9	y8	
R#36	W	x7	x6	x5	x4	x3	x2	x1	x0	Coordenada horizontal de destino (0 a 511)
R#37	W	•	•	•	•	•	•	•	x8	
R#38	W	y7	y6	y5	y4	y3	y2	y1	y0	Coordenada vertical de destino (0 a 1023)
R#39	W	•	•	•	•	•	•	y9	y8	
R#40	W	x7	x6	x5	x4	x3	x2	x1	x0	Número de pontos na direção horizontal (0 a 511)
R#41	W	•	•	•	•	•	•	•	x8	
R#42	W	y7	y6	y5	y4	y3	y2	y1	y0	Número de pontos na direção vertical (0 a 1023)
R#43	W	•	•	•	•	•	•	y9	y8	
R#44	W	Cor (0~3; 0~15; 0~255)								Registrador de cores
R#45	W	•	MC	MD	MS	DIY	DIX	EQ	MAJ	Registrador de argumentos
		b7	Não usado (sempre 0)							
		b6	MXC: 0=VRAM; 1=VRAM expandida (mem. padrão)							
		b5	MXD: 0=VRAM; 1=VRAM expandida (mem. destino)							
		b4	MXS: 0=VRAM; 1=VRAM expandida (mem. fonte)							
		b3	DIY: 0=para baixo; 1=para cima							
		b2	DIX: 0=para a direita; 1=para a esquerda							
		b1	EQ: 0=cor especificada; 1=outra cor (término SRCH)							
		b0	MAJ: 0=lado maior horizontal; 1=lado maior vertical							
R#46	W	Comando (0~15)				Logopr (0~15)				Registrador de comando
		b7~b4	Código de comando (OP-CODE) 0 0 0 0 STOP Comando de parada 0 0 0 1 ~ 0 0 1 1 Não implementados							

			0 1 0 0 POINT Lê código de cor de um ponto 0 1 0 1 PSET Desenha ponto e avança coords 0 1 1 0 SRCH Procura código de cor de um ponto 0 1 1 1 LINE Desenha uma linha (pontos) 1 0 0 0 LMMV Desenha um retângulo (pontos) 1 0 0 1 LMMM Transf. VRAM → VRAM (pontos) 1 0 1 0 LMCM Transf. VRAM → CPU (pontos) 1 0 1 1 LMMC Transf. CPU → VRAM (pontos) 1 1 0 0 HMMV Desenha um retângulo (bytes) 1 1 0 1 HMMM Transf. VRAM → VRAM (bytes) 1 1 1 0 YMMM Transf. VRAM → VRAM direção Y 1 1 1 1 HMMC Transfere CPU → VRAM (bytes)
		b3	Cor transparente: 0=faz operação lógica 1=não faz operação lógica
		b2~b0	Logopr 000 IMP DC = SC 001 AND DC = SC and DC 010 OR DC = SC or DC 011 XOR DC = SC xor DC 100 NOT DC - Not (SC) 101~111 Não implementados
Registrador de estado (TMS9918)			
S#0	R	FLG | 5S | C | 5º sprite (0~31)	Registrador de estado
		b7	FLG: Flag de interrupção vertical
		b6	5S: 0=normal; 1=mais de 4 (ou 8) sprites mesma linha
		b5	C: 0=normal; 1=dois sprites colidindo
		b4~b0	número do 5º (ou 9º) sprite
Registradores de estado (V9938 e V9958)			
S#1	R	LP | KEY | ID number | HI	Caneta ótica / ID / Int.Hor.
		b7	LPF: 0=LP normal; 1=LP detect. luz (elim. V9958)
		b6	LPK: 0=chave LP não pressionada; 1=pressionada
		b5~b1	Número ID do MSX-video
		b0	FH: 0=interrupção horizontal desabilitada; 1=ligada
S#2	R	TR | VR | HR | BD | • | • | EO | CE	Estado dos comandos
		b7	TR: 0=VDP não pronto p/ dados; 1=VDP pronto
		b6	VR: 0=quadro não está sendo varrido; 1=está sendo
		b5	HR: 0=linha não está sendo varrida; 1=está sendo

<table>
<tr><td></td><td></td><td colspan="2">b4
b3~b2
b1
b0</td><td colspan="7">BD: 0=SRCH não encontrou; 1=SRCH bem-sucedido
Sem uso (sempre 11)
EO: 0=1ª tela apresentada; 1=2ª tela apresentada
CE: 0=VDP livre; 1=VDP executando comando</td></tr>
<tr><td>S#3</td><td>R</td><td>x7</td><td>x6</td><td>x5</td><td>x4</td><td>x3</td><td>x2</td><td>x1</td><td>x0</td><td rowspan="2">Coodenada X+12
(colisão de sprites)</td></tr>
<tr><td>S#4</td><td>R</td><td>•</td><td>•</td><td>•</td><td>•</td><td>•</td><td>•</td><td>•</td><td>x8</td></tr>
<tr><td>S#5</td><td>R</td><td>y7</td><td>y6</td><td>y5</td><td>y4</td><td>y3</td><td>y2</td><td>y1</td><td>y0</td><td rowspan="2">Coodenada Y+8
(colisão de sprites)</td></tr>
<tr><td>S#6</td><td>R</td><td>•</td><td>•</td><td>•</td><td>•</td><td>•</td><td>•</td><td>y9</td><td>y8</td></tr>
<tr><td>S#7</td><td>R</td><td colspan="8">Cor (0~3; 0~15; 0~255)</td><td>Cor do ponto especificado</td></tr>
<tr><td>S#8</td><td>R</td><td>x7</td><td>x6</td><td>x5</td><td>x4</td><td>x3</td><td>x2</td><td>x1</td><td>x0</td><td rowspan="2">Coordenada horizontal do
ponto (comando SRCH)</td></tr>
<tr><td>S#9</td><td>R</td><td>•</td><td>•</td><td>•</td><td>•</td><td>•</td><td>•</td><td>•</td><td>x8</td></tr>
</table>

11.1.1 – Portas de acesso aos VDPs 9918/9938/9958

<table>
<tr><td colspan="3">Porta</td><td>b7</td><td>b6</td><td>b5</td><td>b4</td><td>b3</td><td>b2</td><td>b1</td><td>b0</td><td>Descrição Resumida</td></tr>
<tr><td>P#0</td><td>98H</td><td>R/W</td><td colspan="8">Byte de dados</td><td>Escreve/lê dados VRAM</td></tr>
<tr><td rowspan="2">P#1</td><td rowspan="2">99H</td><td rowspan="2">R</td><td>FLG</td><td>5S</td><td>C</td><td colspan="5">5º sprite (0~31)</td><td>Lê registrador de estado</td></tr>
<tr><td colspan="2">b7
b6
b5
b4~b0</td><td colspan="7">FLG: Flag de interrupção vertical
5S: 0=normal; 1=mais de 4 (ou 8) sprites mesma linha
C: 0=normal; 1=dois sprites colidindo
número do 5º (ou 9º) sprite</td></tr>
<tr><td rowspan="4">P#1</td><td rowspan="4">99H</td><td rowspan="4">W</td><td colspan="8">Endereços a7~a0</td><td rowspan="2">Seleciona end. VRAM
f: 0=leitura; 1=escrita</td></tr>
<tr><td>0</td><td>f</td><td colspan="6">Endereços a13~a8</td></tr>
<tr><td colspan="8">Byte de dados</td><td rowspan="2">Escreve reg. controle (9918)
Seleciona reg. (9938/58)</td></tr>
<tr><td>1</td><td>0</td><td colspan="6">Nº reg. (0~46)</td></tr>
<tr><td rowspan="2">P#2</td><td rowspan="2">9AH</td><td rowspan="2">W</td><td>0</td><td>r</td><td>r</td><td>r</td><td>0</td><td>b</td><td>b</td><td>b</td><td rowspan="2">Escreve nos registradores
de paleta</td></tr>
<tr><td>0</td><td>0</td><td>0</td><td>0</td><td>0</td><td>g</td><td>g</td><td>g</td></tr>
<tr><td>P#3</td><td>9BH</td><td>W</td><td colspan="8">Byte de dados</td><td>Escreve reg. indireto</td></tr>
</table>

11.1.2 - Tabela de cores padrão

Nº paleta	Cor	Nível de vermelho	Nível de azul	Nível de verde
0	Transparente	0	0	0
1	Preto	0	0	0
2	Verde	1	1	6
3	Verde claro	3	3	7
4	Azul escuro	1	7	1
5	Azul	2	7	3
6	Vermelho escuro	5	1	1
7	Azul claro	2	7	6
8	Vermelho	7	1	1
9	Vermelho claro	7	3	3
10	Amarelo	6	1	6
11	Amarelo claro	6	3	6
12	Verde escuro	1	1	4
13	Roxo	6	5	2
14	Cinza	5	5	5
15	Branco	7	7	7

11.2 – MAPA DOS REGISTRADORES DO V9990

<table>
<tr><th colspan="2">Reg</th><th>b7</th><th>b6</th><th>b5</th><th>b4</th><th>b3</th><th>b2</th><th>b1</th><th>b0</th><th>Descrição Resumida</th></tr>
<tr><td>R#0</td><td>W</td><td>a7</td><td>a6</td><td>a5</td><td>a4</td><td>a3</td><td>a2</td><td>a1</td><td>a0</td><td rowspan="3">Endereço de escrita
na VRAM
AI = 0 → autoincremento</td></tr>
<tr><td>R#1</td><td>W</td><td>a15</td><td>a14</td><td>a13</td><td>a12</td><td>a11</td><td>a10</td><td>a9</td><td>a8</td></tr>
<tr><td>R#2</td><td>W</td><td>AI</td><td>•</td><td>•</td><td>•</td><td>•</td><td>a18</td><td>a17</td><td>a16</td></tr>
<tr><td>R#3</td><td>W</td><td>a7</td><td>a6</td><td>a5</td><td>a4</td><td>a3</td><td>a2</td><td>a1</td><td>a0</td><td rowspan="3">Endereço de leitura
da VRAM
AI = 0 → autoincremento</td></tr>
<tr><td>R#4</td><td>W</td><td>a15</td><td>a14</td><td>a13</td><td>a12</td><td>a11</td><td>a10</td><td>a9</td><td>a8</td></tr>
<tr><td>R#5</td><td>W</td><td>AI</td><td>•</td><td>•</td><td>•</td><td>•</td><td>a18</td><td>a17</td><td>a16</td></tr>
<tr><td rowspan="2">R#6</td><td rowspan="2">R/W</td><td colspan="2">DSPM</td><td colspan="2">DCKM</td><td colspan="2">XIMM</td><td colspan="2">CLRM</td><td>Modo de tela</td></tr>
<tr><td colspan="2">b7~b6

b5~b4

b3~b2

b1~b0</td><td colspan="7">XIMM 00-Y=256pixels 10-Y=1024pixels
01-Y=512pixels 11-Y=2048pixels
DSPM 00-modo P1 10-Bit Map
01-modo P2 11-Stand-by
DCKM 00-XTAL=1/4 10-XTAL=1/1
01-XTAL=1/2 11 – N/A
CLRM 00-2bits/pixel 10-8bits/pixel
01-4bits/pixel 11-16bits/pixel</td></tr>
<tr><td rowspan="2">R#7</td><td rowspan="2">R/W</td><td>•</td><td>CM</td><td>S1</td><td>S2</td><td>PL</td><td>EO</td><td>IL</td><td>HS</td><td>Modo de tela</td></tr>
<tr><td colspan="2">b7
b6
b5
b4
b3
b2
b1
b0</td><td colspan="7">Não usado (sempre 0)
C25M 0-outros modos 1-modo B6
SM1 0-262 linhas 1-263 linhas
SM 0-1H=fsc/228 1-1H=fsc/227.5
PAL 0-NTSC 1-PAL
EO 0-Y=normal 1-Y=dobrado
IL 0-não entrelaç. 1-entrelaçado
HSCN 0-outros modos 1-modos B5-B6</td></tr>
<tr><td rowspan="2">R#8</td><td rowspan="2">R/W</td><td>DP</td><td>SP</td><td>YS</td><td>VE</td><td>VM</td><td>DM</td><td colspan="2">V1~V0</td><td>Controle de sistema</td></tr>
<tr><td colspan="2">b7
b6
b5
b4</td><td colspan="7">DISP 0=só cor de fundo, 1=apresent. de tela normal
SPD 0=Apresenta sprite/cursor, 1=Não apresenta
YSE 0=Saída sinal YS desabilitada, 1=Habilitada
VWTE 0=VRAM serial data bus em saída; 1=entrada</td></tr>
</table>

		b3 b2 b1~b0		VWM Escrita na VRAM digitalização: 0=Não, 1=Durante retraço horizontal DMAE 0=Saída DREQ em nível alto, 1=Habilitada VSL1/0 00=64K x 4-bit, 128K total 01=128K x 8-bit, 256K total 10=256K x 4-bit, 512K total						
R#9	R/W	•	•	•	•	•	IE	IH	IV	Controle interrupções
		b7~b3 b2 b1 b0		Não usados (sempre "00 000") IECE 0-interrupçoes desabilitadas, 1-habilitadas IEH 0-interrup. de linha desabilitada, 1-habilitada IEV 0-interrup. de quadro desabilitada, 1-ativa						
R#10	R/W	l7	l6	l5	l4	l3	l2	l1	l0	Linha para interrup. (l9~l0)
R#11	R/W	IE	•	•	•	•	•	l9	l8	IEHM – 0=linha específica 1=todas as linhas
R#12	R/W	•	•	•	•	ix3	ix2	ix1	ix0	Posição hor. p/ interrupção (IX) × (64) × (master clock)
R#13	W	PLTM		IE	AI	PLTO5~2				Controle de paleta
		b7~b6 b5 b4 b3~b0		PLTM - 00=paleta; 01=256 cores; 10=YJK; 11=YUV YAE – 0=Somente YJK/YUV; 1=YJK/YUV + RGB PLTAIH – Autoinc de leitura paleta (0=Sim, 1=Não) PLTO5-2 – Offset da paleta (0 a 15)						
R#14	W	PLTA5~0						PL2~1		Controle de paleta
		b7~b2 b1~b0		PLTA – Número da cor na paleta (0 a 63) PLTP – 00-Vermelho; 01-Verde; 10-Azul; 11-N/C						
R#15	R/W	•	•	b5	b4	b3	b2	b1	b0	Cor de fundo
R#16	R/W	ADJV (–8 a +7)				ADJH (–8 a +7)				Ajuste de tela
R#17	R/W	SCAY (b7~b0)								Controle de scroll Coord. "Y" plano A
R#18	R/W	ROLL		•	SCAY (b12~b8)					
		b7~b0 b4~b0 b5 b7~b6		SCAY – Coordenada Y de início de exibição para o plano "A" do modo P1 e das telas dos outros modos Não usado (sempre "0") ROLL – Rolagem dir. Y: 00-tela inteira 10-512 lin. 01-256 linhas 11-N/C						

Reg.	Acesso	b7	b6	b5	b4	b3	b2	b1	b0	Função
R#19	R/W	•	•	•	•	•	SX (b2~b0)			Controle de scroll
R#20	R/W	SCAX (b10~b3)								Coord. "X" plano A e B0~B7
R#21	R/W	SCBY (b7~b0)								Controle de scroll
R#22	R/W	A	B	•	•	•	•	•	b8	Coord. "Y" plano B
		b7~b0 b0	SCBY – Coordenada Y de início de exibição para plano "B" modo P1 (b8~b0)							
		b7	SDB – Se 1, desabilita plano "A" e sprites							
		b6	SDB – Se 1, desabilita plano "B" e sprites							
		b5~b1	Não usados (sempre "00 000")							
R#23	R/W	•	•	•	•	•	BX(b2~b0)			SCBX -Coord X de início de exibição plano "B"
R#24	R/W	•	•	SCBX (b8~b3)						
R#25	R/W	•	•	•	•	a17	a16	a15	•	End padrões sprites (P1)
		•	•	•	•	a18	a17	a16	a15	End padrões sprites (P2)
R#26	R/W	•	•	•	VR	PNS	PL	PD	PNE	Controle de painel LCD
		b7~b5	Não usados (sempre "000")							
		b4	VRI 0=igual CRT 1=uma linha retraço vert.							
		b3	PNSL 0=400 pontos vert. 1=480 pontos vert.							
		b2	PLVO 0=binário tons de cinza (terminais D3~0) 1=colorido (terminais CB7~0)							
		b1	PDUAL 0=uma tela 1=duas telas							
		b0	PNEN 0=ciclo CRT 1=ciclo LCD							
R#27	R/W	•	•	•	•	PRY		PRX		Prioridade modo P1
		b7~b4	Não usados (sempre "0000")							
		b3~b2	PRX – 00 – X=256 10 – X=128 01 – X=64 11 – X=192							
		b1~b0	PRY – 00 – Y=256 10 – Y=128 01 – Y=64 11 – Y=192							
R#28	W	•	•	•	•	CSPO (b5~b2)				Offset paleta cursor
–	–	Os registradores R#29 a R#31 não existem								

Reg.		b7	b6	b5	b4	b3	b2	b1	b0	
R#32	W	SX, SA, KA (b7~b0)								Comandos VDP – FONTE Coordenadas XY (SX, SY) Endereço linear (SA) Endereço Kanji-ROM (KA)
R#33	W	•	•	•	•	•	SX(b10~b8)			
R#34	W	SY (b7~b0); SA, KA (b15~b8)								
R#35	W	•	•	•	•	SY (b7~b0)				
		•	•	•	•	•	SA(b18~b16)			
		•	•	•	•	•	•	K(b17~16)		
R#36	W	DX, DA (b7~b0)								Comandos VDP – DEST Coordenadas XY (DX, DY) Endereço linear (DA)
R#37	W	•	•	•	•	•	DX(b10~b8)			
R#38	W	DY (b7~b0); DA (b15~b8)								
R#39	W	•	•	•	•	DY (b7~b0)				
		•	•	•	•	•	DA(b18~b16)			
R#40	W	NX, NA, MJ (b7~b0)								Comandos VDP (DIVERSOS) Número de pixels a transferir XY (NX, NY) Nº bytes a transferir (NA) Lado maior linha (MJ) Lado menor linha (MI)
R#41	W	•	•	•	•	MJ (b11~b8)				
		•	•	•	•	•	NX(b10~b8)			
R#42	W	NY, MI (b7~b0); NA (b15~b8)								
R#43	W	•	•	•	•	NY,MI(b11~b8)				
		•	•	•	•	•	NA(b18~b16)			
R#44	W	•	•	•	•	DIY	DIX	NEQ	MAJ	Reg. argumento (só escrita)
		b7~b4	Não usados (sempre "0000")							
		b3	DIY: 0 – para baixo; 1 – para cima							
		b2	DIX: 0 – para a direita; 1 – para a esquerda Obs. BMXL e BMLX são fixados em "+" e para BMLL, X e Y são fixados na mesma direção.							
		b1	NEQ (término SRCH): 0=cor espec. 1=outra cor							
		b0	MAJ (Lado maior LINE): 0=horizontal 1=vertical							
R#45	W	•	•	•	T	Logopr				Operação lógica
		b7~b5	Sempre "000"							
		b4	Cor transparente: 0=faz operação lógica 1=não faz operação lógica							

<table>
<tr><td></td><td></td><td colspan="2">b3~b0</td><td colspan="7">Logopr 0 0 0 1 WC – Not (SC .or. DC)
0 0 1 1 WC – Not (SC)
0 1 1 0 WC = SC .xor. DC
0 1 1 1 WC – Not (SC .and. DC)
1 0 0 0 WC = SC .and. DC
1 0 0 1 WC – Not (SC .xor. DC)
1 1 0 0 WC = SC
1 1 1 0 WC = SC .or. DC</td></tr>
<tr><td>R#46</td><td>W</td><td>m7</td><td>m6</td><td>m5</td><td>m4</td><td>m3</td><td>m2</td><td>m1</td><td>m0</td><td rowspan="2">Máscara de escrita
Bit=1 → leitura permitida
Bit=0 → não permitida</td></tr>
<tr><td>R#47</td><td>W</td><td>m15</td><td>m14</td><td>m13</td><td>m12</td><td>m11</td><td>m10</td><td>m9</td><td>m8</td></tr>
<tr><td></td><td></td><td colspan="9">No modo P1, R#46 é usado p/ plano A e R#47 p/ plano B</td></tr>
<tr><td>R#48</td><td>W</td><td>f7</td><td>f6</td><td>f5</td><td>f4</td><td>f3</td><td>f2</td><td>f1</td><td>f0</td><td rowspan="2">Cor de frente</td></tr>
<tr><td>R#49</td><td>W</td><td>f15</td><td>f14</td><td>f13</td><td>f12</td><td>f11</td><td>f10</td><td>f9</td><td>f8</td></tr>
<tr><td>R#50</td><td>W</td><td>b7</td><td>b6</td><td>b5</td><td>b4</td><td>b3</td><td>b2</td><td>b1</td><td>b0</td><td rowspan="2">Cor de fundo</td></tr>
<tr><td>R#51</td><td>W</td><td>b15</td><td>b14</td><td>b13</td><td>b12</td><td>b11</td><td>b10</td><td>b9</td><td>b8</td></tr>
<tr><td>R#52</td><td>W</td><td colspan="4">OP-CODE</td><td colspan="2">AY</td><td colspan="2">AX</td><td>Controle de Operação</td></tr>
<tr><td></td><td></td><td colspan="2">b7~b4</td><td colspan="7">Código de comando (OP-CODE)
0 0 0 0 STOP Comando de parada
0 0 0 1 LMMC Transf. CPU → VRAM (coord)
0 0 1 0 LMMV Pinta retângulo na VRAM
0 0 1 1 LMCM Transf. VRAM → CPU (coord)
0 1 0 0 LMMM Transf. VRAM → VRAM (coord)
0 1 0 1 CMMC Transf. de caractere CPU → VRAM
0 1 1 0 CMMK Transf. Kanji ROM → VRAM
0 1 1 1 CMMM Transf. de caract. VRAM → VRAM
1 0 0 0 BMXL VRAM → VRAM (linear → coord)
1 0 0 1 BMLX VRAM → VRAM (coord → linear)
1 0 1 0 BMLL VRAM → VRAM (linear → linear)
1 0 1 1 LINE Desenha uma linha
1 1 0 0 SRCH Procura código de cor de um ponto
1 1 0 1 POINT Lê código de cor de um ponto
1 1 1 0 PSET Desenha um ponto e avança coord.
1 1 1 1 ADVN Avança coordenadas sem desenhar</td></tr>
</table>

		b3~b2	AY: 00-sem deslocamento 01-sem deslocamento							10-desloc. para baixo 11-desloc. para cima
		b1~b0	AX: 00-(DX,DY) é usado 01-sem deslocamento							10-desloc. à direita 11-desloc. à esquerda
R#53	R	x7	x6	x5	x4	x3	x2	x1	x0	Coordenada horizontal do
R#54	R	•	•	•	•	•	x10	x9	x8	ponto (SRCH bem sucedido)

11.2.1 - Portas de acesso ao V9990

Porta			b7	b6	b5	b4	b3	b2	b1	b0	Descrição Resumida
P#0	60H	R/W	Byte de dados								Acesso à VRAM
P#1	61H	R/W	$\overline{YS}$	•	•	Red (0~31)					Acesso à paleta de cores
			•	•	•	Green (0~31)					
			•	•	•	Blue (0~31)					
P#2	62H	R/W	Byte de dados								Comandos de hardware
P#3	63H	R/W	Endereço b7~b0 (R#0)								Endereço para acesso
			Endereço b15~b8 (R#1)								à VRAM
			AI	•	•	•	•	b18~b16(R#2)			(AI=0 → autoincremento)
P#4	64H	W	WI	RI	nº registrador						Seleção de registradores
P#5	65H	R	TR	VR	HR	BD	•	CS	EO	CE	Porta de estado
			b7	TR: 0=VDP não pronto p/ dados; 1=VDP pronto							
			b6	VR: 0=quadro não está sendo varrido; 1=está							
			b5	HR: 0=linha não está sendo varrida; 1=está							
			b4	BD: 0=SRCH não encontrou; 1=bem sucedido							
			b3	Não usado (sempre 0)							
			b2	MCS: cópia do bit MCS de P#7							
			b1	EO: 0=1ª tela apresentada; 1=2ª tela apresentada							
			b0	CE: 0=VDP livre; 1=VDP executando comando							

<table>
<tr><td rowspan="5">P#6</td><td rowspan="5">66H</td><td rowspan="5">R/W</td><td>•</td><td>•</td><td>•</td><td>•</td><td>•</td><td>CE</td><td>HI</td><td>VI</td><td>Flag de interrupção</td></tr>
<tr><td colspan="2">b7~b3</td><td colspan="7">Não usados (sempre “00 000”)</td></tr>
<tr><td colspan="2">b2</td><td colspan="7">CE – Flag de comando completo</td></tr>
<tr><td colspan="2">b1</td><td colspan="7">HI – Flag de interrupção horizontal</td></tr>
<tr><td colspan="2">b0</td><td colspan="7">VI – Flag de interrupção vertical</td></tr>
<tr><td rowspan="4">P#7</td><td rowspan="4">67H</td><td rowspan="4">W</td><td>•</td><td>•</td><td>•</td><td>•</td><td>•</td><td>•</td><td>SR</td><td>MC</td><td>Controle do sistema</td></tr>
<tr><td colspan="2">b7~b2</td><td colspan="7">Não usados (sempre “000 000”)</td></tr>
<tr><td colspan="2">b1</td><td colspan="7">SRS: se escrito “1”, levará todas as portas ao estado de reset (menos esta).</td></tr>
<tr><td colspan="2">b0</td><td colspan="7">MCS: seleciona master clock:
0=terminal XTAL; 1=terminal MCKIN</td></tr>
<tr><td>P#8</td><td>68H</td><td>W</td><td>•</td><td>•</td><td>a5</td><td>a4</td><td>a3</td><td>a2</td><td>a1</td><td>a0</td><td>End. Kanji-ROM (low) – 1</td></tr>
<tr><td rowspan="2">P#9</td><td rowspan="2">69H</td><td rowspan="2">R/W</td><td>•</td><td>•</td><td>a11</td><td>a10</td><td>a9</td><td>a8</td><td>a7</td><td>a6</td><td rowspan="2">Endereço da Kanji-ROM (high) e dados – 1</td></tr>
<tr><td colspan="8">Byte de dados</td></tr>
<tr><td>P#A</td><td>6AH</td><td>W</td><td>•</td><td>•</td><td>a5</td><td>a4</td><td>a3</td><td>a2</td><td>a1</td><td>a0</td><td>End. Kanji-ROM (low) – 2</td></tr>
<tr><td rowspan="2">P#B</td><td rowspan="2">6BH</td><td rowspan="2">R/W</td><td>•</td><td>•</td><td>a11</td><td>a10</td><td>a9</td><td>a8</td><td>a7</td><td>a6</td><td rowspan="2">Endereço da Kanji-ROM (high) e dados – 2</td></tr>
<tr><td colspan="8">Byte de dados</td></tr>
</table>

11.3 – MAPA DOS REGISTRADORES DO PSG (AY-3-8910)

Reg	b7	b6	b5	b4	b3	b2	b1	b0	Descrição Resumida
R#0	7	6	5	4	3	2	1	0	Frequência da voz A
R#1	•	•	•	•	11	10	9	8	111 860,87 / f_num (b11~b0)
R#2	7	6	5	4	3	2	1	0	Frequência da voz B
R#3	•	•	•	•	11	10	9	8	111 860,87 / f_num (b11~b0)
R#4	7	6	5	4	3	2	1	0	Frequência da voz C
R#5	•	•	•	•	11	10	9	8	111 860,87 / f_num (b11~b0)
R#6	•	•	•	4	3	2	1	0	Frequência do ruído branco 111 860,87 / f_num (b11~b0)
R#7	ioB	ioA	rC	rB	rA	tC	tB	tA	habilita/desabilita sons
	b0~b2		Habilita/desabilita tons (0=habilita)						
	b5~b4		Habilita/desabilita ruído branco (0=habilita)						
	b6		Configura porta A de I/O (0=in, 1=out)						
	b7		Configura porta B de I/O (0=in, 1=out)						
R#8	•	•	•	m	v	v	v	v	Volume da voz A
R#9	•	•	•	m	v	v	v	v	Volume da voz B
R#10	•	•	•	m	v	v	v	v	Volume da voz C
	b7~b5		Não utilizados (sempre "000")						
	b4		0=não usa a envoltória; 1=usa a envoltória						
	b3~b0		0000=volume mínimo; 1111=volume máximo						
R#11	7	6	5	4	3	2	1	0	Frequência da envoltória
R#12	15	14	13	12	11	10	9	8	6983,3 / f_num (b15~b0)
R#13	•	•	•	•	e	e	e	e	Forma da envoltória
	b7~b4		Não usados (sempre "0000")						
	b3~b0		Define a forma da envoltória 00xx = 1011 = 01xx = 1100 = 1000 = 1101 = 1001 = 1110 = 1010 = 1111 =						
R#14	a7	a6	a5	a4	a3	a2	a1	a0	Envia/recebe porta A de I/O
R#15	b7	b6	b5	b4	b3	b2	b1	b0	Envia/recebe porta B de I/O

11.3.1 – Portas de acesso ao PSG

Porta		b7	b6	b5	b4	b3	b2	b1	b0	Descrição Resumida
A0H	W	•	•	•	•	nº reg. (0 a15)				Seleciona registrador
A1H	W	Byte de dados								Escreve dados no PSG
A2H	R	Byte de dados								Lê dados do PSG

11.4 - MAPA DOS REGISTRADORES DO FM-OPLL (YM2413)

<table>
<tr><th>Reg</th><th>b7</th><th>b6</th><th>b5</th><th>b4</th><th>b3</th><th>b2</th><th>b1</th><th>b0</th><th>Descrição Resumida</th></tr>
<tr><td>$00H</td><td>AM</td><td>VIB</td><td>EGT</td><td>KSR</td><td colspan="4">Múltiplo</td><td>→ (m) - onda moduladora</td></tr>
<tr><td rowspan="2">$01H</td><td>AM</td><td>VIB</td><td>EGT</td><td>KSR</td><td colspan="4">Múltiplo</td><td>→ (c) - onda portadora</td></tr>
<tr><td colspan="2">b7
b6
b5
b4
b0~b3</td><td colspan="7">AM: 0=trêmolo desligado; 1=trêmolo ativo
VIB: 0=vibrato desligado; 1=vibrato ativo
EGT: 0-tom percussivo; 1-tom contante
KSR: 0=mesmo nível; 1=atenuação cfe frequência (KSL)
Fator de multiplicação (0=1/2, 1=1, 2=2, ..., 15=15)</td></tr>
<tr><td rowspan="2">$02H</td><td colspan="2">KSL(m)</td><td colspan="6">Nível total modul. (c)</td><td>Definição de instrumento</td></tr>
<tr><td colspan="2">b6~b7
b6~b0</td><td colspan="7">KSL (m): 00=0dB/oitava, 01=1,5dB, 10=3dB, 11=6dB
Nível total: b0=0,75dB, b1=1,5dB, ..., b5=24dB</td></tr>
<tr><td rowspan="2">$03H</td><td colspan="2">KSL(c)</td><td>•</td><td>DC</td><td>DM</td><td colspan="3">Feedback</td><td>Definição de instrumento</td></tr>
<tr><td colspan="2">b6~b7
b5
b4
b3
b2~b0</td><td colspan="7">KSL (c): 00=0dB/oitava, 01=1,5dB, 10=3dB, 11=6dB
Não usado (sempre 0)
DC: 0=onda portadora inteira, 1=retif. p/ meia onda
DM: 0=onda moduladora inteira, 1=retif. p/ meia onda
Realimentação: (0=0; 1=$\pi/16$; 2=$\pi/8$; ...; 6=2π; 7=4π)</td></tr>
<tr><td>$04H</td><td colspan="4">Attack (m)</td><td colspan="4">Decay (m)</td><td rowspan="2">Attack (0dB a 48dB → mín. 0,14 mS; máx 1730 mS)
Decay (0dB a 48dB → mín. 1,27 mS; máx 20 926 mS)</td></tr>
<tr><td>$05H</td><td colspan="4">Attack (c)</td><td colspan="4">Decay (c)</td></tr>
<tr><td>$06H</td><td colspan="4">Sustain (m)</td><td colspan="4">Release (m)</td><td rowspan="2">Sustain (b7=24dB, b6=12dB, b5=6dB, b4=3dB)
Release (0dB a 48dB → mín. 1,27 mS; máx 28 926 mS)</td></tr>
<tr><td>$07H</td><td colspan="4">Sustain (c)</td><td colspan="4">Release (c)</td></tr>
<tr><td rowspan="2">$0EH</td><td>•</td><td>•</td><td>R</td><td>BD</td><td>SD</td><td>TOM</td><td>TCY</td><td>HH</td><td>Controle das peças de bateria</td></tr>
<tr><td colspan="2">b7~b6
b5
b0~b4</td><td colspan="7">Não usados (sempre "00")
0=modo "melodia"; 1=modo "bateria"
0=desliga instrumentos da bateria; 1=liga
BD-Bass Drum SD-Snare Drum TOM-Tom tom
TCY-Top cymbal HH-Hi-hat</td></tr>
</table>

<table>
<tr><td>$0FH</td><td colspan="6">Registrador de teste</td><td>Teste do OPLL</td></tr>
<tr><td>$10H
⋮
$18H</td><td colspan="6">Frequência LSB (8 bits)</td><td>Registradores usados para a seleção de frequências do gerador de tons</td></tr>
<tr><td rowspan="2">$20H
⋮
$28H</td><td>•</td><td>•</td><td>Sustain</td><td>Key</td><td>Oitava</td><td>Freq.</td><td>Frequência MSB 1 bit
Oitava
Key / Sustain on/off</td></tr>
<tr><td>b7~b6
b5
b4
b3~b1
b0</td><td colspan="6">Não usados (sempre "00")
0=Sem "sustain"; 1=Release Rate decairá gradativam.
0=Voz respectiva desligada (key off); 1=voz ativa
Define a oitava. A quarta é 011.
Frequência MSB 1 bit. A Nota Lá central de 440 Hz é obtida com b0=1 e $10H~18H=00 100 000</td></tr>
<tr><td rowspan="2">$30H
⋮
$38H</td><td colspan="4">Instrumentos</td><td colspan="2">Volume</td><td>Registradores usados para seleção de instrumentos e de volume</td></tr>
<tr><td>b7~b4

b3~b0</td><td colspan="6">Definição de instrumento:
0000 – A ser definido 1000 – Órgão
0001 – Violino 1001 – Piston
0010 – Violão 1010 – Sintetizador
0011 – Piano 1011 – Cravo
0100 – Flauta 1100 – Vibrafone
0101 – Clarinete 1101 – Baixo elétrico
0110 – Oboé 1110 – Baixo acústico
0111 – Trompete 1111 – Guitarra elétrica
Volume (0000=mínimo; 1111=máximo)</td></tr>
<tr><td colspan="8">Mapa dos registradores para o modo bateria ($0EH, b5=1)</td></tr>
<tr><td>$36H</td><td>•</td><td>•</td><td>•</td><td>•</td><td colspan="2">BD volume</td><td rowspan="3">Registradores de volume para as peças de bateria</td></tr>
<tr><td>$37H</td><td colspan="4">HH volume</td><td colspan="2">SD volume</td></tr>
<tr><td>$38H</td><td colspan="4">TOM volume</td><td colspan="2">TCY volume</td></tr>
</table>

11.4.1 - Portas de acesso ao OPLL

Porta		b7	b6	b5	b4	b3	b2	b1	b0	Descrição Resumida
7CH	W	Nº do registrador (00H a 38H)								Seleciona registrador
7DH	W	Byte de dados								Escreve dados no OPLL

11.5 – MAPA DOS REGISTRADORES DO MSX-AUDIO (Y8950)

Reg	b7	b6	b5	b4	b3	b2	b1	b0	Descrição Resumida
$01H	Teste								Registrador de teste
$02H $03H	1º Temporizador (80 µS) 2º Temporizador (320 µS)								Registradores de tempo
$04H	IRQ	T1M	T2M	EOS	BR	•	ST2	ST1	Registrador de sinalizadores
	b7		IRQ – Se colocado em 1, reseta todas as flags.						
	b6		T1M – Se colocado em 1, b0 será colocado em 0.						
	b5		T2M – Se colocado em 1, b1 será colocado em 0.						
	b4		EOS – Máscara p/ b3, indicando fim da operação atual						
	b3		BR – Máscara para ADPCM / Mem. Áudio (1=ativada)						
	b2		Não usado (sempre 0)						
	b1		ST2 – Controla início/parada de $03 (1=inicia cont.)						
	b0		ST1 – Controla início/parada de $02 (1=inicia cont.)						
$05H $06H	Teclado externo (entrada) Teclado externo (saída)								Registradores para acesso ao teclado externo
$07H	STA	REC	MEM	REP	OFF	•	•	RST	Registrador de controle (1)
	b7		STA – Deve ser 1 para iniciar leitura/gravação de dados						
	b6		REC – Deve ser 1 para gravação de dados na memória						
	b5		MEM – Deve ser 1 ao acessar a memória de áudio						
	b4		REP – Quando 1, habilita repetição de dados ADPCM						
	b3		OFF – Quando 1, desliga a saída de áudio						
	b1~b2		Não usados (sempre "00")						
	b0		RST – Quando 1, coloca o ADPCM no estado inicial						
$08H	CSM	SEL	•	•	SAM	DAD	64K	ROM	Registrador de controle (2)
	b7		CSM – 1=modo de modulação senoidal composta						
	b6		SEL – Ponto de separação oitavas p/ teclado externo						
	b5~b4		Não usados (sempte "00")						
	b3		SAM – 0=inicia conversão DA; 1=inicia conversão AD						
	b2		DAD – 0=conv. AD / saída música; 1=$15~$16 → saída						
	b1		64K – Tamanho da memória: 0=256K; 1=64K						
	b0		ROM – Tipo de memória: 0=RAM; 1=ROM						

<table>
<tr><td>$09H
$0AH
$0BH
$0CH</td><td colspan="8">Endereço inicial (b7~b0)
Endereço inicial (b15~b8)
Endereço final (b7~b0)
Endereço final (b15~b8)</td><td>Endereços inicial e final para acesso pela CPU e ADPCM</td></tr>
<tr><td>$0DH</td><td>f7</td><td>f6</td><td>f5</td><td>f4</td><td>f3</td><td>f2</td><td>f1</td><td>f0</td><td rowspan="2">Frequência para o ADPCM
3580 / F_num (1,8 ~ 16 KHz)</td></tr>
<tr><td>$0EH</td><td>•</td><td>•</td><td>•</td><td>•</td><td>•</td><td>f10</td><td>f9</td><td>f8</td></tr>
<tr><td>$0FH</td><td colspan="8">Dados para o ADPCM</td><td>Registrador de dados</td></tr>
<tr><td>$10H</td><td>i7</td><td>i6</td><td>i5</td><td>i4</td><td>i3</td><td>i2</td><td>i1</td><td>i0</td><td rowspan="2">Fator de interpolação ADPCM
(i15~i0) = 1310,72 * taxa amostr.</td></tr>
<tr><td>$11H</td><td>i15</td><td>i14</td><td>i13</td><td>i12</td><td>i11</td><td>i10</td><td>i9</td><td>i8</td></tr>
<tr><td>$12H</td><td colspan="8">Volume do ADPCM</td><td>Volume do ADPCM (0~255)</td></tr>
<tr><td>$15H</td><td>f9</td><td>f8</td><td>f7</td><td>f6</td><td>f5</td><td>f4</td><td>f3</td><td>f2</td><td rowspan="3">Dados para conversão DA
Out: Vcc/2 + Vcc/4*(−1+f9+
$f8*2^{-1}+...+f1*2^{-8}+f0*2^{-9}+2-10)*2^{-E}$
E=S2*4+S1*2+S0*1 (S0+S1+S2>0)</td></tr>
<tr><td>&16H</td><td>f1</td><td>f0</td><td>•</td><td>•</td><td>•</td><td>•</td><td>•</td><td>•</td></tr>
<tr><td>$17H</td><td>•</td><td>•</td><td>•</td><td>•</td><td>•</td><td>S2</td><td>S1</td><td>S0</td></tr>
<tr><td>$18H</td><td>•</td><td>•</td><td>•</td><td>•</td><td colspan="4">Controle I/O</td><td rowspan="2">Controle das portas I/O
($18H ⟶ 0=entrada; 1=saída)</td></tr>
<tr><td>$19H</td><td>•</td><td>•</td><td>•</td><td>•</td><td colspan="4">Dados I/O</td></tr>
<tr><td>$1AH</td><td colspan="8">Dados para o ADPCM</td><td>Registrador de dados</td></tr>
<tr><td rowspan="2">$20H
⋮
$35H</td><td>AM</td><td>VIB</td><td>EGT</td><td>KSR</td><td colspan="4">Múltiplo</td><td>Definição de instrumentos</td></tr>
<tr><td colspan="2">b7
b6
b5
b4
b3~b0</td><td colspan="7">AM (1=liga trêmolo – Variação de amplitude 3,7Hz)
VIB (1=liga vibrato – Variação de frequência 6,4Hz)
EG-TYP (0=tom percussivo; 1=tom constante)
Se 0, KSR⟶0~3; Se 1, KSR⟶0~15
Fator de multiplicação (0=1/2, 1=1, 2=2, 3=3, ..., 15=15)</td></tr>
<tr><td>$40H
⋮
$55H</td><td colspan="2">KSL</td><td colspan="6">Nível total</td><td>KSL (00= 0dB/oitava, 01=1,5dB, 10=3dB, 11=6dB)
Nível total (b0=0,75dB, b1=1,5dB ..... b5=24dB)</td></tr>
<tr><td>$60H
⋮
$75H</td><td colspan="4">Attack Rate
(AR)</td><td colspan="4">Decay Rate
(DR)</td><td>Attack (0dB a 96dB ⟶ mín. 0,2 mS; máx 2826 mS)
Decay (0dB a 96dB ⟶ mín. 2,4 mS; máx 39 280 mS)</td></tr>
</table>

Registro						Descrição
$80H ⋮ $95H	Sustain Level (SL)			Release Rate (RL)		Sustain (b7=24dB, b6=12dB, b5=6dB, b4=3dB) Release (0dB a 96dB → mín. 2,4 mS; máx 39 280 mS)
$A0H ⋮ $A8H	Frequência (LSB 8 bits)					Frequência FM (b7~b0)
$B0H ⋮ $B8H	•	•	KEY	Oitava	Freq. MSB 2 bits	Frequência FM (b9~b8) Oitava (FM) Key on/off (FM)

Bits	Descrição
b7~b6	Não usados (sempre "00")
b5	0=Voz respectiva desligada (key off); 1=voz ativa
b4~b2	Define a oitava. A quarta é 011.
b1~b0	Frequência MSB 2 bits. A Nota Lá central de 440 Hz é obtida com b1~b0=10 e $A0H~A8H=01 000 001

```
Operadores (para $20H~$35H e $A0H~$A8H)

Oper:  01  02  03  04  05  06  07  08  09
Voz:    1   2   3   1   2   3   4   5   6
Reg:  $20 $21 $22 $23 $24 $25 $28 $29 $2A
Freq: $A0 $A1 $A2 $A0 $A1 $A2 $A3 $A4 $A5

Oper:  10  11  12  13  14  15  16  17  18
Voz:    4   5   6   7   8   9   7   8   9
Reg:  $2B $2C $2D $30 $31 $32 $33 $34 $35
Freq: $A3 $A4 $A5 $A6 $A7 $A8 $A6 $A7 $A8
```

Os operadores são associados da seguinte forma:
$20/$40/$60/$80/$A0/$B0/$C0
ou
$23/$43/$63/$83/$A0/$B0/$C0

Registro									Descrição
$BDH	AM	VIB	BAT	BD	SD	TOM	TCY	HH	Controle da bateria do FM

Bits	Descrição
b7	Grau do trêmolo (0=1dB. 1=4,8dB)
b6	Grau do vibrato (0=7%; 1=14%)
b5	0=Modo Melodia; 1=Modo Bateria
b4	1=Bass Drum
b3	1=Snare Drum
b2	1=Tom-tom
b1	1=Top Cymbal
b0	1=High-Hat

$C0H : $C8H	•	•	•	•	Feedback			CON	Fator de realimentação para o FM e tipo de conexão
	b7~b4 b3~b1 b0		Não usados (sempre "0000") Realimentação (0=0; 1=π/16; 2=π/8; ...; 6=2π; 7=4π) Tipo de conexão dos operadores (0=série; 1=paralelo)						
STAT	INT	T1	T2	EOS	BUF	•	•	PCM	Registrador de estado
	b7 b6 b5 b4 b3 b2-b1 b0		Será 1 quando um ou mais bits b3 a b6 forem 1 Será 1 após o tempo contado pelo timer 1 ($02) Será 1 após o tempo contado pelo timer 2 ($03) Será 1 quando análise/síntese ADPCM completar Será 1 no fim da leitura/gravação/análise/síntese Não usados (sempre "00") Será 1 durante a análise/síntese ADPCM (se b7 de $07 for 1)						

11.5.1 - Portas de acesso ao MSX-Audio

Porta		b7	b6	b5	b4	b3	b2	b1	b0	Descrição Resumida
C0H	W	Nº registrador (01H a C8H)								Seleciona registrador
	R	INT	T1	T2	EOS	BUF	•	•	PCM	Lê registrador de estado
C1H	W/R	Byte de dados								Escreve/lê dados no/do MSX-Audio

11.6 – MAPA DOS REGISTRADORES DO OPL4 (YMF278)

11.6.1 – Register Array #0

Gerador FM – Register Array 0 (A1 = "1")									
Reg	b7	b6	b5	b4	b3	b2	b1	b0	Descrição Resumida
$00H $01H	Teste								Registradores de teste
$02H $03H	1º Temporizador (80,8 µS) 2º Temporizador (323,1 µS)								Registradores de tempo
$04H	RST	MT1	MT2	•	•	•	ST2	ST1	Sinalizadores
	b7	RST – Se colocado em 1, reseta b5, b6 e b7.							
	b6	MT1 – Se colocado em 1, b0 será colocado em 0.							
	b5	MT2 – Se colocado em 1, b1 será colocado em 0.							
	b4-b2	Não usados (sempre "000")							
	b1	ST2 – Controla início e parada de $03 (1=inicia contagem)							
	b0	ST1 – Controla início e parada de $02 (1=inicia contagem)							
$08H	•	NTS	•	•	•	•	•	•	Configuração de teclado
	b7	Não usado (sempre "0")							
	b6	NTS – Se 0, as oitavas serão determinadas pelos 2 bits mais altos de F_number. Se 1, serão determinadas apenas pelo bit mais alto de F_number.							
	b5~b0	Não usados (sempre "000 000")							
$20H ⋮ $35H	AM	VIB	EGT	KSR	Múltiplo				Definição de instrumentos
	b7	AM (1=liga trêmolo – Variação de amplitude 3,7Hz)							
	b6	VIB (1=liga vibrato – Variação de frequência 6,4Hz)							
	b5	EG-TYP (0=tom percussivo; 1=tom constante)							
	b4	Se 0, KSR→0~3; Se 1, KSR→0~15							
	b3~b0	Fator de multiplicação (0=1/2, 1=1, 2=2, 3=3, ..., 15=15)							
$40H ⋮ $55H	KSL		Nível total						KSL (00= 0dB/oitava, 01=1,5dB, 10=3dB, 11=6dB) Nível total (b0=0,75dB, b1=1,5dB ..... b5=24dB)

<table>
<tr><td>$60H
⋮
$75H</td><td colspan="4">Attack Rate
(AR)</td><td colspan="4">Decay Rate
(DR)</td><td>Attack (0dB a 96dB →
mín. 0,2 mS; máx 2826 mS)
Decay (0dB a 96dB →
mín. 2,4 mS; máx 39 280 mS)</td></tr>
<tr><td>$80H
⋮
$95H</td><td colspan="4">Sustain Level
(SL)</td><td colspan="4">Release Rate
(RL)</td><td>Sustain (b7=24dB, b6=12dB,
b5=6dB, b4=3dB)
Release (0dB a 96dB →
mín. 2,4 mS; máx 39 280 mS)</td></tr>
<tr><td>$A0H
⋮
$A8H</td><td colspan="8">Frequência (LSB 8 bits)</td><td>Frequência (b7~b0)</td></tr>
<tr><td>$B0H
⋮
$B8H</td><td>•</td><td>•</td><td>KEY</td><td colspan="3">Oitava</td><td colspan="2">Freq.
MSB
2 bits</td><td>Freq. MSB 2 bits (b9~b8)
Oitava (FM)
Key on/off (FM)</td></tr>
<tr><td></td><td colspan="2">b7~b6
b5
b4~b2
b1~b0</td><td colspan="7">Não usados (sempre "00")
0=Voz respectiva desligada (key off); 1=voz ativa
Define a oitava. A quarta é 011.
Frequência MSB 2 bits. A Nota Lá central de 440 Hz é obtida com b1~b0=10 e $A0H~A8H=01 000 110</td></tr>
<tr><td></td><td colspan="9">Operadores (para $20H~$35H e $A0H~$A8H)
Oper: 01 02 03 04 05 06 07 08 09
Voz: 1 2 3 1 2 3 4 5 6
Reg: $20 $21 $22 $23 $24 $25 $28 $29 $2A
Freq: $A0 $A1 $A2 $A0 $A1 $A2 $A3 $A4 $A5
Oper: 10 11 12 13 14 15 16 17 18
Voz: 4 5 6 7 8 9 7 8 9
Reg: $2B $2C $2D $30 $31 $32 $33 $34 $35
Freq: $A3 $A4 $A5 $A6 $A7 $A8 $A6 $A7 $A8

Os operadores são associados da seguinte forma:
$20/$40/$60/$80/$A0/$B0/$C0
ou
$23/$43/$63/$83/$A0/$B0/$C0</td></tr>
<tr><td>$BDH</td><td>AM</td><td>VIB</td><td>BAT</td><td>BD</td><td>SD</td><td>TOM</td><td>TCY</td><td>HH</td><td>Controle da bateria do FM</td></tr>
<tr><td></td><td colspan="2">b7
b6
b5
b4
b3
b2
b1
b0</td><td colspan="7">Grau do trêmolo (0=1dB. 1=4,8dB)
Grau do vibrato (0=7%; 1=14%)
0=Modo Melodia; 1=Modo Bateria
1=Bass Drum
1=Snare Drum
1=Tom-tom
1=Top Cymbal
1=High-Hat</td></tr>
</table>

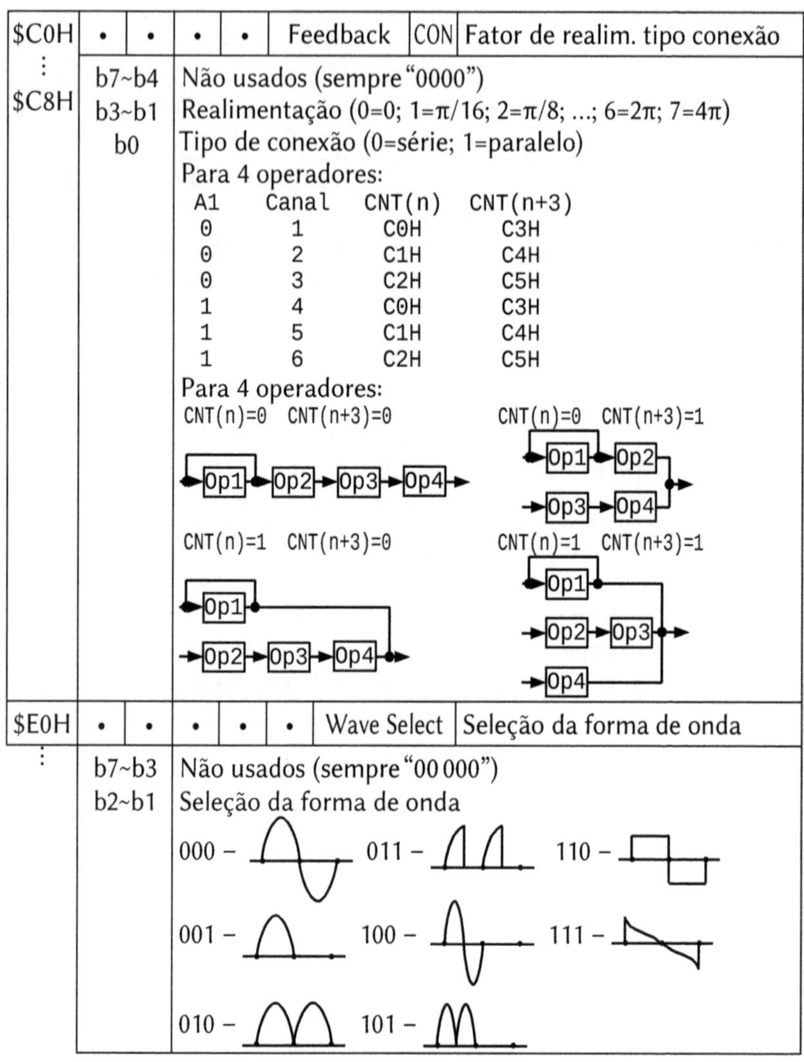

Reg	b7	b6	b5	b4	b3	b2	b1	b0	Descrição
$C0H ⋮ $C8H	•	•	•	•	Feedback			CON	Fator de realim. tipo conexão
	b7~b4				Não usados (sempre "0000")				
	b3~b1				Realimentação (0=0; 1=π/16; 2=π/8; ...; 6=2π; 7=4π)				
	b0				Tipo de conexão (0=série; 1=paralelo)				
$E0H ⋮	•	•	•	•	•	Wave Select			Seleção da forma de onda
	b7~b3				Não usados (sempre "00 000")				
	b2~b1				Seleção da forma de onda				

Para 4 operadores:

A1	Canal	CNT(n)	CNT(n+3)
0	1	C0H	C3H
0	2	C1H	C4H
0	3	C2H	C5H
1	4	C0H	C3H
1	5	C1H	C4H
1	6	C2H	C5H

Para 4 operadores:

11.6.2 – Register Array #1

Gerador FM – Register Array 1 (A1 = "H")									
Reg	b7	b6	b5	b4	b3	b2	b1	b0	Descrição Resumida
$00H $01H	Teste								Registradores de teste

<table>
<tr><td rowspan="2">$04H</td><td>•</td><td>•</td><td colspan="6">Connection SEL</td><td>Seleção modo 4 operadores</td></tr>
<tr><td colspan="2">b7~b6
b5~b0</td><td colspan="7">Não usados (sempre “00”)
Liga o modo de 4 operadores p/ o slot respectivo:
<code>Bit: b5 b4 b3 b2 b1 b0</code>
<code>Slot: 6 5 4 3 2 1</code></td></tr>
<tr><td rowspan="2">$05h</td><td>•</td><td>•</td><td>•</td><td>•</td><td>•</td><td>•</td><td>NEW2</td><td>NEW</td><td>Registrador de expansão</td></tr>
<tr><td colspan="2">b7~b2
b1
b0</td><td colspan="7">Não usados (sempre “000 000”)
Se 1, ativa o modo OPL4 (Register Array 1)
Se 1, ativa o modo OPL3 (Register Array 0)</td></tr>
<tr><td rowspan="2">$20H
⋮
$35H</td><td>AM</td><td>VIB</td><td>EGT</td><td>KSR</td><td colspan="4">Múltiplo</td><td></td></tr>
<tr><td colspan="2">b7
b6
b5
b4
b3~b0</td><td colspan="7">AM (1=liga trêmolo – Variação de amplitude 3,7Hz)
VIB (1=liga vibrato – Variação de frequência 6,4Hz)
EG-TYP (0=tom percussivo; 1=tom constante)
Se 0, KSR→0~3; Se 1, KSR→0~15
Fator de multiplicação (0=1/2, 1=1, 2=2, 3=3, ..., 15=15)</td></tr>
<tr><td>$40H
⋮
$55H</td><td colspan="2">KSL</td><td colspan="6">Nível total</td><td>KSL (00= 0dB/oitava, 01=1,5dB, 10=3dB, 11=6dB)
Nível total (b0=0,75dB, b1=1,5dB ..... b5=24dB)</td></tr>
<tr><td>$60H
⋮
$75H</td><td colspan="4">Attack Rate
(AR)</td><td colspan="4">Decay Rate
(DR)</td><td>Attack (0dB a 96dB → mín. 0,2 mS; máx 2826 mS)
Decay (0dB a 96dB → mín. 2,4 mS; máx 39 280 mS)</td></tr>
<tr><td>$80H
⋮
$95H</td><td colspan="4">Sustain Level
(SL)</td><td colspan="4">Release Rate
(RL)</td><td>Sustain (b7=24dB, b6=12dB, b5=6dB, b4=3dB)
Release (0dB a 96dB → mín. 2,4 mS; máx 39 280 mS)</td></tr>
<tr><td>$A0H
⋮
$A8H</td><td colspan="8">Frequência (LSB 8 bits)</td><td>Frequência (b7-b8)</td></tr>
<tr><td rowspan="2">$B0H
⋮
$B8H</td><td>•</td><td>•</td><td>KEY</td><td colspan="3">Oitava</td><td colspan="2">Freq.
MSB
2 bits</td><td>Freq. MSB 2 bits (FM)
Oitava (FM)
Key on/off (FM)</td></tr>
<tr><td colspan="2">b7~b6
b5</td><td colspan="7">Não usados (sempre “00”)
0=Voz respectiva desligada (key off); 1=voz ativa</td></tr>
</table>

Registro	Bits	Descrição
	b4~b2 b1~b0	Define a oitava. A quarta é 011. Frequência MSB 2 bits. A Nota Lá central de 440 Hz é obtida com b1~b0=10 e $A0H~A8H=01 000 110

Operadores (para $20H~$35H e $A0H~$A8H)

```
Oper: 19  20  21  22  23  24  25  26  27
Voz:   1   2   3   1   2   3   4   5   6
Reg:  $20 $21 $22 $23 $24 $25 $28 $29 $2A
Freq: $A0 $A1 $A2 $A0 $A1 $A2 $A3 $A4 $A5

Oper: 28  29  30  31  32  33  34  35  36
Voz:   4   5   6   7   8   9   7   8   9
Reg:  $2B $2C $2D $30 $31 $32 $33 $34 $35
Freq: $A3 $A4 $A5 $A6 $A7 $A8 $A6 $A7 $A8
```

Os operadores são associados da seguinte forma:
$20/$40/$60/$80/$A0/$B0/$C0
ou
$23/$43/$63/$83/$A0/$B0/$C0

Registro	b7	b6	b5	b4	b3~b1	b0	Descrição
$C0H ⋮ $C8H	•	•	•	•	Feedback	CON	Fator de realim. tipo conexão

Bits	Descrição
b7~b4	Não usados (sempre "0000")
b3~b1	Realimentação (0=0; 1=π/16; 2=π/8; ...; 6=2π; 7=4π)
b0	Tipo de conexão (0=série; 1=paralelo)

Para 4 operadores:

A1	Canal	CNT(n)	CNT(n+3)
0	1	C0H	C3H
0	2	C1H	C4H
0	3	C2H	C5H
1	4	C0H	C3H
1	5	C1H	C4H
1	6	C2H	C5H

Para 4 operadores:

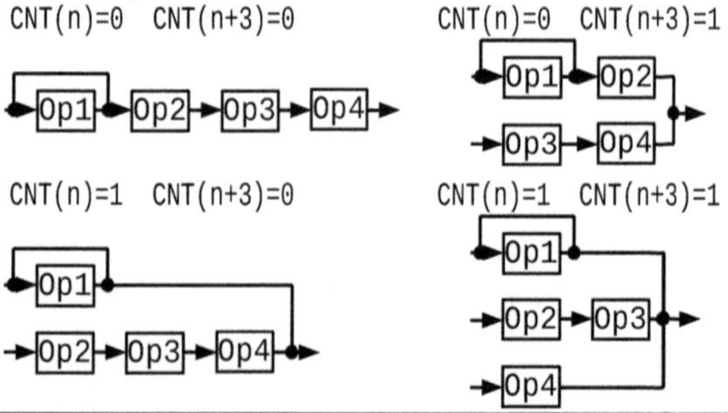

CNT(n)=0 CNT(n+3)=0

Op1 → Op2 → Op3 → Op4 →

CNT(n)=0 CNT(n+3)=1

Op1 → Op2
Op3 → Op4

CNT(n)=1 CNT(n+3)=0

Op1
Op2 → Op3 → Op4 →

CNT(n)=1 CNT(n+3)=1

Op1
Op2 → Op3 →
Op4

Registro	b7	b6	b5	b4	b3	b2~b0	Descrição
$E0H ⋮ $F5H	•	•	•	•	•	Wave Select	Seleção da forma de onda

Bits	Descrição
b7~b3	Não usados (sempre "00 000")

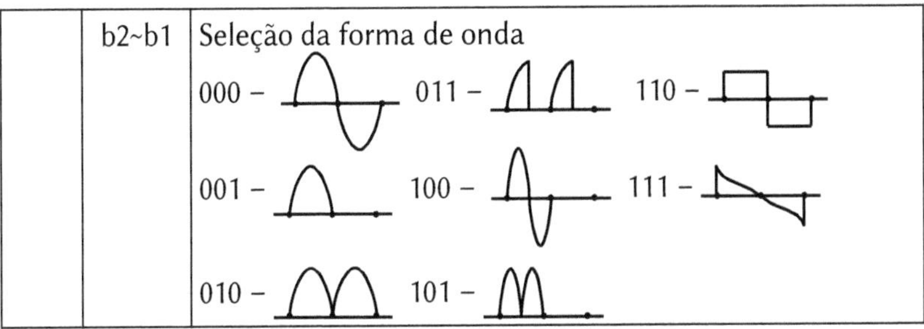

11.6.3 – Síntese Wave

Síntese Wave									
Reg	b7	b6	b5	b4	b3	b2	b1	b0	Descrição Resumida
$00H $01H	Teste								Registradores de teste
$02H	ID disp			Cabeç. Wave			MT	MM	Funções especiais
	b7~b5	ID do OPL4 (b7=0; b6=0; b7=1)							
	b4~b2	Cabeçalho da tabela wave: 000=0 a 511 (000 000H) 100=384 a 511 (200 000H) 001=384 a 511 (080 000H) 101=384 a 511 (280 000H) 010=384 a 511 (100 000H) 110=384 a 511 (300 000H) 011=384 a 511 (180 000H) 111=384 a 511 (380 000H)							
	b1	Tipo de memória de áudio (0=ROM; 1=RAM)							
	b0	Acesso à memória de áudio (0=OPL4; 1=CPU)							
$03H	•	•	a21	a20	a19	a18	a17	a16	Endereço da memória de áudio
$04H	a15	a14	a13	a12	a11	a10	a9	a8	
$05H	a7	a6	a5	a4	a3	a2	a1	a0	
$06H	Dados da memória								Registrador de dados
$08H ⋮ $1FH	Número da tabela Wave LSB (n7~n0)								24 registradores com o número LSB (n7~n0) da tabela Wave reproduzida
$20H ⋮ $37H	F_number (f6~f0)							Tab Wave (n8)	24 registradores com a Frequência 7 bits LSB e nº da tabela Wave MSB (n8)

<table>
<tr><td rowspan="2">$38H
⋮
$4FH</td><td colspan="2">Oitava
(o3~o0)</td><td>Pseudo-rev</td><td>F_number
(f9~f7)</td><td>Oitava (−7 a +7)
Pseudo-reverberação
Frequência (3 bits MSB)</td></tr>
<tr><td>b7~b0
b7~b6
b3
b7~b4</td><td colspan="4">Com “b0” (n8) seleciona até 512 samples (0~511)
Com “b2-b1-b0” (f9~f7) define a frequência
Se “1” liga a pseudo-reverberação; se “0”, desligada
Oitava. Varia de −7 a +7 (−8 não é permitido). Em conjunto com F_number define a frequência. Para oitava = 1 e F_number = 0, a frequência é de 44,1 Khz.
$f(¢) = 1200 * (oitava - 1) + 1200 * \log_2 \frac{1024+F\_number}{1024}$</td></tr>
<tr><td rowspan="2">$50H
⋮
$67H</td><td colspan="3">Nível total (l6~l0)</td><td>ND</td><td>Nível total 7 bits (l6~l0)
Nível direto</td></tr>
<tr><td>b7-b1
b0</td><td colspan="4">Nível total (b7=-24dB, b6=-12dB, ... b1=-0,375dB)
Nível direto (0=altera envoltória durante a interpolação; 1=altera imediatamente)</td></tr>
<tr><td rowspan="2">$68H
⋮
$7FH</td><td>Key on</td><td>Damp</td><td>LFO RST</td><td>CH</td><td>Panpot</td><td>Funções diversas e balanceamento estéreo (Panpot)</td></tr>
<tr><td>b7
b6
b5
b4
b3~b0</td><td colspan="5">0=key on; 1=key off
0=Damp desligado; 1=Damp ativo
LFO RST (0=liga o LFO; 1=desliga o LFO)
0=Wave mixado com FM; 1=Sem mixagem
Panpot: 0 1 2 ... 6 7 8 9 ... 13 14 15
Esq(dB) 0 -3 -6 ... -18 -∞ -∞ 0 ... 0 0 0
Dir(dB) 0 0 0 ... 0 0 -∞ -18 ... -9 -6 -3</td></tr>
<tr><td rowspan="2">$80H
⋮
$97H</td><td>•</td><td>•</td><td>LFO
(s2~s0)</td><td>VIB
(v2~v0)</td><td>Frequência do trêmolo e do vibrato (LFO)
Grau do vibrato (VIB)</td></tr>
<tr><td>b7~b6
b5~b3
b2~b0</td><td colspan="4">Não usados
LFO (0=0,168Hz, 1=2,019Hz, ... 7=7,066Hz)
Grau Vibrato (0=off, 1=3,378; 2=5,065, ... 7=79,31)</td></tr>
<tr><td>$98H
⋮
$AFH</td><td colspan="2">Attack
Rate</td><td colspan="2">Decay
Rate (1)</td><td>Attack Rate 10-90% →
(1=3715 mS; 14=0,23 mS)
Decay 1 Rate 10-90% →
(1=19 040 mS; 14=1,18 mS)</td></tr>
</table>

Registro			Descrição
$B0H ⋮ $C7H	Decay Level	Decay Rate (2)	Decay Level (b7=-24; b6=-12; b5=-6; b4=-3 dB) Decay 2 Rate 10-90% → (1=19 040 mS; 14=1,18 mS)
$C8H ⋮ $DFH	Rate Correction	Release Rate	Rate Correction Release Rate
	b7~b4	Rate Correction: (RATE = (OCT + RC)*2 + f9 + RD) OCT = Oitava (-7 a +7 em $38H~$4FH) RC = Rate correction (0 ~ 14 em $C8H~$DFH) f9 = bit "f9" de F_number ($38H~$4FH) RD = valores de AR, D1R, D2R e RR (0001=04; 0010=08; ...; 1111=63)	
	b3~b0	Release Rate 10-90% → (1=19 040 mS; 14=1,18 mS)	
$E0H ⋮ $F7H	• • • • •	AM(a2~a0)	Grau do trêmolo
	b7~b3	Não usados	
	b2~b0	Amplitude do trêmolo (0=off; 1=1,781; ...; 7=11,91)	
$F8H	• •	Mix FM_R / Mix FM_L	Nível de saída FM
	b7~b6	Não usados (sempre "00")	
	b5~b3	Nível FM direito (0=0; 1=-3; 2=-6; ... 6=-18dB; 7=∞)	
	b2~b0	Nível FM esquerdo (0=0; 1=-3; 2=-6; ... 6=-18dB; 7=∞)	
$F9H	• •	Mix PCM_R / Mix PCM_L	Nível de saída PCM
	b7~b6	Não usados (sempre "00")	
	b5~b3	Nível PCM direito (0=0; 1=-3; 2=-6; ... 6=-18dB; 7=∞)	
	b2~b0	Nível PCM esquerdo (0=0; 1=-3; 2=-6; ... 6=-18dB; 7=∞)	

11.6.4 - Portas de acesso ao OPL4

Porta		b7	b6	b5	b4	b3	b2	b1	b0	Descrição Resumida
C4H	W	Nº registrador (00H a F5H)								Seleciona reg. FM array 0
	R	IRQ	FT1	FT2	•	•	•	LD	BSY	Lê registrador de estado
	b7	IRQ - Interrupt Request (será "1" quando FT1 ou FT2 for "1")								
	b6	FT1 - Será "1" quando o timer 1 terminar a contagem								

	b5 b4~b2 b1 b0	FT2 – Será "1" quando o timer 2 terminar a contagem Não usados (sempre "000") LD – Será "1" durante a leitura do header PCM pelo OPL4 (Válido quando o bit 05H_NEW2 do array 1 for "1".) BUSY – Será "1" durante a escrita de dados nos registradores (Válido quando o bit 05H_NEW2 do array 1 for "1".)	
C5H	W	Byte de dados	Escreve dado nos regs
C4H	W	Nº registrador (00H a F5H)	Seleciona reg. FM array 0
C7H	R	Espelho de C5H	Acesso por C5H é preferido
7EH	W	Nº registrador (00H a F9H)	Seleciona regs PCM
7FH	W/R	Byte de dados	Escreve ou lê dado regs

11.6.5 – Cabeçalho da "Wave Table Synthesis"

End	b7	b6	b5	b4	b3	b2	b1	b0	
00H	d1	d0	s21	s20	s19	s18	s17	s16	d1, d0 → 00=8bits;
01H	s15	s14	s13	s12	s11	s10	s9	s8	01=12 bits; 10=16 bits
02H	s7	s6	s5	s4	s3	s2	s1	s0	s21~s0 – Endereço inicial
03H	l15	l14	l13	l12	l11	l10	l9	l8	Endereço de loop
04H	l7	l6	l5	l4	l3	l2	l1	l0	
05H	e15	e14	e13	e12	e11	e10	e9	e8	Endereço final
06H	e7	e6	e5	e4	e3	e2	e1	e0	
07H	•	•	f2	f1	f0	v2	v1	v0	Freq. LFO e grau vibrato
08H	ar3	ar2	ar1	ar0	dr3	dr2	dr1	dr0	Attack Rate; Decay 1 Rate
09H	dl3	dl2	dl1	dl0	dr3	dr2	dr1	dr0	Decay Level; Decay 2 Rate
0AH	rc3	rc2	rc1	rc0	rr3	rr2	rr1	rr0	Rate correct; Release Rate
0BH	•	•	•	•	•	am2	am1	am0	Grau AM (trêmolo)

11.6.6 – Tamanho dos dados “wave”

16 bits	d15	d14	d13	d12	d11	d10	d9	d8	+00H
	d7	d6	d5	d4	d3	d2	d1	d0	+01H
12 bits	d11	d10	d9	d8	d7	d6	d5	d4	+00H
	d3	d2	d1	d0	d3	d2	d1	d0	+01H
	d11	d10	d9	d8	d7	d6	d5	d4	+02H
8 bits	d7	d6	d5	d4	d3	d2	d1	d0	+00H

11.7 – MAPA DOS REGISTRADORES DO SCC (2212/2312)

Endereços	Descrição resumida (SCC)
9800H~981FH	Forma de onda da voz #1
9820H~983FH	Forma de onda da voz #2
9840H~985FH	Forma de onda da voz #3
9860H~987FH	SCC : Esc/leit: Forma de onda das vozes #4 e #5 SCC+: Leitura: Forma de onda da voz #4
9880H~9881H	Frequência da voz #1
9882H~9883H	Frequência da voz #2
9884H~9885H	Frequência da voz #3
9886H~9887H	Frequência da voz #4
9888H~9889H	Frequência da voz #5
	Exemplo: 9880=|f7|f6|f5|f4|f3|f2|f1|f0| 9881=|•|•|•|•|f11|f10|f9|f8| $\text{Ftone} = \frac{\text{F\_clock}}{32 * ((\text{f11~f0})+1)}$ (F_clock=3,579545 MHz)
988AH	Volume da voz #1 (0 a 15)
988BH	Volume da voz #2 (0 a 15)
988CH	Volume da voz #3 (0 a 15)
988DH	Volume da voz #4 (0 a 15)
988EH	Volume da voz #5 (0 a 15)
998FH	|•|•|•|v5|v4|v3|v2|v1| v5=1 → liga voz 5 v4=1 → liga voz 4, etc
9890H~989FH	Espelho de 9880H~988FH
98A0H	SCC: sem função SCC+: leitura forma de onda voz #5 (escrita proibida)
98A1H~98BFH	Espelhos de 98A0H
98C0H	SCC: Espelho de 98A0H SCC+: Registrador de deformação

98C1H~98DFH	SCC: Espelho de 98A0H SCC+: Espelho de 98C0H
98E0H	SCC: Registrador de deformação R | R | • | • | • | • | P | P PP: 11/10→Ftone*16; 01→Ftone*256; 00→ Ftone*1 RR: 11 → ruído branco vozes 4 e 5 cfe forma onda 01 → ruído branco contínuo 00 → sem ruído branco SCC+: Sem função
98E1H~98FFH	Espelhos de 98E0H

11.7.1 - Endereços de acesso ao SCC

Endereços	Descrição resumida (SCC+)
B800H~B81FH	Forma de onda da voz #1
B820H~B83FH	Forma de onda da voz #2
B840H~B85FH	Forma de onda da voz #3
B860H~B87FH	Forma de onda da voz #2
B880H~B89FH	Forma de onda da voz #5
B8A0H~B8A1H	Frequência da voz #1
B8A2H~B8A3H	Frequência da voz #2
B8A4H~B8A5H	Frequência da voz #3
B8A6H~B8A7H	Frequência da voz #4
B8A8H~B8A9H	Frequência da voz #5
	Exemplo: B8A0= f7 | f6 | f5 | f4 | f3 | f2 | f1 | f0 B8A1= • | • | • | • | f11 | f10 | f9 | f8 $Ftone = \frac{F\_clock}{32 * ((f11 \sim f0)+1)}$ (F_clock=3,579545 MHz)
B8AAH	Volume da voz #1 (0 a 15)
B8ABH	Volume da voz #2 (0 a 15)
B8ACH	Volume da voz #3 (0 a 15)
B8ADH	Volume da voz #4 (0 a 15)

B8AEH	Volume da voz #5 (0 a 15)
B8AFH	[• | • | • | v5 | v4 | v3 | v2 | v1] v5=1 → liga voz 5 v4=1 → liga voz 4, etc
B8B0H~B8BFH	Espelho de B8A0H~B8AFH
B8C0H	[R | R | • | • | • | • | P | P] – Registrador de deformação PP: 11/10→Ftone*16; 01→Ftone*256; 00→ Ftone*1 RR: 11 → ruído branco vozes 4 e 5 cfe forma onda 01 → ruído branco contínuo 00 → sem ruído branco
B8C1H~B8DFH	Espelhos de B8C0H
B8E0H~B8FFH	Sem função
B900H~BFFDH	???
BFFEH~BFFFH	[• | • | S | M | • | B3 | B2 | B1] – Registrador de modo S – Modo SCC (0=SCC; 1=SCC+) M – Modo memória (0=bank select; 1=RAM) B3 – Banco de mem. #3 (0=bank select; 1=RAM) B2 – Banco de mem. #2 (0=bank select; 1=RAM) B1 – Banco de mem. #1 (0=bank select; 1=RAM)

REFERÊNCIAS BIBLIOGRÁFICAS

APROFUNDANDO-SE NO MSX
Piazzi – Maldonado – Oliveira (Editora Aleph, 1986)

CARTÃO DE 80 COLUNAS & RS232C – MANUAL DE OPERAÇÕES
Gradiente (1989)

FM MUSIC MACRO YRM-104 – Owner's Manual
Yamaha (1984)

FUDEBA ASSEMBLER – Manual de Referência e Arquitetura MSX
Felipe Bergo (2002)

GR8NET Technical Databook and Programmer´s Guide
Age Labs (2019)

HBI-232MKII – Basic Manual
Age Labs & Ebsoft (2014)

LIVRO VERMELHO DO MSX, O (The Red Book)
McGraw Hill / Avalon Software (1988 / 1985)

MANUAL DE INSTRUÇÕES DA INTERFACE DE DRIVE DDX

MANUAL DO MICROPROCESSADOR Z-80
William Barden Jr. (Editora Campus, 1985)

MIDI MACRO MONITOR YRM-303 – Owner's Manual
Yamaha (1986)

MSX DATAPACK volumes 1, 2 e 3
ASCII Corporation (1991)

MSX-DOS version 2 – The advanced disk operating system for
MSX 2 computers – ASCII Corp (1988)

MSX MAGAZINE, Edição Dezembro de 1990
ASCII Corporation (1990)

MSX MAGAZINE, Edição ???
ASCII Corporation (1990)

MSX MOZAÏK, Edição nº 33
Editora desconhecida, Ano desconhecido

MSX TECHNICAL GUIDE BOOK
Ayumu Kimura (ASCAT Ashigaka, NIPPON, 1992)

MSX TECHNICAL DATA BOOK
Sony Corp (1984)

MSX turbo R TECHNICAL HANDBOOK
ASCII Corpotation (1991)

MSX2 TECHNICAL HANDBOOK
ASCII Corpotation (1985)

NEXTOR 2.0 User Manual
Konamiman (2014)

Nextor 2.1 Driver Development Guide
Konamiman (2020)

OPL4 YMF278B – APPLICATION MANUAL
Yamaha Corporation (1994)

PROGRAMAÇÃO AVANÇADA EM MSX
Figueredo – Maldonado – Rosseto (Editora Aleph, 1986)

PX-7 P-BASIC Reference Manual
Pioneer (1985)

TMS9918A/TMS9928A/TMS9929A Video Display Processors Data
Manual – Texas Instruments (1982)

V9938 MSX-VIDEO – APPLICATION MANUAL
Nippon Gakki Co. Ltd. (Yamaha, 1985)

V9938 MSX-VIDEO – TECHNICAL DATA BOOK
Nippon Gakki Co. Ltd. (Yamaha, 1985)

V9958 MSX-VIDEO – TECHNICAL DATA BOOK
Yamaha Corporation (1989)

V9990 E-VDP-III – APPLICATION MANUAL
Yamaha Corporation (1992)

Y9850 MSX-AUDIO – APPLICATION MANUAL
Nippon Gakki Co. Ltd. (Yamaha, 1985)

YM2413 FM OPERATOR TYPE LL (OPLL) – APPLICATION MANUAL
Yamaha Corporation (1987)

https://www.gigamix.jp/ds2/

https://www.msx.org/wiki/I/
O_Ports_List#The_register_of_internal_I.2FO_ports_control

http://msxbanzai.tni.nl/v9990/manual.html

https://github.com/Konamiman/MSX-UNAPI-specification/
tree/master/docs

http://www.symbos.de/

https://www.msx.org/wiki/MSX-HID

OUTROS LIVROS DO MESMO AUTOR

YBYMARÃ – A Cidade do Outro Lado

MSX Top Secret

MSX Top Secret 2

MSX Top Secret 3

MSX Top Secret 3 – Apêndice I

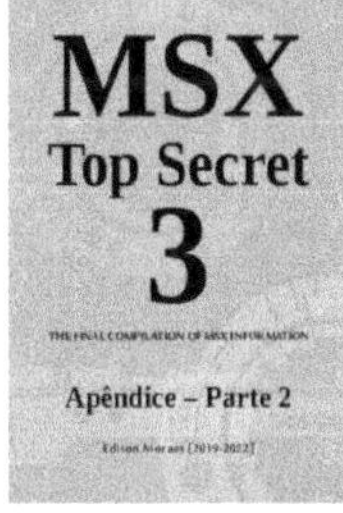

MSX Top Secret 3 – Apêndice II

www.ingramcontent.com/pod-product-compliance
Ingram Content Group UK Ltd.
Pitfield, Milton Keynes, MK11 3LW, UK
UKHW021957190726
13853UKWH00004B/1591

9 786500 432381